海上絲綢之路基本文獻叢書

今世中國貿易通志（中）

陳重民 編

文物出版社

圖書在版編目（CIP）數據

今世中國貿易通志．中 / 陳重民編．-- 北京 : 文物出版社，2022.7
（海上絲綢之路基本文獻叢書）
ISBN 978-7-5010-7620-8

Ⅰ．①今… Ⅱ．①陳… Ⅲ．①對外貿易－貿易史－中國－民國 Ⅳ．① F752.96

中國版本圖書館 CIP 數據核字（2022）第 086680 號

海上絲綢之路基本文獻叢書
今世中國貿易通志（中）

編　　者：陳重民
策　　劃：盛世博閱（北京）文化有限責任公司

封面設計：鞏榮彪
責任編輯：劉永海
責任印製：王　芳

出版發行：文物出版社
社　　址：北京市東城區東直門内北小街 2 號樓
郵　　編：100007
網　　址：http://www.wenwu.com
經　　銷：新華書店
印　　刷：北京旺都印務有限公司
開　　本：787mm×1092mm　1/16
印　　張：18.125
版　　次：2022 年 7 月第 1 版
印　　次：2022 年 7 月第 1 次印刷
書　　號：ISBN 978-7-5010-7620-8
定　　價：98.00 圓

總緒

海上絲綢之路，一般意義上是指從秦漢至鴉片戰争前中國與世界進行政治、經濟、文化交流的海上通道，主要分爲經由黄海、東海的海路最終抵達日本列島及朝鮮半島的東海航綫和以徐聞、合浦、廣州、泉州爲起點通往東南亞及印度洋地區的南海航綫。

在中國古代文獻中，最早、最詳細記載『海上絲綢之路』航綫的是東漢班固的《漢書·地理志》，詳細記載了西漢黄門譯長率領應募者入海『齎黄金雜繒而往』之事，書中所出現的地理記載與東南亞地區相關，并與實際的地理狀况基本相符。

東漢後，中國進入魏晉南北朝長達三百多年的分裂割據時期，絲路上的交往也走向低谷。這一時期的絲路交往，以法顯的西行最爲著名。法顯作爲從陸路西行到印度，再由海路回國的第一人，根據親身經歷所寫的《佛國記》（又稱《法顯傳》）一書，詳細介紹了古代中亞和印度、巴基斯坦、斯里蘭卡等地的歷史及風土人情，是瞭解和研究海陸絲綢之路的珍貴歷史資料。

隨着隋唐的統一，中國經濟重心的南移，中國與西方交通以海路爲主，海上絲綢之路進入大發展時期。廣州成爲唐朝最大的海外貿易中心，朝廷設立市舶司，專門管理海外貿易。唐代著名的地理學家賈耽（七三〇～八〇五年）的《皇華四達記》記載了從廣州通往阿拉伯地區的海上交通『廣州通夷道』，詳述了從廣州港出發，經越南、馬來半島、蘇門答臘半島至印度、錫蘭，直至波斯灣沿岸各國的航綫及沿途地區的方位、名稱、島礁、山川、民俗等。譯經大師義净西行求法，將沿途見聞寫成著作《大唐西域求法高僧傳》，詳細記載了海上絲綢之路的發展變化，是我們瞭解絲綢之路不可多得的第一手資料。

宋代的造船技術和航海技術顯著提高，指南針廣泛應用於航海，中國商船的遠航能力大大提升。北宋徐兢的《宣和奉使高麗圖經》詳細記述了船舶製造、海洋地理和往來航綫，是研究宋代海外交通史、中朝友好關係史、中朝經濟文化交流史的重要文獻。南宋趙汝適《諸蕃志》記載，南海有五十三個國家和地區與南宋通商貿易，形成了通往日本、高麗、東南亞、印度、波斯、阿拉伯等地的『海上絲綢之路』。宋代爲了加强商貿往來，於北宋神宗元豐三年（一〇八〇年）頒佈了中國歷史上第一部海洋貿易管理條例《廣州市舶條法》，并稱爲宋代貿易管理的制度範本。

元朝在經濟上採用重商主義政策，鼓勵海外貿易，中國與歐洲的聯繫與交往非常頻繁，其中馬可·波羅、伊本·白圖泰等歐洲旅行家來到中國，留下了大量的旅行記，記録元代海上絲綢之路的盛況。元代的汪大淵兩次出海，撰寫出《島夷志略》一書，記録了二百多個國名和地名，其中不少首次見於中國著録，涉及的地理範圍東至菲律賓群島，西至非洲。這些都反映了元朝時中西經濟文化交流的豐富内容。

明、清政府先後多次實施海禁政策，海上絲綢之路的貿易逐漸衰落。但是從明永樂三年至明宣德八年的二十八年裏，鄭和率船隊七下西洋，先後到達的國家多達三十多個，在進行經貿交流的同時，也極大地促進了中外文化的交流，這些都詳見於《西洋蕃國志》《星槎勝覽》《瀛涯勝覽》等典籍中。

關於海上絲綢之路的文獻記述，除上述官員、學者、求法或傳教高僧以及旅行者的著作外，自《漢書》之後，歷代正史大都列有《地理志》《四夷傳》《西域傳》《外國傳》《蠻夷傳》《屬國傳》等篇章，加上唐宋以來衆多的典制類文獻、地方史志文獻，集中反映了歷代王朝對於周邊部族、政權以及西方世界的認識，都是關於海上絲綢之路的原始史料性文獻。

海上絲綢之路概念的形成，經歷了一個演變的過程。十九世紀七十年代德國地理學家費迪南・馮・李希霍芬（Ferdinad Von Richthofen，一八三三～一九〇五），在其《中國：親身旅行和研究成果》第三卷中首次把輸出中國絲綢的東西陸路稱爲『絲綢之路』。有『歐洲漢學泰斗』之稱的法國漢學家沙畹（Édouard Chavannes，一八六五～一九一八），在其一九〇三年著作的《西突厥史料》中提出『絲路有海陸兩道』，蘊涵了海上絲綢之路最初提法。迄今發現最早正式提出『海上絲綢之路』一詞的是日本考古學家三杉隆敏，他在一九六七年出版《中國瓷器之旅：探索海上的絲綢之路》中首次使用『海上絲綢之路』一詞；一九七九年三杉隆敏又出版了《海上絲綢之路》一書，其立意和出發點局限在東西方之間的陶瓷貿易與交流史。

二十世紀八十年代以來，在海外交通史研究中，『海上絲綢之路』一詞逐漸成爲中外學術界廣泛接受的概念。根據姚楠等人研究，饒宗頤先生是華人中最早提出『海上絲綢之路』的人，他的《海道之絲路與昆侖舶》正式提出『海上絲路』的稱謂。選堂先生評價海上絲綢之路是外交、貿易和文化交流作用的通道。此後，大陸學者馮蔚然在一九七八年編寫的《航運史話》中，使用『海上絲綢之路』一詞，這是迄今學界查到的中國大陸最早使用『海上絲綢之路』的人，更多地限於航海活動領域的考察。一九八〇年北京大學陳炎教授提出『海上絲綢之路』研究，并於一九八一年發表《略論海上絲綢之路》一文。他對海上絲綢之路的理解超越以往，且帶有濃厚的愛國主義思想。陳炎教授之後，從事研究海上絲綢之路的學者越來越多，尤其沿海港口城市向聯合國申請海上絲綢之路非物質文化遺産活動，將海上絲綢之路研究推向新高潮。另外，國家把建設『絲綢之路經濟帶』和『二十一世紀海上絲綢之路』作爲對外發展方針，將這一學術課題提升爲國家願景的高度，使海上絲綢之路形成超越學術進入政經層面的熱潮。

與海上絲綢之路學的萬千氣象相對應，海上絲綢之路文獻的整理工作仍顯滯後，遠遠跟不上突飛猛進的研究進展。二〇一八年厦門大學、中山大學等單位聯合發起『海上絲綢之路文獻集成』專案，尚在醞釀當中。我們不揣淺陋，深入調查，廣泛搜集，將有關海上絲綢之路的原始史料文獻和研究文獻，分爲風俗物産、雜史筆記、海防海事、典章檔案等六個類别，彙編成《海上絲綢之路歷史文化叢書》，於二〇二〇年影印出版。此輯面市以來，深受各大圖書館及相關研究者好評。爲讓更多的讀者親近古籍文獻，我們遴選出前編中的菁華，彙編成《海上絲綢之路基本文獻叢書》，以單行本影印出版，以饗讀者，以期爲讀者展現出一幅幅中外經濟文化交流的精美畫卷，爲海上絲綢之路的研究提供歷史借鑒，爲『二十一世紀海上絲綢之路』倡議構想的實踐做好歷史的詮釋和注脚，從而達到『以史爲鑒』『古爲今用』的目的。

凡例

一、本編注重史料的珍稀性，從《海上絲綢之路歷史文化叢書》中遴選出菁華，擬出版百册單行本。

二、本編所選之文獻，其編纂的年代下限至一九四九年。

三、本編排序無嚴格定式，所選之文獻篇幅以二百餘頁爲宜，以便讀者閱讀使用。

四、本編所選文獻，每種前皆注明版本、著者。

五、本編文獻皆爲影印，原始文本掃描之後經過修復處理，仍存原式，少數文獻由於原始底本欠佳，略有模糊之處，不影響閱讀使用。

六、本編原始底本非一時一地之出版物，原書裝幀、開本多有不同，本書彙編之後，統一爲十六開右翻本。

目録

今世中國貿易通志（中）

今世中國貿易通志（中）

陳重民 編

民國十三年商務印書館排印本

今世中國貿易通志第二編目錄

第二編　出口貨物

今世中國貿易通志

第二編　出口貨物

第一章　絲類

一　蠶絲

我國著名產絲之區。爲江蘇、浙江、廣東、四川、湖北、河南、山東、安徽、湖南、廣西等省。其重要產地如左。

江蘇省　無錫、江陰、震澤、武進、常州、宜興、溧陽、金壇、鎭江、南京、通州、丹陽、金匱、如皋、泰興、

浙江省　杭縣、安吉、餘姚、昌化、富陽、嘉善、武康、上虞、嘉興、蕭山、新城、海寧、海鹽、諸暨、餘杭、崇德、德淸、於潛、吳興、分水、湖州、硤石、南潯、奉化、嵊縣、新昌、平湖、桐鄉、金華、桐廬、

廣東省　順德、南海、新會、三水、香山、番禺、東莞、鶴山、

四川省　嘉定、潼川、綿州、成都、保寧、順慶、叙州、雅州、資州、重慶、眉州、寧遠、夔州、綏定、忠州、合川、

湖北省　沔陽、（仙桃鎭彭家場）天門、漢川、（田二河麥旺嘴）當陽（河溶司）江陵、（沙市江口）羅田、黃岡、麻城、黃陂、荊門、松滋、宜都、宜昌、襄陽、嘉魚、蘄水、德安、

河南省　開封、陳州、歸德、南陽、魯山、汝寧、光州、

山東省　青州、益都、臨朐、周村、張店、淄川、博山、泰安、萊蕪、新臺、蒙陰、沂水、滕縣、

安徽省　天長、貴池、當塗、青陽、涇、廣德、郎溪、宣城、銅官、（大通）英山、南陵、

湖南省　津市、桃源、

廣西省　蒼梧、藤、平南、容、平樂、南潯、

直隸省　長垣、易州一帶。

此外江西、福建、山西、（潞安澤州寧武蒲州）陝西、雲南、奉天等省亦產之。全國產額。向無確實統計。外人之推測我國絲產額者。概以蠶繭產額爲

根據。而蠶繭產額。又復不一。其說據日本農商務省技師明石弘氏推測。爲二百九十九萬三千八百十一擔。其內容如左。

一、浙江省……八七六、七六六擔

(甲)機器繅絲用繭……一七八、三二九擔

民國五年。浙省繭行。向絲廠售出乾繭五萬九千四百四十三擔。以其三倍爲鮮繭量。

(乙)白經絲用繭……二〇八、七一七擔

浙省白經絲。大都由蘇州出口。蘇州杭州出口白經絲。共一萬三千九百六十一擔。再加改裝時之耗減量百分之十五。今作每斤需鮮繭十三斤計算。

(丙)出口白絲用繭……三一、〇一八擔

蘇州杭州出口白絲。共二千三百八十六擔。每斤絲、需鮮繭十三斤。

(丁)地方消費白絲用繭……三五八、七〇二擔

浙省所產白絲。大半消費於內地。今以約合出口白絲及白經絲總數十分之四計算。

二、江蘇省……二六六、七四五擔

民國五年。蘇省繭行。向絲廠售出乾繭七萬一千一百三十二擔。今以之作爲總產額之十分之八計算。

三、安徽省……三〇、〇〇〇擔

各絲廠收買之乾繭。共約五千擔。今以之作爲總產額十分之五計算。

四、湖北省……一〇〇、〇〇〇擔

(甲)漢水上游地方產繭三百萬斤。黃州一帶產繭二百萬斤。其他各處二百萬斤。合計一千萬斤。

(乙)民國四年。田二河、仙桃鎮、彭家場等處收買乾繭約一千五百擔。或謂約合此等地方產額十分之一。若然則主要養蠶地方之產繭額。約爲四萬五千擔。

(丙)田二河、仙桃鎮、彭家場等地方集散之生絲。約七千擔。以每斤絲需鮮繭十斤計算。則鮮繭量約七萬擔。

（丁）民國六年華商及日商。在鄂省設收繭處二十所。共收得鮮繭一百二十六萬七千三百零七斤。是年土絲價昂。農家多繅絲出售。售繭者少。今作總產額十分之一計算。則產繭額爲十二萬六千七百三十擔。

（戊）民國五年由漢口沙市宜昌出口之蠶絲爲七千三百五十八擔。今以每斤絲需鮮繭十斤計算。約爲七萬三千五百八十擔。

（巳）民國五年由漢口沙市宜昌出口之屑絲六千七十三擔。屑繭一萬四千四百四十九擔。合計二萬五百二十二擔。大凡屑絲屑繭。可作爲全部輸出看待。此等亂絲。約合鮮繭量十分之二。則內地繅絲用繭爲十萬二千六百十擔。

綜合以上各理由。推定本省產繭額爲十萬擔。

五、湖南省……………………………………一六、〇〇〇擔

據上海日本人實業協會之推定。

六、四川省……………………………………六四〇、〇〇〇擔

（甲）據重慶日本領事報告。產繭額約三萬三千擔。未免失之過少。

（乙）民國五年由重慶出口之絲爲八千七百零八擔。今以每斤絲需鮮繭十六斤計算。則產繭額爲十三萬九千三百二十八擔。

（丙）千九百三年。英國總領事 Hosie 氏調查。川省產絲額爲四萬擔。實業家多承認此說。且產額增加無多。茲據此、以每斤絲需鮮繭十六斤計算。其額爲六四〇、〇〇〇擔。

七、山東省……………………………………七〇、〇〇〇擔

就主要各產地之產額推定。

八、廣東省……………………………………七六八、三〇〇擔

（甲）粵省雖產繭地方不多。而養蠶之規模極大。且每年飼育數次。故產額較多。

（乙）養蠶地域甚狹。且有河川之便。故成繭多逕至市場出售。以供機器繅絲之用。其額約合總產額十分之七。

（丙）民國五年廣州、江門、三水出口之機器絲。共三萬六千四百五十四擔。粵省機器絲。殆全部出口。可作爲產額看待。今以每斤絲需乾繭五斤計算。以其三倍爲鮮繭量。則爲五十四萬六千八百一十擔。其中減去廣西運來之鮮繭九千擔。則爲五十三萬七千八百一十擔。此

機器繅絲之用繭也。而據(乙)項作爲總產額十分之七計算。則繭產額爲七十六萬八千三百擔。

九、廣西省……………………………………一二、〇〇〇擔

(甲)據官廳及商家調查。桂省產繭額爲一千二百萬斤。其中有十分之七。運銷廣東大良容奇地方。

(乙)據梧州釐金局調查。通過梧州釐局之蠶繭約三十萬斤。今作爲總產額十分之七計算。則鮮繭量爲一二、八五九擔。

據右二項。推定桂省產繭額一萬二千擔。

茲推定各省產繭額約略如右。以與西人吉爾帛曼氏所調查者相對照。則如左表。

省名	吉爾帛曼氏調查（格蘭姆）	同上換算（擔）	推定額（擔）
浙江	六一、〇〇〇、〇〇〇	一、〇一七、〇〇〇	八七六、七六八
江蘇	二一、〇〇〇、〇〇〇	三五〇、〇〇〇	二六六、七四五
安徽	一、八〇〇、〇〇〇	三〇、〇〇〇	三〇、〇〇〇
湖北	六、一〇〇、〇〇〇	一〇二、〇〇〇	一〇〇、〇〇〇
湖南	一、五〇〇、〇〇〇	二五、〇〇〇	一六、〇〇〇
四川	一九、〇〇〇、〇〇〇	三一七、〇〇〇	六四〇、〇〇〇
山東	二、七〇〇、〇〇〇	四五、〇〇〇	四〇、〇〇〇
廣東	四三、〇〇〇、〇〇〇	七一七、〇〇〇	七六八、三〇〇
廣西	—	—	一二、〇〇〇
河南	八、五〇〇、〇〇〇	一四二、〇〇〇	—
其他	四、〇〇〇、〇〇〇	六七、〇〇〇	—
共計	一七〇、〇〇〇、〇〇〇	二、八三三、〇〇〇	二、九九三、八一一

備考　推定額共計一項。關於河南及其他。係據吉爾帛曼氏所調查而加算之。

使此項推定而確。則平均以繭十五斤出絲一斤計算。可得絲一、九九二、九二〇擔。然其所推定之基礎。於內地消費額之假定。未免失之過少。以我國人口之衆。奢侈程度之高。每年消費之絲。且恐不止此數。故明石氏之推定。視爲最少之數可也。

種類及品質

蠶絲有黃白兩種。然通常依其製法。又區爲白絲(西名 Silk, Raw, White not Re-reeled and not Steam Filature 東名座繰白絲)黃絲(西名 Silk, Raw, Yellow, not Re-reeled and not Steam Filature 東名座繰黃絲) 白經絲 (西名 Silk, Raw, White, Re-reeled 東名再繰白絲一曰白繰返絲) 黃經絲 (西名 Silk, Raw, Yellow, Re-reeled 東名再繰黃絲一曰黃繰返絲) 白繅絲 (西名 Silk, Raw, White Steam Filature 東名器械白絲) 黃繅絲 (西名 Silk, Raw, Yellow, Steam Filature 東名器械黃絲) 六種。

白絲、黃絲。指內地農家以舊法繅成者而言。白絲多產於浙江、江蘇、廣東等省。浙省白絲質最精良。湖州菱湖、南潯、烏鎮、璉市等處。爲七里絲主要產地。色澤最佳。纇節尤少。爲他處所不及。海寧硤石鎮產七里絲亦有名。上海市場謂之海寧絲。嘉興南堰、平湖、新篁、海塘一帶產絲亦佳。有緑白兩種。上海市場常呼爲緑嘉興絲、白嘉興絲。江蘇白絲。以無錫爲第一。溧陽、蘇州、震澤次之。上海市場。有無錫絲(一稱錫絲)溧陽絲之稱。品質雖不及浙產。而色澤實遠過之。廣東白絲。遜於江浙。蓋其地一年飼蠶七次。絲之品質因季節而異。大抵每年四月上市者。皆係用第一次之繭。色澤不佳。而強力甚大。第二次至第四次之繭。色澤雖白。而絲質軟弱。彈力不強。絲條亦鬆。第五及第六次之繭。絲色略靑。而絲質極堅。品質之良。爲一年中作繭之最。至第七次之繭。絲之彈力最弱。十月以後上市者。則皆取各期之繭、混合繅絲。品質最不齊一。黃絲多產於四川、湖北、山東等省。四川尤著名。其潼川所產、曰潼絲。上等細絲也。價最高。綿州所產、曰綿絲。較潼絲稍粗。保寧所產曰過盆絲。合川所產、曰大河壩絲。品質略同保寧產。順慶所產、曰南充絲。西充絲。色澤優於潼絲。而絲條極粗。價値亦廉。湖北黃絲。在上海最著名者。爲沔陽絲及河溶絲。

白經絲、黃經絲者。亦內地農家所繅之絲。絲商收買之。加以再繅。改爲洋裝。故又有洋裝絲之稱。其價格與品質。足與機器絲相頡頏。白經絲多產於蘇浙。分大經、口經兩種。蘇省震澤所產。多大經。浙省南潯所產。多口經。大經絲、專銷歐洲。口經絲、多運銷美國。兩者裝束各異。運銷歐洲者。多疊絲綛爲二。兩端繫以棉線。以二十五個爲一梱。(約重六七磅)捆之一端。蓋以絲綿。二十捆爲一包。運銷美國者。用捻造器捻之。四十五本乃至五十本爲一梱。(約重八九磅)用紙包裹十五梱爲一包。(每包約重百斤)黃經絲多產於四川、湖北、山東等省。四川絲商。多設專廠。從事於此。重慶旭東絲廠。其最著者也。

白繅絲、黃繅絲。即新式工廠所出者。俗稱廠經。亦曰廠絲。又稱機器絲。黃繅絲多產於四川。白繅絲多產於廣東、江蘇。綜計各省新式絲廠數。如左表。

所在地		工廠數	絲車數	備考
江蘇省	上海	七〇	一八、五八〇	上海蘇州各廠係民國六年調查
	蘇州	三	七四三	
	無錫	一五	四、二六二	民國十年調查
	鎮江	三	七三六	
四川省		三三	四、〇五九	民國七年調查
山東省		二	一五〇	青島日商絲廠車數不詳
廣東省		二九九	一三六、八二〇	
浙江省		四	九四三	
湖北省		一	三三〇	
湖南省		一	一〇〇	
廣西省		一	—	
貴州省		一	—	
共計		四三三	一六六、七五四	

上海廠絲。品質最佳。在歐美市場。聲價常凌駕日本絲。四川廠絲次之。廣東絲又次之。

廣東繭質較劣。且繅絲方法。多採直繅式。（再繅式、係先用小栫繅後、再用大栫繅之。直繅式、則直用大栫、不需再繅手繅、）絲紋極厚。重行搖絲時。多感困難。是其所短。然絲之強力最大。適於織造縐類。是其所長也。

上海廠絲（包含江浙兩省所產）據專家所評。其優點如下。

（一）色澤佳良　用紹興繭繅成者尤佳。

（二）纖度齊一　係嚴格選繭之效。所選之繭類能適合於目的纖度。

（三）纇節不多　間有纇節。係因女工疏忽所致。

（四）強力極大　每十號（Jenier）普通爲三十七乃三十八格蘭姆。最大者。達四十三格蘭姆。

（五）富於伸度　上絲爲百分之二十一。下絲爲百分之十九。平均在百分二十內外。

（驗強力伸度之法、見附錄紐約萬國絲綢博覽會報告書詳後、）

四川廠絲。採用三眠蠶繭爲原料。且繅絲技術。不及上海。品質自較上海廠絲爲遜。然纇節少。強力大。是其所長。惟纖度不齊。是其所短。

輸出額

蠶絲出口。年在十萬擔左右。其中黃白繅絲最多。黃白經絲次之。黃絲、白絲又次之。茲將最近二十一年之出口數表示於左。（單位擔）

年份	白絲	黃絲	黃白經絲	黃白繅絲	共計
光緒二十六年	二二、二〇四	一一、二六七	九、五一九	三五、二七七	七八、二六七
光緒二十七年	二九、一八七	一三、六六九	一五、九〇三	四九、九三七	一〇八、六九六
光緒二十八年	二二、二八〇	一二、五三六	一五、一四六	五〇、五五七	一〇〇、五一九
光緒二十九年	一二、七〇三	九、三七五	六、六三八	四三、九七九	七二、六九五
光緒三十年	二一、二六〇	一〇、三七四	一二、九六四	四七、二八七	九一、八八五
光緒三十一年	一五、四一三	一〇、七一八	八、八五七	四五、三四七	八〇、三三五
光緒三十二年	一三、六二八	一一、八八六	一三、五九六	四五、八二一	八四、九三一
光緒三十三年	一三、八二八	一三、四六五	一四、七二八	五〇、二九六	九二、三一七
光緒三十四年	一六、五八〇	一三、八一〇	一五、三四六	四九、二〇六	九四、九四二
宣統元年	一一、九五六	一三、五六四	一八、五七九	五一、六七四	九五、七七三
宣統二年	一〇、八四三	一五、八七六	一九、四九七	六三、九六九	一一〇、一八四

宣統三年	一一、八六九	一三、四八八	一五、二二二	五五、四六一	九六、〇九四
民國元年	二〇、八七六	一九、四一四	三二、四三〇	五九、一五七	一三一、八七七
民國二年	一二、六一七	一七、六三三	二〇、五五三	六九、五四一	一一九、三二四
民國三年	八、四九一	一四、六五九	九、六〇一	五六、七六六	八七、五一七
民國四年	六、七八〇	一三、一四五	二六、〇二九	六三、一三九	一〇九、〇九三
民國五年	五、九四七	一三、八六七	一五、四六一	六八、二八六	一〇三、五六一
民國六年	四、六一二	一四、四九二	一五、三七七	七三、一〇三	一〇七、五八四
民國七年	四、一五九	一三、三六一	一五、六五九	六四、一八七	九七、三六六
民國八年	四、四六八	一八、六六九	一八、三三一	九〇、〇三八	一三一、五〇六
民國九年	三、四八二	一三、四一〇	九、五九五	五六、〇四三	八二、五三〇

出口往香港者最多。約占出口總數百分之四十。其次則爲法國。約占百分之三十。再次則爲美國。約占百分之十五。餘則英、義、印度、土波埃等處。銷數亦鉅。往香港者。大都轉往法、美、義、印度、英國。故歐戰以前。海外銷路。要以法國爲最。歐戰以還。法國銷數較減。往美國者日多。更就各種絲分別觀之。則白絲運往印度法國最多。其次則義國。購數亦鉅。在美國市場。爲日本廠繅絲所抵。頗不暢銷。黃絲往印度者。約占十分之六。中央亞細亞、埃及方面。約占十分之三。白經絲往美國者占十分之五。往法國者占十分之四。黃經絲往法國最多。印度次之。白繅絲往法國最多。美國次之。義國又次之。黃繅絲往法國最多。義、美、印度次之。

蠶絲出口主要地區表　其一（單位擔）

地區	宣統元年	宣統二年	宣統三年	民國元年	民國二年	民國三年
出口總數	九五、七七三	一一〇、一八四	九六、〇九四	一三一、八七七	一一九、三二四	八七、五一七
香港	三六、二九九	四四、六八二	三六、七六六	三六、五〇〇	四七、八五五	三六、四三七

印度	九、八一五	九、〇六七	九、九六八	一九、七四〇	一三、三八三	一四、三三八
土、波、埃等處	三、〇四四	四、六六五	三、五三〇	五、六一五	三、八八八	一、九四三
英國	一、五一〇	一、〇三六	一、一一九	一、〇三八	一、〇六四	三、一七八
法國	二四、二二四	二四、七九九	三一、一四〇	二八、二四八	二七、四二八	一四、六六一
德國	一〇	四〇一	四二一	四五六	三三〇	一一九
義國	七、四一五	九、六三一	七、二〇四	九、〇八二	六、七八〇	三、二八〇
俄國	一九一	二六九	一五七	二二七	二六四	一九八
日本	四一	四六八	一一八	四二一	一三〇	八九
美國	三一、五五一	一四、四〇五	一四、九六八	一九、九三一	一七、六五〇	一五、八七〇

蠶絲出口主要地區表 其二（單位擔）

地區	民國四年	民國五年	民國六年	民國七年	民國八年	民國九年
出口總數	一〇九、一九三	一〇三、五六一	一〇七、五八四	九六、三六六	一三一、五〇六	八二、五三〇
香港	三二、八六三	三七、三二三	四〇、一六一	三四、〇四二	四七、四六〇	三三、八五五
印度	一三、八一二	一一、九二三	一三、二三五	八、四三九	一六、八一九	一三、一六〇
土、波、埃等處	一、三三〇	二、四五六	二、三八〇	三、一六五	三、七三四	二、四七七
英國	二、九〇五	二、六七八	三、六五四	三、五五七	二、二九七	一、六四〇
法國	二七、五六九	二三、二〇四	二四、八二三	二八、四二〇	三三、七七二	一六、九八五
義國	一〇四	五三三	三五〇	一、二八一	三九六	二六八
俄國	一、九三〇	一、八七四	四〇五	—	—	—

日本	一、五四〇	一七七	三三六	二二一	一、五三九	三二八
美國	二六、八一七	二四、三六二	二三、五七四	一六、六一〇	三六、〇二八	一四、五三三

備考　土、波、埃等處。包含土耳其、巴爾幹諸國、阿拉伯、波斯、埃及、亞丁在內。日本、美國包含檀香山在內。

白絲(Silk, Raw, White not Re-reeled and not Steam Filature)

地區	民國二年 數量	民國二年 價值	民國七年 數量	民國七年 價值	民國八年 數量	民國八年 價值	民國九年 數量	民國九年 價值
出口總數	二、六一七擔	四、八七九、三六五兩	四、一五九擔	二、〇六六、三六六兩	四、四六八擔	二、二四二、五四一兩	三、四八二擔	一、九一三、八一五兩
香港	一、七三二	八三〇、六九八	一、五六七	九五九、九〇三	一、九〇五	一、一六〇、五五二	一、五七八	一、〇七六、四六〇
澳門	二六一	一三四、四二九	二三〇	一九〇、三七〇	一七三	八五、九一二	一六一	一三三、三三一
印度	二、〇九〇	八四九、五九八	四九七	二〇三、〇七七	六四六	二五〇、八七五	四八三	二〇七、八二七
土、波、埃等處	六九三	二八〇、九一〇	五九〇	二四一、一四七	五一三	一九七、六八〇	五五四	二三八、一七五
英國	六五八	二六六、四六四	一七三	七〇、一六二	一二八	四九、二七四	一二五	一〇、六八五
法國	二、七九三	一、一三三、二〇四	七〇八	二六九、五九〇	七六二	三三八、一一六	四一〇	一七八、四一一
義國	三、〇七七	一、二五七、六八二	一九七	八〇、六二七	五七	二一、九八六	一一三	五〇、一六七
日本	二二	八、九一二	五九	二四、〇〇五	三一	一二、〇二九	—	—
美國	—	—	二〇	八、二七四	三五	三三、〇三八	四〇	一七、四四三

白經絲(Silk, Raw, White, Re-reeled)

地區	民國二年 數量	民國二年 價值	民國七年 數量	民國七年 價值	民國八年 數量	民國八年 價值	民國九年 數量	民國九年 價值

地區	民國二年 數量	民國二年 價值	民國七年 數量	民國七年 價值	民國八年 數量	民國八年 價值	民國九年 數量	民國九年 價值
出口總數	二〇、五五三擔	一〇、五四七、〇八二兩	一四、四五四擔	九、〇五九、〇四六兩	一六、七三九擔	一〇、四〇八、九九二兩	八、三四二擔	五、六八六、九七三兩
香港	六四五	三二八、九六九	二四	八、五八五	六	四、〇六五	二〇	一四、二五〇
印度	二五〇	七六、九三四	二五二	八二、三五八	二六五	五九、五七四	五七三	一六一、六四五
英國	三六二	一八一、二五二	二、三八八	一、五一一、九七〇	一、四一三	八八三、四一七	一、二三四	八八〇、五八八
法國	五、三四九	二、七六三、三五三	二、三五七	一、四九二、六三八	四、〇八三	二、五六八、八三八	二、〇四一	一、四四二、四三四
義國	一、七九七	九三五、〇一四	一〇一	六四、一三一	九〇	五六、七〇四	九二	六五、九一八
日本	一〇八	五二、四二一	三五	一五、八九六	三二七	二〇〇、八〇九	—	—
美國	一二、九六七	六、一七〇、七九三	九、一〇九	五、七六八、九七二	一〇、四三二	六、五六四、六九七	四、三七三	三、一一八、三九七

白繰絲(Silk, Raw, White, Steam Filature)

地區	民國二年 數量	民國二年 價值	民國七年 數量	民國七年 價值	民國八年 數量	民國八年 價值	民國九年 數量	民國九年 價值
出口總數	六八、三四二擔	四五、六〇二、三九七兩	六〇、九九四擔	四七、七六九、八八八兩	八三、四七〇擔	六九、三六四、〇八〇兩	五三、七五六擔	四六、三七五、七一七兩
香港	四五、四二九	四七、九〇九、四二三	三一、六七二	二四、九七九、五九一	四四、九九三	三六、五三八、八二八	三二、一三〇	二七、七四六、一八三
印度	五	三、九〇四	四	三、五五二	一二	九、一〇八	六	四、八四一
英國	一二	八、五〇六	八七一	六八四、四七二	六四九	五五九、三一二	三三四	二八七、二六六
法國	一六、五〇七	一二、七〇七、三四八	二〇、四一五	一五、八一〇、五一三	一三、〇三四	一一、〇三三、八五三	一一、四五五	九、八七一、三八〇
義國	七二二	五五六、九七一	四八六	三七二、〇四二	二七	二〇、六六七	二六	二二、二七四
日本	—	—	二	一、五五六	七〇八	六〇六、一九一	九一	七五、〇七五
美國	五、六六七	四、四一六、二四五	七、四二五	五、八二三、七四七	二四、〇四七	二〇、五九五、七四二	九、七〇八	八、三六三、四七四

黃絲(Silk, Raw, Yellow, not Re-reeled and not Steam Filature)

地區	民國二年		民國七年		民國八年		民國九年	
	數量	價值	數量	價值	數量	價值	數量	價值
出口總數	一七、六三三(擔)	四、八六六、二六六(兩)	一三、三六一(擔)	四、〇八〇、一〇一(兩)	一八、六六九(擔)	五、八四二、四四五(兩)	一三、四一〇(擔)	四、七九一、八五四(兩)
香港	四九	一六、八三三	六四八	二三七、二九六	五三五	一八八、九八五	一二七	六三、三三九
印度	一〇、九三三	二、九〇四、六九一	七、三五一	二、五三三、三四〇	一四、九九五	四、七八一、七三九	一〇、三七八	三、七八三、〇〇八
土、波、埃等處	三、一七七	九一三、五三〇	二、四九八	七五五、九八二	二、一九二	六〇二、〇六六	一、九〇〇	六一八、四七八
法國	二、〇三三	五九三、〇四〇	一、七三三	五二一、四六八	六八七	一八八、四八四	八六三	二八〇、八三五
義國	八六八	二五八、四六四	五一	一五、四八一	—	—	—	—
日本	—	—	八五	二五、九九〇	一四八	四六、八二四	—	—
美國	一〇	三、一三五	—	—	六九	二六、四三九	一三四	四三、六五二

黃經絲(Silk, Raw, Yellow, Re-reeled)

地區	民國二年		民國七年		民國八年		民國九年	
	數量	價值	數量	價值	數量	價值	數量	價值
出口總數	—(擔)	—(兩)	一、二〇五(擔)	六七九、二四七(兩)	一、六二〇(擔)	六九三、三一〇(兩)	一、二五三(擔)	七〇三、三五八(兩)
香港	—	—	八二	四六、五五〇	一八	七、七六三	—	—
印度	—	—	二八二	一五八、四五〇	八三六	三六二、一五八	六九三	三八九、〇三一
土、波、埃等處	—	—	五六	三一、四五四	二九	一二、五〇五	二	六、一一三
英國	—	—	一二三	六三、六四七	二八	一三、一七六	三七	二〇、八三八

地區	民國二年數量	民國二年價值	民國七年數量	民國七年價值	民國八年數量	民國八年價值	民國九年數量	民國九年價值
法國	—	—	五〇〇	二六一、九一五	五一二	三三〇、八二九	三八七	二一七、二四八
義國	—	—	一七二	九六、五八五	二七	一一、六一九	一六	八、九七六
美國	—	—	一	五六四	一五三	六六、二六〇	一〇六	五九、四三三

黃繅絲(Silk, Raw, Yellow, Steam Filature)

地區	民國二年數量	民國二年價值	民國七年數量	民國七年價值	民國八年數量	民國八年價值	民國九年數量	民國九年價值
出口總數	一、一九九擔	四四六、二三三兩	三、一九三擔	二、一〇八、〇六〇兩	六、五六八擔	三、四八〇、八二一兩	二、二六七擔	一、五六八、八九三兩
香港	—	—	五〇	三二、九三〇	二三	六、〇八〇	—	卜
印度	二五	四二、七四七	三三	三四、二五六	六五	三三、〇二四	二七	一七、八九六
英國	—	八一	一三	八、八八四	七九	五四、五四一	一〇	七、七五〇
法國	七五七	二六二、五三六	二、七一七	一、七九四、八三七	四、六七五	二、四一五、八八六	一、八二九	一、二三八、七四九
義國	三一七	一一七、一二二	二七五	一七九、八二四	一九五	九九、四五九	二三	一四、五四九
日本	—	—	三〇	一八、七〇八	三五	二四九、五五三	二三六	一七七、〇〇〇
美國	一〇	三、六四八	五五	三八、六二五	一、二一七	六二二、二六八	一六〇	一二三、九四八

交易狀況

上海廣州。為兩大輸出港。大抵南部各省之絲。由廣州輸出。北部及中部各省之絲。由上海輸出。上海出口最多。約占全數十分之六。廣州約占十分之四。

上海◉◉交易慣例。無論農家所出之舊式絲、以及絲廠所出之機器絲。皆經由絲棧售諸洋行。(舊式絲向多經由經紀人一級)華商不能直接輸出。通常華商絲廠。往往先由洋行貸與資金。故毫無何等勢力。交易時。唯聽買主(洋行)操縱。且市場上向無所謂標準絲。僅憑買主自由本其經驗。隨時設定某種標準。選擇相當之貨。故雖各絲廠。如欲其絲能合格。亦不能不受洋行之指導。且市場存絲。向無調查。絲價標準。遂難確定。賣買雙

方各派人探聽市況而賣主除探聽洋行收買消息如何及交易訂貨等情況而外殊無他策即絲棧亦常派人出入洋行運動買辦舍此無以成交易也

上海絲棧為一種專門事業往往借墊繅絲資金代辦寄棧保險各有相當資本非普通經紀人可比委託絲棧賣絲時賣價每百兩除納用錢二兩五錢外須納慈善捐銀五錢存貨於絲棧不論時期長短每值百兩納費一錢絲商直接售絲於洋行時縱不經絲棧介紹亦須照例納用錢於絲棧否則為絲棧所排斥不免受種種妨害

買賣分現貨與期貨兩種先期訂貨者先四五月最多舊式絲則約先一個月之譜訂貨時無需先交定錢亦不必另立合同彼此一言為定洋行但將所約要項記賬而已交易極其確實可靠通常洋行勢力高壓華商買賣一經成立即命運貨到行聽其以自己所備檢查機器自由檢查倘有破約情事亦不能請求賠償售絲價款則給以『貨船出洋之日發錢』之票據不到期不能望其付款

現時各國在上海均有絲商美商美鷹洋行代表其國機業家直接輸出並以百數十萬兩資金貸與絲廠以擴其勢力自餘如英商怡和日商三井德商瑞記法商連納等亦皆競事經營或設經廠或為投資以圖壟斷據最近調查上海洋商經營蠶絲出口業者如左

行名		地址
阿密達拉	Amidani, L.	北蘇州路五四
彙昌	Arnand Coste A. & R. V. Dent	漢口路一四
瑞記	Arnhald, Karbary & Co. (德)	九江路六
森茂	Assomull & Co., W.	江西路五
祥利	Azadina, J.	博物院路二〇
興伯	Baelz & Co.	南京路一二
百利公司	Barkley Co., Inc. (英)	九江路四八
法昌	Boyer, Maret & Co. (英)	江西路一八
祥茂	Burkill & Sons, A. R. (英)	九江路二
惇信	Dyce & Co.	江西路四三
美鷹	Egle, Inc., T. H. & C. K. (美)	九江路六
信紀行	Eastern Trading Co., Ld.	九江路一三
通順	Emens & Co., W. S.	南京路三六
福來德	Fuhrweister & Co.	仁記路九
大昌	Gaillard, T.	江西路二
高信	Golhai & Co., M. N.	漢口路九
公安	Heffer, F. C. (美)	九江路二
怡和	Jardine, Matheson & Co., Ld. (英)	黃浦灘二七

禮和	Carlowitz & Co.	九江路一六
廣昌	Cawarjee, Pallanyee & Co.	九江路一九
集昌	China Silk Agency Co., Ld.	博物院路一八
三星	Chinai & Co., T. C.	漢口路九
臺錄	Dell Oro & Co.（印度）	黃浦灘四
義克利	Denegeri & Co., E.	江西路四三
德利	Denegri, M.	九江路六
捷成	Diedrichsen & Co.（德）	江西路一〇
公平	Probst, Hanbury & Co., Ld.（英）	南京路一〇
連納	Rayner Charles.（法）	黃浦灘四
泰和	Reiss & Co.	漢口路七
禮喬	Riggio, A.	亞爾培路一五
有餘	Sauvayre, J.	九江路三
禪臣	Siemssen & Co.（德）	黃浦灘二八
曾和	Sowa & Co., K.	漢口路四三
達昌	Sulzer Rudolph & Co.（瑞士）	北京路八
克昌	Kermain, R. S.	四川路七六
和順	Kober & Co., H.	廣東路二六
中和	Little & Co., William	漢口路一一
新時昌	Nabhalg & Co.（英）	南京路一二
永與	Oliver & Co.（法）	博物院路一六
百利	Paturel, C.（英）	愛多亞路七
八巴利	Pabaney Ebrahenhay	九江路八
時昌	Pfistere & Co., R.	江西路一八
景昌	Villa Bross & Co.（美）	江西路二〇
怡隆	Vilondoki & Co.	漢口路一〇
三井（日）		四川路四九
新利（日）		江西路八
茂木（日）		江西路
長瀨（日）		四川路四〇
鈴木（日）		洋涇濱六

最近上海絲繭總公所與美國紐約生絲檢查公司訂約合辦生絲檢查所。此事起於民國九年美國絲業團來華遊歷。華商與之約定合辦。後以絲市蕭條中止。民國十年二月紐約開萬國絲品博覽會時。由蘇浙皖絲繭總公所赴美代表丁汝霖、徐錦榮等與美國生絲檢查公司代表陶迪(Tauif Dotuy)簽字。設立上海生絲檢查所。是年七月九日。陶迪偕技師攜帶各種機器來華。設事務所於上海公共租界江西路。準備成立手續。開辦費美金六萬元。中美各認半數。此項檢查所。附屬於紐約檢查公司之下。如經常費不敷。則由紐約公司補助。內部組織。仿照芝加哥、費拉

特爾賞亞、巴達孫各檢查所辦法附設堆棧。絲業家以繅成之絲存堆棧。由檢查所給以證券。此項證券。可得銀行擔保。便利殊多。且一經檢查合格之絲。輸入美國。無需再行檢查。可免挑剔等弊。

◎◎廣州生絲交易大半爲機器絲。經絲行之手。售諸洋行。洋行概在沙面。絲行共二十七家。立於製絲業與洋行之中間。爲之介紹買賣。抽用錢千分之十五。一切包裝、報關、裝船運送(廣州絲例送至香港出洋)諸項費用。概由絲行擔任。舊式絲往印度、緬甸、南洋一帶者。概由絲行加以整理。謂之馬杭。經新式機器絲往日本者。多由三井洋行經手。仍用各絲廠之私標。至往歐美者。則由洋商設定標格如左。

往歐洲	往美洲
Extra	Superior Extra
Small Extra	Good Extra
Buf. No. 1.	Small Extra
No. 1.	XX A Crack
Good No. 1.	XX B Crack
Small No. 1.	XX A Standard
	XX B Standard

Bup No. 1. 爲往歐洲之標準格。XX A Crack 爲往美國之標準格。往歐洲者概爲十四中。Buf. No. 1. 最多。約占十分之八。往美國者。XX A Crack 最多。約占總數三分之一。XX A Crack 格以上爲十五中以下。爲二十一中二十四中等。較之十五中價値爲廉。洋行收買絲時。例於合同上訂明絲之季節。蓋以第六季作繭。絲質最優。第一第五兩季次之。二三四各季。正値雨期。通常不良者居多。價値約開三、四十元。

外國市場情形

距今五十六年前。世界蠶絲市場。原爲我國所獨占。自義、法及日本蠶業發達以後。乃成互相角逐之勢。

◎◎義國絲產額年約四百萬公斤。品質以比蒙的 (Piedmont) 產爲最佳。倫巴多、威尼斯次之。不里細亞 (Brescia) 貝加莫 (Bergamo) 又次之。絲細而美。各國機業家多用爲經絲。義商以之運銷歐美。而輸入中、日、土、與印度廉價之絲。以供本國機織之用。米蘭居義國絲產地之中心。機業繁盛。又爲生絲貿易中心市場。常供給瑞士、德、法、與美諸國。勢力之大。凌駕法國里昂而上之。據米蘭生絲檢查所發表。每年檢查絲數。民國六年爲七、二八三、二五六公斤。民國七年爲四、〇三六、三二六公斤。歐戰以前、我國絲、在義國市場。實居首位。

義國蠶絲進口主要國別表（單位百萬利拉）

年份	進口總數	中國	日本	奥國	法國	土耳其
光緒二十一年	七三	一四	—	四	五三	—
光緒二十六年	七一	四三	八	四	二	一
光緒二十九年	一〇三	六三	三	六	三	二七

歐戰以來。因銀價昂貴。我國絲、在米蘭市場。銷數頓減。尤以民國七年爲最甚。然比較各輸入國。仍占優勢也。

法國絲產額年約五十萬公斤。里昂機業冠於全球。民國二年。法國出口絲織物三億三千七百萬佛郎。又絹絲千三百六十三噸。如此世界最大之機業國。其需要原料之多可知已。然而察其產額則民國二年。不過五百噸。而是年法國所用生絲。則爲五千噸。僅有其十分之一。其餘十分之九。概由中、日、義各國輸入也。里昂爲法國蠶絲中央市場。瑞士、西班牙、英、美諸國。多仰給於此。據里昂生絲檢查所發表。民國六年檢查絲數。爲四、三四〇、三九〇公斤。民國七年爲四、七二〇、七七一公斤。我國絲、在法國市場。常居第一位。

法國蠶絲進口主要國別表（單位千公斤）

年份	進口總數	中國	土耳其	義國	日本	印度	英國
同治九年	二、七三七	五八六	三五九	二四一	二六五	一〇六	九八四
光緒六年	四、一〇八	二、〇八四	三三六	七〇九	二七六	九六	二五七
光緒十六年	四、〇〇〇	一、八三〇	五〇〇	四八七	八二六	二九	一三一
光緒二十六年	五、三八〇	三、一三〇	七七九	六〇二	五六六	一七九	一七
光緒二十九年	六、〇六七	三、三六八	八一六	七三〇	五四〇	四四四	三四

歐戰期內。因英國禁止絲織物進口。法國機業大受影響。（法國出口絲織物運銷英國者占全數十分之六。）我國絲在法國銷數亦大形減縮。歐戰以後。恢復原狀。至今市場勢力仍以我國爲最優。

瑞士亦機業發達之國。蘇黎世（Zurich）爲機業地之中心。每年出口絲織物值一億五千八百萬佛郎。所用原料。多由法義兩國輸入。我國生絲。經由法義兩國輸入者不少。

瑞士國蠶絲進口主要國別表（單位百萬佛郎）

年份	進口總數	中國	法國	義國	日本	備考
光緒二十一年	一二六	不詳	一八	八七	二〇	繭及屑絲在內。中國係直接進口數。間接由法義兩國輸入者概不在內。
光緒二十六年	一二七	六	一九	九〇	八	
光緒二十九年	一三八	一〇	二六	九三	六	

俄國機業地之中心。爲莫斯科及其隣近烏拉的米爾、斯卡亞地方。一八九六年至一八九八年。三年平均。輸入蠶絲（繭屑繭屑絲在內）價值八百九十萬盧布。一九〇二年至一九〇七年。五年平均價值一千八百六十八萬盧布。其中德國占百分之三十。法國占百分之二十三。義國占百分之十四。瑞士占百分之十二。中國奧國、波斯合計。占百分之二十一。一九〇八年進口蠶絲主要國別如左。（單位盧布）

國別	繭	屑	繭屑屑絲	生絲	共計	備考
中國	一三、五〇〇	一二、三〇〇	—	一一九、五四〇	一四五、三四〇	表中所列。係由各國直接進口數。由德國進口者最占多數。實則德國並不產絲。其絲皆運自東洋轉售於俄也。
奧國	七、七〇〇	三七、九九三	五七、八三〇	一三三、七五四	二三七、二七七	
英國	—	九、六九八	六五〇	二、八二五	一三、一七三	
德國	四、七五四	九、九四四	八二一、四八六	七、二六九、九〇五	八、一〇六、〇八九	
義國	七〇	八、〇〇〇	八一六、七〇〇	五、一五三、〇一五	五、九七七、七八五	
波斯	九九、七七七	五五二	—	一三、八九〇	一一四、二二三	

法國	二、三三〇	一一、七五二	四一〇、六二七	八七九、五七七	一、二九五、二八八
瑞士	—	三一、〇〇〇	一七二、〇〇〇	二、一八四、九三二	二、三五九、九三二
日本	—	—	七、〇四〇	五〇三、七三四	五一〇、七七四
計	一三〇、一三一	九三、四二七	二、二八六、三三三	一六、一七七、八六七	一八、五八七、七五八

美國紐約機業。向極發達。尤以歐戰期內。乘法國機業之衰。大加擴充。距今五年以前。世界絲產額。爲美國所消費者。約占百分之五十二有奇。休戰以後。美國消費額竟達百分之八十五。世界生絲消費國。蓋以美國爲巨擘。故美國市場向爲各國競爭最稱激烈之場。歐戰以前。美國進口蠶絲。以日本爲最多。中國次之。義國又次之。法國最少。

美國蠶絲進口國別表　其一（單位千斤）

年份	日本	中國	義國	法國	其他各國
光緒十六年	三、四六九	一、一三〇	九一二	二七九	—
光緒二十一年	三、七八八	二、四一九	一、三五四	三六五	一六
光緒二十六年	四、七五五	三、八五三	二、二二四	三五四	六五

日本絲。在美國市場上之勢力。進步最速。歐戰期內。尤爲顯著。距今二十年前。日本絲運入美國。僅值二千萬元。民國七年。乃值四億萬元。民國八年。美國進口絲中。日本絲實占百分之八十三。是年日本絲產額百分之九十六。盡運銷美國。計其出口往美國之貨。共值日金八億二千八百九十七萬六百二十二元。而生絲一項。乃占六億八十四萬二千二百三十七元。卽占出口貨總數百分之七十二有奇。我國蠶絲。在歐戰期內。乘法義兩國絲業之衰。亦頗有進步。然以比之日本。則所增加者。仍屬有限。至義法兩國。則江河日下。無復挽回之望矣。

美國蠶絲進口國別表　其二（單位磅）

年份	日本	中國	義國	法國	其他各國	共計
民國五年	二四、三七五、一七三	六、三六六、六二五	一、五三四、九九〇	一〇五、九九三	七一、九四九	三二、四五七、七四〇

民國六年	二九、三九六、〇三三	六、九三四、四一八	一四九、三四七	一五、八三九	七、二〇五	三六、五〇二、八三一
民國七年	二七、〇七四、八一一	五、七五〇、九〇三	五、五〇三	三、八七二	三〇、三六五	三三、八六五、四五三

更以生絲市價觀之。則義國絲價格最高。日本絲次之。我國機器絲又次之。

民國七八兩年十月一日紐約生絲市價表

種類	民國八年	民國七年
義國上等品	11·25元	—
義國普通品	10·50	—
日本機器絲最優品	10·80	七·七五
日本機器絲優等品	10·50	七·五〇
日本關西一番	九·九〇	七·〇〇
日本信州上一番	九·八〇	六·八五
廣東機器絲最優品A 14/16新絲	八·八五	—
廣東機器絲最優品A 20/22新絲	八·四〇	—
廣東機器絲最優品A 14/16舊絲	七·三五	五·八〇
廣東機器絲最優品B 22/26舊絲	六·五〇	五·二五
中國機器絲最上品	10·50	八·二五
中國機器絲市場優等品	10·00	七·八五
中國七里絲經優等品	七·六五	六·五〇
中國七里絲經黑獅子牌	七·二五	六·一〇
野蠶絲優等品	四·七〇	三·九五

據以上所述。我國絲。在歐有法義之競爭。在美又有日本之競爭。今後欲維持海外市場之勢力。誠不能不有待於我國民之努力矣。茲錄留美機織學生關於華絲改良之報告於左。以備當業者之參考。

▲紐約國際絲綢博覽會報告書　其一　　留美機織學生周延鼎

商業之盛衰。全視乎銷路之滯暢。而銷路之滯暢。全視乎市面之需要。若不問社會風尚。不察人民習慣。貿然以不合時宜之貨物。求售於市。則鮮有不失敗者也。今日絲織物發達之區。首推美國。每年生絲之需要。約四千萬磅。值六萬萬元左右。我國絲商不欲振興生絲業則已。如欲振興生絲業。非致力於對美貿易不可。而欲發達對美貿易。非先從事於研究美人之嗜好不為功。美國之絲織物。大抵為奢華裝飾之品。所用生絲質地愈佳愈妙。價之上下。在所不計。故美人購絲之時。對於絲之勻淨堅韌及清潔三項。非常注意。美國生絲檢查所愛德華氏曾依此三項而定生絲之優劣。擬表如左。

檢驗手續		優等	上等	中等	下等
一、驗膠質（以絲中含膠質之多寡而定。以百分算）		十七分以上	十六分以上	十六分以下	十六分以下
二、驗斷（以搖絲五萬碼中所斷之次數算）		斷三次以下	斷九次以下	斷九次以下	斷九次以上
三、驗號數（註一）	十三、十五號	不出三號上下	不出六號上下	不出九號上下	出九號上下
	二十二十二號	不出四號上下	不出八號上下	不出十二號上下	出十二號上下
四、驗韌力（以任重之格蘭姆算）		四以上	三五以上	三以上	三以下
五、驗彈性（以拉長之尺寸算）		百分之二十	百分之十九	百分之十七	百分之十七以下
六、驗粘力（以驗粘力機圓棍來回次數算）		千八百動以上	千二百動以上	八百動以上	八百動以下
七、驗勻淨（以長三十碼中所有細頭或粗頭數算）	極細頭	無	一以下	二以下	二以上
	細頭	二以下	三以下	五以下	五以上
	粗頭	一以上	三以下	五以下	五以上
八、驗清潔（以三十碼絲中所有廢絲及亂結數算）	廢絲	無	二以下	四以下	四以上

亂結	一以下	三以下	五以下	五以上

檢驗法

一、驗膠質　生絲多含膠質。(Serisin) 此種膠質。在染色之前。必須除去。法以肥皂少許和水。置鍋中煮之。約一小時取出。驗其重量。由重量之減少。可定膠質之多寡。如生絲一百兩。煮後得八十兩。則所含膠質。爲百分之二十。

二、驗斷　以絲繞轉輪而速度每分鐘八十二碼。如絲於五萬碼中。祇斷三次以下者。則爲優等。

三、驗號數　由重量之高下而定號數。(註二)每大包生絲中。須取出樣絲五十條。盡行驗過。如最重不過十三號、最輕不過十五號者。爲優等。

餘如表述。

四、驗靭力　每號能任重四格蘭姆而不斷者。爲優等。(即十五號絲能任重六十格蘭姆)驗靭力有專機。西名 Serigraph。

五、驗彈性　如絲百尺能拉長二十尺。則爲優等。餘如表述。驗彈性與驗靭力同機。

六、驗粘力　驗粘力機、爲美國西母氏所發明。絲織廠多採用之。其法以生絲五十條平置硬板上。用一金屬圓棍。來回滚其上。至絲分散而止。同時記其自始至終之來回次數。(平常之絲條以六七繭併合纏成。分散意即謂由合併之絲條分爲單獨之六七絲)粘力愈大。則來回之次數愈多。

美人對於生絲品質之上下。既如上述。吾人欲謀生絲之暢銷美國。非從此數要點上力事改良不可。茲將我國生絲之優點凡三。依次略述於下。

一、粘力大　生絲之粘力小者。織時每易起毛。有損美觀。粘力大者。絕無此病。

二、膠質多　膠質多。則絲之靭力強。織時搖時。均不易斷。

三、光澤鮮明　絲織物之華麗。全由於色澤之鮮明。故絲之光澤佳者。可爲上等絲織品之用。

我國生絲之劣點。亦大致可分爲三種。

一、易斷　此爲我國生絲最大之缺點。原因有二。

甲由於絲之不勻。一絲之中。忽粗忽細。細處力弱易斷。加以美國搖絲機器。旋轉速度極高。機上引力又大。故絲由第一絲軸搖至第二絲軸。每遇細處多斷。

乙、由於膠點(Gum spots)太多。當繅絲時。絲繞絲車上。遇轉角處。膠質結爲硬塊。乾成膠點。將所有絲條。合併一起。頗難分離。而硬塊性又堅脆。於搖絲時極易斷裂。

二、不潔淨　我國生絲中。每多糾結及不淨之物。搖絲時更需清理。清理必需人工。而美國工價貴。因以增加成本。美人之不甚歡迎華絲。此亦一大原因。

三、號數不定　號數不定。則一綹絲中。輕重不等。或一批絲內。綹與綹之重量亦迥異。織成綢緞。厚薄每不勻淨。而美國所織綢緞。大半細薄輕軟。光澤固要。勻淨尤重。我國土繅絲之輕重無定無論矣。即廠家所出機器繅絲。其號數出十號以外者。亦比比皆是。如是而欲與人爭勝。其可得乎。

總觀上述。我國生絲之優點。均係天然之特長。欲發揚而光大之。端賴育蠶植桑之改良。非茲編所能及。但我人如能將長點保持之。而更能將劣點改良之。則絲業更興之日。爲期當不遠。敬擬改良方法數則如左。

一、繅絲時宜格外留意也　絲之均勻潔淨。全視乎繅絲女工之勤惰巧拙。譬如繅十三十五號絲。用七繭併成一絲。如女工謹愼留心。時時加繭。使滿七數。則所出之絲。必甚勻淨。苟工女疎忽怠惰。一繭繅畢。而不知添加。或知而不即加。則絲之前後各段。粗細不同。至於技之巧拙。關係亦非淺鮮。如女工技能不精。則於接頭之處。每多亂結。絲綹之中。亦易混入廢絲及不潔之物。欲矯以上諸弊。當勤加督率。察其勤惰。每人所繅之絲。宜時檢閱。藝術不精者。盡心教導之。怠惰疎忽者。婉言訓戒之。屢犯不悛、不從指導者。除屏除外。無他法矣。至於技能精巧、謹愼勤勞者。當酬賞之。以勵其餘。總之繅絲爲最緊要之一步。若此時草率從事。使絲不勻不潔。則雖竭機器之能。人工之巧。亦無從挽回於萬一。故廠家管理者。對於繅絲不可不再三注意。幸勿存欺詐混冒之心。罔利一時。而一旦銷路斷絕。受損不勝計也。

二、已繅絲之宜復搖也　復搖云者。將已繅之絲。重行搖過之謂。即繅絲時先用小枠繅絲。再將絲換上大枠。然後由枠取下成綹。小枠旋轉速度。每分鐘二百五十至二百次。大枠則百至百二十次。復搖之利有二。一爲去膠點。二可去細頭粗頭亂絲及不潔之物。當膠質未乾。硬塊未結之時。絲莖不至粘結。如當時即復搖之。膠點可免。因絲於復搖時。已不如以前之潮濕也。且枠之大小不同。即繅時稍有膠點。至復搖後。均分散各處。不易察出。又復搖時可細心檢查一遍。遇細頭粗頭亂結廢絲諸物。均取出之。而不勻不潔之病又可免。由是觀之。復搖之重要可知。蓋非此手續。絲之品質。不能臻完善也。今日美國絲織廠中。十之七八。均選購復搖絲。日人爲競爭起見。其國內絲廠。已盡行採用復搖式。年來其生絲貿易之勃興。此亦一大原因。近在萬國絲業賽會時。揭此旗幟。詡爲獨一無二之特點。以招徠顧客。我國絲商。亟宜速採復搖式。力除膠點及不勻不淨諸弊。數年之後。改良完善。則自不難與日人相爭。正不必望洋興嘆。裹足不前。而貽後悔於無窮也。

三、工人之宜優待也　人必有愉快之精神。則作事可有美滿之效果。故廠中對於女工之待遇。宜非常注意。如給以相當之工資。而縮短工作時間、至每日八小時。俾其安心樂業。無金錢不足之虞。無身體過勞之患。則女工對於其職務。自必踴躍從事。樂受指導。崛強敷衍萎靡疏忽之弊均可免。如此而出品不良。吾不信也。至於廠中設備之完善。亦一要着。如光線之充足也。空氣之流通也。室中之煖和也。廠內之清潔也。均與工人身心有直接之關係。卽與生絲之出品有間接之關係。幸管理絲廠者一注意及之也。……

註一　棉紗之粗細。分以支數。如十支爲粗紗、四十二支爲細紗等是。絲之粗細。則分以號數。(Jenier)　凡絲長四百五十公尺而體重百分之五公分。謂之一號。長四百五十公尺。而體重百分之十公尺者。謂之二號。餘類推。通常應用之號數爲十三十五號及二十二十二號兩種。

註二　以同一長度之絲相較。其號數與其重量恰成正比例。通常所用長度。以四百五十公尺爲本位。所用體量。以百分之五公分爲本位。今得比例公式如下。

一號絲：欲知之號數＝百分之五公分：號數未知絲長四百五十公尺之體重

例如今有絲長四百五十公尺而重百分之六十五公分。其號數可由下法算出

一號絲：欲知之號數＝百分之五公分：百分之六十五公分

欲知之號數 $\frac{65}{5}$ 分 13 卽十三號

▲紐約國際絲綢博覽會報告　其二

留美機織學生王榮吉

關於絲業之應改良者

一、切實調查外國絲織廠針織廠所需生絲之要素。詳細報告國內各廠。使其照辦。則必得買主之歡迎。以余所知。有下列數條。

甲、硬砠塊 (Gum Spot) 用轉絡 (Re-reel) 或使絲完全乾後上紡車。則可免去此弊。二法俱不難辦到。

乙、絲絞（Skein）大小長短須一律依美國尺度。美國普通所用者爲五十六吋。

丙、紮絲絞之線須用細軟之棉線。紮法將絲均分爲三股穿束之扣以活結。

丁、絲之二頭須紮在上述之一棉線上。此棉線須有特別標記使與其餘棉線有別。普通標別之法。則用一顏色鮮明之棉線。其色須固著不脫。使無沾於絲上之弊。

戊、每絞絲內最好夾一牌號以便遺失時易於追查。

己、結頭須短。

庚、絲之粗細及顏色須勻。揀擇蠶繭時稍留心即可得之。每廠應有一簡便之儀器。時時檢查出品。

二、上海廣州設立生絲檢查所可以定絲之淨重。使買賣俱無欺騙。並檢查絲之質地如勻淨、拉力、彈性、粘力、膠質多少。近聞美國絲商將在上海設立生絲檢查所。廠家可無須猜疑。

三、華商在美。當有一直接售絲所。

四、中國生絲牌號繁多。且大都東方名稱。外人頗厭之。宜改良。

五、如何品定生絲質地。當先由中美絲業中人互定之。既定之後。中國絲商當依行。切勿有欺騙等事。

六、每年至少須派精幹絲商數人至世界用絲諸國遊歷一次。(一)可與用絲廠家聯絡。(二)可調查我國生絲有無缺點。(三)可設法推廣銷路。(毛織廠內近年來用絲漸多。作花條紋（Fancy Stripes）之用)(四)可介紹新式機器於中國。

二　野蠶絲

產地

野蠶絲產地。以山東、奉天爲最著。河南、貴州、四川次之。其重要產地如左。

山東省　牟平、文登、棲霞、海陽、萊陽、招遠、榮成、膠縣、昌邑、日照、沂水、諸城、莒縣、蒙陰、寧海、濰縣、

奉天省　蓋平、遼陽、寬甸、安東、岫巖、鳳城、懷仁、西豐、復縣、

河南省　魯山、南陽、泌源、鎭平、

貴州省　遵義、正安、

四川省　綦江、

此外廣西（桂林）雲南、廣東（拱北附近）湖北等省亦產之。纏絲工廠。以安東烟臺為最多。蓋平次之。

地名	廠數	絲車數
烟臺	四三	一六、三五〇
安東	六三	一三、五四二
蓋平	一七	三、八〇〇

備考　烟臺係民國十年五月調查。安東蓋平係民國十年一月調查。先是野蠶絲業本以烟臺為最盛。近因安東交通便利。絲廠勃興。烟臺大受打擊。民國九年春中外商人共謀挽回。特設烟臺萬國蠶絲協會。稟請免稅。凡由安東運野蠶繭至烟臺。概免納出口稅。但不在烟臺纏絲者。仍須完納。然此法實行以後。各廠仍未能恢復原狀。纏絲工人多去而之安東。故安東於民國八年添設絲廠十七家。民國九年又新添十七家。

附野蠶纏絲工廠一覽表

地方	廠名	絲車數	商標
烟臺	義豐恆	一、五〇〇	紡絲女
同	義豐德		
同	東德記	一、五五〇	雀梅
同	西德記		
同	源記		
同	裕德源		
同	義孚同	六三〇	牡丹花
同	公晉和	五〇〇	金蝙蝠
烟臺	裕興昌	四八〇	芝罘山
同	裕生祥		
同	義昌	六三〇	E.C.T
同	泰安	九〇〇	駱駝
同	敦化		
同	盛記	三九〇	鐘樓
同	裕記	二八〇	
同	人和昌	三三[illegible]	

烟臺	和記	四八〇	水仙花
同	永記	七五〇	太陽塔
同	利記	六〇〇	黑塔
同	長生	四〇〇	葵花
同	和聚興	五〇〇	華盛頓
同	雙聚興	三五〇	黑魚缸
同	祥茂公	四五〇	黑猿
同	義記	六〇〇	雙犬
同	泰成東	四〇〇	畫眉鳥
同	德生祥	三五〇	巴拿馬
同	成和昌	四五〇	飛熊
同	恆記	一六〇	
同	成聚祥	二六〇	
同	豐盛同	二八〇	
同	順記	三二〇	
同	德興	二五〇	
同	恆昇春	五〇〇	
同	源茂	一六〇	
同	合記	一九〇	
同	成永祥	二〇〇	

烟臺	同興德	三一〇	
同	福盛利	一八〇	
同	協成信	一五〇	
同	恆聚成	三一〇	
同	協泰昌	五〇〇	
同	東興德	三三〇	
安東	謙盛恆	五三六	蜻蜓
同	德記	四五	
同	東興昌	四八	
同	潤生和	三一〇	金銀龍
同	正記	一、二〇〇	金魁星
同	東泰棧	五七六	八仙
同	和豐	五六〇	財童人
同	實業絲棧	四六〇	僧帽
同	同盛德	六〇	
同	三和成	二七	
同	同順	四九	
同	復益德	六〇六	柞蠶
同	鴻記	四六	
同	鴻泰湧	二七	

安東	盛記	二六〇	菊花
同	泰記	五一四	牧牛、天官
同	同順棧	三六〇	採蓮
同	義孚泰	七〇〇	牡丹
同	永記	七〇	
同	同義合	四〇	飛蜓
同	東合盛	八八	
同	義興德	二三〇	金樹、銀樹
同	義昌東	四〇〇	雙象
同	成和昌	六五六	飛熊
同	祥記	一二〇	
同	德和祥	三三六	寶船
同	恆昌德	六〇	
同	成記	四〇	
同	文記	二二八	門牌
同	怡成東	二〇	
同	遠記東	五五〇	柞樹
同	興記	五二〇	荷蜂
同	福昌和	四八〇	鷹旗
同	同昌順	四七〇	山水

安東	和祥	二三	自行車
同	玉成祥	七〇	
同	德聚盛	七〇	梨樹童
同	德記	六〇	
同	萬發祥	一五	
同	福德長	六〇	
同	德盛祥	三〇	
同	義豐永	七六	白馬山
同	東興順	三五	
同	恆豐合	七〇	
同	遠記	五〇〇	
同	和興	二〇	
同	豫豐	二〇	
同	同盛義	三〇	
同	恆升昌	三五	
同	裕興德	二九	
同	義聚和	二〇	
同	恆昌	三六	
同	永順利	一八	
同	東升德	三五三	元寶山

安東	元聚永	三五〇	得勝
同	義豐興	二五〇	
同	義泰德	四〇〇	
同	東興祥	五	
同	順記	五〇	
同	復興	三〇	
同	恆昌和	三三	
同	同記	二六	
同	福順永	一五	
同	大生	一四〇	扇子（日商）
同	興東公司	三〇〇	金星（日商）
同	日華絹綿紡織	未詳	（日商）
蓋平	長記	五〇〇	飛泉龍
同	利源長	五〇〇	
同	順記	四〇〇	芭蕉
蓋平	順昌德	二〇〇	松鹿
同	乾生利	一五〇	雙鹿
同	天增達	一五〇	日光
同	永豐德	二〇〇	山水
同	盛記	二〇〇	飼蠶
同	豫昌達	二〇〇	一枝花
同	大德恆	二〇〇	雙鳥
同	恆盛德	三〇〇	地球
同	德興海	一〇〇	輪船
同	聚盛公	一〇〇	蘆雁
同	裕昌永	一〇〇	雙鳳
同	永德昌	一〇〇	香爐
同	永和棧	二〇〇	麒麟
同	公順成	二〇〇	獅子
奉天	純益繅織	五〇	雙鹿

用途

野蠶絲、較之家蠶絲。雖有染色困難之缺點。然以近時染織術之進步。不唯繅絲、染色、機織。較之家蠶絲。毫無遜色。絲質強靭耐久。價尤低廉。（通常較家蠶絲價低五分之三）故在歐美日本諸國。頗受歡迎。其在中國。僅以之織作繭綢、緞帶、腰帶等物。而在歐美諸國。則以之織造剪絨、窗幔、男女夏服襯裏、襯衣、手巾、手套、絲襪、桌布及各種裝飾品。近又用爲飛行機翼之材料。消費最多。日本岐阜、愛知、新潟等縣。多用爲絲棉交織物及絲織物之經線、或緯線。其京都所產著名之縞珍（類似我國蘇杭大緞）卽以我國野蠶絲爲緯線。日商常由奉天運至京都。加以染色。或亦漂白、轉運桐生一帶。供織造綢緞之用。

野蠶絲因各國用途不同。而出口貨色亦異。大抵歐洲及日本常購為織物之用。故其所需要者。為柔軟滑潤、色澤較白之絲。（養繭時充分養之即可得此類絲）美國多購為織造紐類之用。故絲條較緊、絕少分裂者。最受歡迎。而硬軟色澤。反在所不計。寧以保持原色、觸手緊硬者為宜。我國為世界產野蠶絲第一大國。故至今仍獨占世界市場。每年出口。約在一千萬兩左右。其中以新式工廠所出之野蠶繅絲居多。海外銷路。向以法國為第一。約占出口總數十分之四。今已逐漸減少。反是美國銷數積極增加。往日本者近亦大形發達。自民國七年以來。運往日本。竟達總數之半。表示如左。

輸出額

野蠶絲（Silk, Raw, Wild not Filature）

地區	民國二年 數量	民國二年 價值	民國七年 數量	民國七年 價值	民國八年 數量	民國八年 價值	民國九年 數量	民國九年 價值
出口總數	二九、〇五三擔	六、九八三、五八三兩	五、二六一擔	一、二四五、三一二兩	五、六九二擔	一、三七六、一九八兩	四、九一二擔	一、一三三、九六六兩
香港	四三〇	五五、五六八	六三	八、八九二	六九	九、〇八四	九四	二三、八〇九
澳門	二、六九七	五三三、四三五	一、五四〇	三六七、四九〇	一、四八六	三五四、六一四	一、六〇一	三八三、〇四六
英國	四四三	一二一、三二八	九五	二七、六三四	五〇	九、八五三	二〇	四、五九六
法國	六、二八四	一、五八九、四〇八	一、〇六一	三〇九、二六一	六〇三	一二八、四八二	六九七	一五九、一八〇
義國	一、五九三	四〇〇、七二四	六八四	一九九、二七三	六一	一一、九六七	一六八	三八、三五三
日本	三、七三〇	七九一、三五八	一、八二一	三三一、五八四	三、三〇三	八四七、三四六	二、二四九	五一七、八六二
美國	一三、〇六三	三、三三一、五六五	—	—	一五	二、九五六	六	一、四二八

野蠶繅絲（Silk, Raw, Wild Filature）

國別	民國二年 數量	民國二年 價值	民國七年 數量	民國七年 價值	民國八年 數量	民國八年 價值	民國九年 數量	民國九年 價值

出口總數	六〇九擔	一八四、八五九兩	二三、三二七擔	七、六七四、〇〇二兩	二七、九九〇擔	九、一四〇、五二一兩	一六、八七四擔	五、九三九、八〇九兩
法國	一五	三、七三七	二、六五七	九〇一、四八四	一、八二九	七〇四、九〇四	二、〇六〇	六八〇、四〇二
義國	一	一五四	三三五	一一三、七三七	[illegible]	一三、四三四	一九六	六四、五七三
日本	六	一、八二九	一一、四七五	三、六五二、九二六	一七、〇五三	四、九二四、九四六	一一、一三六	四、〇四四、七一六
美國	五八六	一七八、八七七	八、八六〇	三、〇〇五、八五五	九、〇五七	三、四九一、一〇一	三、三四四	一、一〇四、四九五

上海、安東爲兩大輸出港。山東之絲。集中於烟臺。轉運上海出洋。奉天所產。曩多經由烟臺轉運上海。今則由安東逕運出洋矣。

◎上海野蠶絲買賣。多由製絲業派人常川駐滬。探聽市況。其交易之法。與家蠶絲同。輸出野蠶絲之洋行。多兼營家蠶絲業。而輸出家蠶絲者。則不盡兼營野蠶絲業。現時上海洋行經營野蠶絲出口業者如左。

行名	地址	行名	地址
法昌 Boyer Mazet & Co.（英）	漢口路六	Huber & Co. E.（瑞士）	
鉅昌 Burkhardt Amidani & Co.（瑞士）	江西路三八	怡和 Jardine, Matheson & Co.（英）	黃浦灘二七
惇信 Dyce & Co.（英）	漢口路一	新時昌 Nabholz & Co.（英）	南京路一二
Goyet, E.（法）		百利 Paturel, C.（法）	洋涇浜二
公安 Heffer, F. C. & Co.（美）	九江路二	公平 Probst, Hanbury & Co.（英）	南京路一〇
連納 Rayner, Heusser & Co.（英）	江西路三八	景昌 Villa & Bros. A. P.（美）	江西路二
茂和 Reiss & Co.（英）	廣東路三八	三井（日）	四川路四九
達昌 Sulzer, Rudolph & Co.（瑞士）	北京路八	小野村（日）	浙江路貽德里

◎安東野蠶絲交易。分現貨、期貨兩種。現貨先看樣本再定交易。期貨由絲棧完全負責。定期交貨。買賣單位。慣以百斤爲準。行棧例取用錢二釐。裝製等費。概由買主負擔。付價不論現貨期貨。均須一次交足。營輸出業者。多係日商。有三井洋行、興東公司、日東洋行、陳天號、竹本商會、鈴木商店、

岡村洋行、鈴鹿商店、大生絲廠數家。

三　蠶繭

品位　輸出額

我國蠶繭之佳夙有定評。解舒良好。繅絲成績最優。運往日本者尤多。約占出口總數十分之六七。次則法、義、英、美。銷數亦鉅。輸出港以上海爲第一。日商三井洋行經營出口。頗獲厚利。繭之品位。概以繅絲百斤所需繭之數量爲標準。有所謂四百斤者。有所謂六百斤者。卽指繅絲百斤所需之繭量而言。通常以四百二十斤者爲上等。六百斤者爲最下。最近出口數及輸出主要國別如左。

地區	民國二年		民國七年		民國八年		民國九年	
	數量	價值	數量	價值	數量	價值	數量	價值
出口總數	擔 二五、四六九	兩 二、三三八、〇九八	擔 三三、七四〇	兩 二、六三〇、四三三	擔 三四、七三六	兩 二、六六〇、八六一	擔 一五、九二五	兩 一、一九四、六七〇
香港	五、三五四	四六八、八四六	三、〇二二	二五四、〇一九	三、七四三	二五〇、四五〇	二、〇〇四	一七三、二九九
英國	一、一〇六	九六、三〇三	二六七	一九、四七八	四四九	三一、三三九	四七一	二八、三一一
法國	一〇、一三七	九一六、六七六	六、一九一	四四〇、二八三	四、六六一	三三四、二九八	二、六六六	二〇四、九五三
義國	二、七三三	二六一、六〇〇	六五〇	五〇、九一八	二五〇	一六、一三九	—	—
朝鮮	六六一	四、二七七	九三四	二三、二八八	七七三	一三、二五九	—	—
日本	五、三三四	六〇〇、二八〇	二〇、六三九	一、七七六、一一六	二四、三三三	一、九一七、〇八四	九、九八〇	七五八、九三三
美國	二八四	一六、七三一	一、〇二八	六七、三三三	一、六三八	一〇八、三九二	八〇〇	二九、九六七

四　屑絲屑繭

屑絲

屑絲俗名亂絲頭。(Silk, Waste)產地以蘇浙粵蜀諸省爲最著。湖北、山東、河南、奉天次之。種類繁多。市價亦復參差不齊。約略如左。

種類	每百斤市價(單位兩)		備考
	最高	最低	
長吐	一九〇	一〇〇	機器絲廠索緒所生。品質最優。專銷瑞士、法、義等國。

搖絲	四〇〇	三四〇	即檢查機器絲所用者加以再繅。價值最昂。
靄吐	一五〇	一三〇	舊法繅絲所生。精練時虧耗少。伸縮力強。最受歐美歡迎。
經吐	一五〇	一三〇	改繅舊式絲時所生。震澤產額最多。專銷歐洲。
鳳吐	一六〇	一四〇	機業家使用七里絲時所生。與山東四川黃鳳吐不同。
內地長吐	一三〇	九〇	蘇浙舊法繅絲所生。無錫產最佳。
江北巾子	二〇	一〇	產於蘇省江北一帶。
提手	六〇	四〇	產於四川成都附近居民。多以之製造絲綿。
西安挽手	一三五	一〇〇	湖北產。觸手柔軟。每長七八尺。黃絲所生者望之如麻。
漢口巾子	三五	一五	亦湖北產。製造挽手所生。
山東挽手	八〇	四〇	
大挽手	一三〇	九〇	野靄絲廠索緒所生。
二挽手	一一〇	八〇	
福建靄吐	一三〇	八〇	
廣東靄吐	九〇	七〇	
山東提手	七〇	三〇	

用途　屑絲精練之後。適於紡絲。故歐美日本諸國。競相採購。歐戰時。用以製造砲射之藥袋。需要最多。民國六年、每噸價值九百五十兩。七年、更漲至九百九十兩。出口往法國者最多。英、美、義、日次之。瑞士紡絲業最發達。輸入我國屑絲不少。然大都經由法義兩國轉運前往。直接運往者不多。

屑繭　屑繭俗名爛繭殼。(Silk, Cocoons Waste) 種類甚夥。尋常所謂爛繭殼者。雙宮繭特多。

種類	每百斤市價（單位兩）最高	最低	備考

雙宮	八五	五〇	雙宮繭市價。向以無錫爲標準。紹興約高七八兩。漢口約低五兩。
繭衣	八五	五〇	機器絲廠所出品質最佳。頗受歐美歡迎。
爛繭	二五	一五	均係機器絲廠所出品質最劣。僅可製造絲綿。多銷日本。
薄皮	四〇	二〇	
湯蠶	三五	二五	
穿頭	五〇	三〇	卽出蛆繭。亦絲廠所挑出品質最佳。專銷歐美。
內地蠶衣	四五	三〇	別於絲廠所出者而言。略帶紅色。渣滓較多。
內地滯頭	一五	一〇	舊法繅絲之蛹襯。品質粗劣。專銷內地。
蛾口	一六〇	一二〇	餘杭無錫紹興等處所產最佳。
繭巴	五五	三五	四川產。嘉定最佳。外商收買去其渣滓。選上等貨運赴歐洲。下等貨運銷日本。

屑繭銷路。以法國爲第一。義、日本次之。近時日本玉絲製造業日益發達。購入我國屑繭。逐年增多。其國前橋地方。爲著名製造玉絲之地。所用原料。完全購自我國。其中無錫產最多。杭州產次之。

屑絲(Silk, Waste)

地區	民國二年 數量	民國二年 價值	民國七年 數量	民國七年 價值	民國八年 數量	民國八年 價值	民國九年 數量	民國九年 價值
出口總數	一二六、八六〇擔	六、六七二、七三八兩	一二八、七一八擔	九、三二八、七二三兩	一一五、二九五擔	七、九八二、四四五兩	八五、〇一一擔	七、〇二四、三七二兩
香港	三九、六四六	二、七五〇、五七一	四〇、八八八	二、九三三、一〇〇	二六、八五九	二、一七九、二八〇	二九、八九五	二、七四五、四七七
印度	四三九	九八、四二七	七一六	一八一、七二九	五五七	一七二、三八七	五四〇	一六四、九三七
英國	一九、九六六	九七八、五八一	一七、二〇一	一、三〇二、三九九	二〇、二四三	一、三三一、一四六	一三、八六七	九七四、九六四
法國	三四、三六八	一、六四八、八〇九	三一、一二三	二、二二七、八〇三	二五、三三八	一、六八二、九四三	一五、四六三	一、〇二一、〇一六

義國	一〇、〇一八	五五〇、〇四一	二、九四二	二四一、〇八九	三、六八七	二八一、二二七	三、七一三	二八〇、九〇一
日本	四、七六七	二五八、四六七	六、七七九	三九一、五六六	二〇、五三〇	一、一八五、一四六	七、二九〇	五六八、六六五
美國	四、七六九	二四六、九二九	二八、八七八	一、九四〇、四二一	一五、四一六	一、〇八六、七八七	一四、六一九	一、一〇八、七八四

屑繭（Cocoons, Waste）

出口總數	二六、〇四九	六四五、七八一	四三、一四五	一、一〇三、四九九	三〇、四〇〇	七六五、七一四	二四、五四八	六二四、九三四
法國	一五、六九七	三九〇、一六六	二六、三四一	六七一、三九九	一六、七一一	四三〇、二九〇	一三、二八九	三四五、二二七
義國	二、七二六	五五、〇六三	四、〇〇三	一〇四、三七四	四、一三五	一〇三、一一八	七、九四一	二〇一、三五九
日本	六、二七〇	一五一、三二八	六、二六一	一四九、〇九〇	九、〇四六	二一九、七一九	三、三一五	七八、二六三

交易習慣

上海營屑絲屑繭業者。名曰絲吐行。買賣亦由經紀介紹。售與洋行。每百斤、例取用錢五錢。絲廠及纏絲家。往往先向經紀借墊資金。約以產品抵償。若四川、山東、湖北之貨。則交由輪船運滬。委託絲吐行代售。貨物一到。即以樣條送至洋行。樣條者。即准其到輪船公司堆棧。取閱貨樣之許可證也。洋行持此樣條至堆棧。吞貨鑑定品質。而後磋商買賣。交貨之時。品質及數量。概由經紀負責。洋行絕不與生產者發生關係也。輸出歐美之貨。因運費上之關係。概用壓榨機。加以壓榨。如繭巴、提手等類。即在堆棧。除去渣滓。多借用堆棧之一部分。作爲整理場。出棧時。每百斤納錢五兩乃至八兩。此外不另納租金。著名堆棧。有平和棧、隆茂棧、及怡和打包廠等數家。均備有寬敞房屋與大壓榨機。營出口業之洋行。有英商祥茂、（Burkill & Co.）永興、（Oliver & Co.）怡和、（Jardine Matheson & Co.）安利、（Arnhold Brother & Co.）連納、（Ranyer H. & Co.）寶克、（Perker & Co.）百利、（Paturel Co.）法商罔益、（Goyet, F.）印度商臺錄、（Dell' Oro & Co.）及日商三井、小野村、書上、武林、茂木、瑞豐、新利、芝川、三枝、原田等數家。百利、臺錄、罔益三行。互有聯絡。規模最大。日商小野村洋行。以和田式精練法。設廠精練。（廠在租界外蘇州河對岸談家濟。民國二年開業。）鐘淵紡績會社。並設有製造絹絲公司。每年獲利甚厚。而華商尚無注意及此者。

第二章　絲織物

絲織物。分綢緞、(Silk Piece Good) 繭綢、(Silk Pongees) 絲繡貨、(Silk Embroidery) 絲帶、(Silk Ribbons 一名絲欄杆) 絲線、(Silk Thread) 絲類雜貨、(Silk Products Unclassed) 六種。其輸出額如左。(單位千兩)

年份	綢緞	繭綢	絲繡貨	絲帶	絲線	絲類雜貨
民國元年	一一、四〇七	四、五三三	—	—	—	九〇九
民國二年	一三、四六二	六、六三八	七七	四	三〇七	五〇六
民國三年	一〇、八四一	五、一一九	三七七	三	三五九	三三九
民國四年	一二、八五〇	八、七〇七	二〇四	四	二六三	三六二
民國五年	一二、二〇六	七、八一三	一五五	七	二二一	三六〇
民國六年	一〇、九〇四	六、三三五	一九四	八	一三五	四一九
民國七年	一二、七六一	六、一四九	一五四	三五	一五三	三二三
民國八年	一五、七四四	七、〇一五	一九四	三	二四〇	四一五
民國九年	一五、八〇一	八、五一五	三五八	六	二八六	四九〇

絲繡貨、絲帶、絲線及絲類雜貨。僅銷南洋、朝鮮。每年皆不及百萬兩。惟綢緞、繭綢、銷數較多。茲僅就此兩項述之。

一　綢緞 (Silk Piece)

産地

全國著名產綢緞之區。爲廣東、浙江、江蘇、四川等省。廣東年產二千萬兩以上。每年出口、約八百萬兩。浙江杭州、嘉興、紹興、湖州。機業繁盛。據民國五年調查。有機業六千八百八十六家。年產七百六十五萬元。新式織機。杭州千四百架。紹興六十架。湖州三百架。江蘇南京綢緞。向稱極繁。近因蘇杭發達。日漸衰微。僅有機業、數百家。織機、一萬架左右。緞機、不過五千架。新式織機尤少。蘇州盛時。(洪楊之亂以前) 有織機一萬三千架。今雖無復昔日之盛況。然新式織機。日漸發達。現計舊式織機、有三千餘架。新式、約百餘架。鎭江、古時機業最盛。今爲蘇杭所壓倒。然仍不失爲重要產地也。四川機業。以成都爲最盛。(機業二千家織機萬餘架) 嘉定、順慶、保寧、潼川、重慶次之。多銷雲、貴、陝、甘。出洋尚少。此外福建、(福州) 湖北、(江

輸出額

陵漢口）河南亦有相當之產額。

著名產地概有同業公所之組織。近於獨占性質。故多不求改良。毫無進步。方之東西各國日新月異之機業。誠遠不及也。

每年出口往香港者最多。約占總數十分之八。朝鮮次之。此外日本、新嘉坡、爪哇、印度、菲律濱、英、美、法、澳洲及土、波、埃等處。各有相當之銷路。

地區	民國二年 數量	民國二年 價值	民國七年 數量	民國七年 價值	民國八年 數量	民國八年 價值	民國九年 數量	民國九年 價值
出口總數	一七、一七九擔	一三、四六三、〇三三兩	一四、七八七擔	一三、七六一、八〇九兩	一七、七二九擔	一五、七四四、五八三兩	一六、八五一擔	一五、八〇一、八二三兩
香港	一三、三四三	一一、〇三八、九二七	一一、二〇七	九、八七一、八三五	一三、八九〇	一三、五八五、〇三八	一三、四三五	一三、七三〇、六八六
安南	七	五、〇九七	—	—	四	三、九一九	八	六、七八三
新嘉坡等處	一、二八二	八三三、〇五六	五三〇	四三八、七五〇	六九六	六〇九、〇三〇	六四四	六二一、一三一
瓜哇等處	一九	一三、六五二	六一	五一、四六九	三三	二八、〇〇〇	三九	三七、〇五〇
印度	二〇四	一三三、七三五	二七八	二三四、六六七	四八六	四二五、八一五	七四三	七〇五、五八四
土、波、埃等處	二二	一三、七五六	一三	一一、四六九	二六	三三、五七三	四一	三八、八八四
英國	一七四	一二四、〇五九	一〇三	九三、三九四	一三三	八九、二四八	一三四	一三一、八六九
法國	八三	五四、七八九	—	一〇二	二四	一七、四三二	一四五	一五一、九三二
朝鮮	一、七〇八	一、〇一〇、七一一	二、四二五	一、九〇四、二六五	二、三三二	一、八五四、九五八	一、四六九	一、二三六、八一二
日本	一四一	九二、一二九	四四	三五、〇九三	一六	一二、八六五	一八	一五、六七五
菲律濱	—	—	三七	三一、二一八	四〇	三五、〇〇〇	五六	五三、二〇〇
美國	九	五、五三一	八	七、〇三三	二七	二三、四二七	七五	七一、〇五五
澳洲紬絲綸等處	三一	一九、八七八	二九	二六、三二七	一	八七五	五	四、六八四

往香港者。概係經由香港。轉往南洋一帶。菲律濱、向銷國貨甚少。自民國三年、伍秩庸提倡出口以後。始漸發達。

今世法、美、瑞士、義、德、英、日本。皆爲機業發達之國。常相角逐於世界市場。我國、則除朝鮮及華僑較多之地而外。銷路恆不及之。茲舉數例於左。（以下各表。皆採自該國貿易年報。蔴綢在內。絲棉交織物不在內。）

一、朝鮮每年絲織物進口約三百萬元。由中國進口者。約二百萬元。近年因爲日本所抵制。銷數漸減。據我國總領事報告。我國絲貨輸入狀況如左。

	蔴綢	紗	官紗	羽紗	花緞	薄緞	其他
民國五年	一三九、六二三	六六、〇三四	九三、二六六	六六〇、九九一	五、八四六	三四、八四〇	五、七〇六
民國六年	一二七、三〇六	九、六二六	一三、一六四	六三三、四五三	一、五五八	一六、四四八	三、一六二
民國七年	一三八、二六一	一二六	五、五九五	四九、九六〇	一、六三八	一三、〇四三	—

年來日本以自作自給主義。鼓吹韓民。提倡日貨。又仿造我國綢緞。力圖改良。以投韓人之嗜好。對於我國綢緞。則自民國九年八月二十九日起。增加進口稅。從前稅率有按七分五稅率徵收。或按每百斤納稅二百元者。有按一成稅率徵收。或按每百斤納稅三百元者。新關稅率。則一概增加爲每百斤徵稅五百二十元。較之舊稅。不啻五六倍。華商受此重稅之累。皆不敢放手進貨矣。

二、暹羅國絲織物進口主要地區表（單位千銖）

進口地區	民國二年	民國七年	民國八年	備考
進口總數	三、六七二	四、一二四	五、三七一	香港可作爲我國出口。故我國居第一位。日本第二。新嘉坡第三。英國最少。暹羅華僑最多。約百五十餘萬人。
中國	五二八	一六七	一三二	
香港	二、五二七	二、八六七	四、四〇二	
新嘉坡	一七一	二六八	四五〇	
日本	一七一	七四四	四九一	
英國	一六八	六〇	一七七	

三、英屬海峽殖民地絲織物進口主要地區表（民國五年）（單位千元）

1 新嘉坡

進口總數	中國	香港	日本	備考
一、五八五	五三四	三八五	三二	英本國、義國、法國各有若干進口。

2 檳榔嶼

進口總數	中國	香港	日本	暹羅	英本國	印度緬甸
六七四	二〇六	一五九	二〇八	四四〇	一五六	二三

英屬海峽殖民地貿易區。分新嘉坡、檳榔嶼、麻六甲、克里斯馬斯島、拉不安島五區。新嘉坡華僑三十一萬六千餘人。約占該地人口十分之八。華僑營綢緞業者。有成發、慶順隆、萬順隆、森峯、萬德興、佳興隆、發慶順昌等數家。各在十八溪後。(Circular Road) 該處爲中繼貿易港。進口綢緞。多轉往他處。檳榔嶼華僑十三萬五千餘人。麻六甲三萬三千餘人。

四、荷屬東印度絲織物進口主要地區表（單位千盾）

進口地區	民國四年	民國五年	民國六年	民國七年	民國八年	備考
進口總數	二、二三〇	二、四〇一	二、一一一	二、五六四	三、五八四	香港作爲我國出口。民國七年以前。我國最多。八年、日本超過我國而居第一位。德、瑞士、印度、義、美。各有若干進口。爲數無多。荷屬東印度。係指爪哇、蘇門答臘、婆羅洲、及其他各島而言。華僑約一百八十二萬五千人。
中國	九七	一〇一	三一	一〇〇	一六八	
香港	六六八	七二四	六六〇	八三二	九八二	
荷蘭	九二	一一三	四二	一四	四一	
英國	三	一三八	一五四	一二六	三一七	
法國	七	一二八	六七	四一	四三	

檳榔嶼	一五七	一三五	一三一	一三〇	一五八
新嘉坡	七八七	六七九	四一七	五二四	八八五
日本	三六四	五〇三	六七二	八五五	一、二九八

附、爪哇島絲織物進口主要地區表（單位千盾）

進口地區	民國七年	民國八年	民國九年	備考
進口總數	一、七六〇	二、一八四	三、六六二	各年度係一月至十一月。香港作我國口。民國七年。我國最多。八年以後日本超過我國而居第一位。爪哇島華僑五十六萬三千四百四十九人。德、比、美、菲律濱、印度等國各有若干進口。爲數無多。
中國	九五	五〇	九〇	
香港	七三三	七八〇	一、三一四	
英國	二〇	三七	四五	
法國	一〇	二八	五三	
瑞士	四	一一	二七	
新嘉坡	三三八	一九一	三八〇	
日本	六八二	一、〇三〇	一、四五八	

五、菲律濱絲織物進口主要國別表（民國九年度）（單位千比沙）

種類	進口總數	中國	美國	日本	法國	備考
綢緞	一、九二六	二〇三	一、一三八	五四二	一八	各國多寡順序。爲美、日、中、法。美國最多。約占十分之四。該地華僑二十萬人。
衣服	六九九	三三	四七七	一〇〇	五六	
手帕	一八三	五	一	一七六	一	

六、澳洲絲織物進口主要國別表（單位千磅）

進口國別	民國二年	民國四年	民國五年	民國六年	民國八年	民國九年	備考
進口總數	九七五	一、三九九	一、六一六	一、五九一	二、九八五	二、八四四	澳洲及紐絲綸華僑共十四萬人。我國運往澳洲之貨直接由上海出口者僅占三分之一。其餘槪由香港轉往。
中國	八九	一〇五	一九二	一八三	一三四	一八六	
英國	一〇一	一一三	一四九	一一五	一八七	一六七	
法國	二七九	二七四	三五三	三三〇	三六四	六二八	
義國	五三	八〇	一〇七	一三四	一六四	六〇	
日本	二〇〇	四五六	五四四	六〇一	一、八六一	一、四四四	
瑞士	一四九	二三九	二五九	二一三	七四	二五九	
美國	五	五	八	一九	一九六	九四	

歐戰以前。澳洲進口絲織物。以法國爲最多。戰時歐洲各國運輸維艱。日本乘時發展。竟占進口總數二分之一有奇。我國略有進步但不及日本遠甚。

澳洲各州中。新南威爾斯州及維多利亞州進口最多。蓋新南威爾斯之西德尼（Sydney 俗名烏修威）及維多利亞之末爾波。（俗名新金山）爲兩大市場。絲織物多由此進口。轉往各州。民國六七兩年。新南威爾斯絲織物進口如左（單位千磅）

年份	進口總數	中國	英國	法國	義國	日本	瑞士	美國
民國六年	七〇四	八七	四九	一二〇	六〇	二七九	八六	一〇
民國七年	一、〇一七	七七	三五	一〇七	五九	六四六	四八	四二

七、紐絲綸絲織物進口主要國別表（民國九年度）（單位千磅）

進口總數	中國	英國	日本	法國	瑞士	備考
八〇五	三	二六	三九	一六一	一〇三	各國多係經由澳洲轉往。我國直接進口者。亦僅值二萬四千一百磅其餘概由澳洲轉往。

八、緬甸據民國七年領事周國賢報告每年銷行我國絲織物約五十七萬餘盾。比較各國每年輸入價值實不及百分之一。緬人需用綢緞。或爲頂巾。或作紗籠。無論男女每年必須更換一二次。又緬甸中華總商會會長曹璧如報告中國絲織物進口與各國之比較如左。(錄原文)

國別	民國二年	民國六年
中國	六、〇六六盾	八七、六一三盾
各國	八、三三〇、二五五盾	四、四三五、九六六盾

中國絲織品。最博緬人之歡迎者。爲花緞。緬人以此爲沙籠(即下裳)也。惟機業墨守舊法。不肯研究。尺幅、花樣、渲染。盡不趨時。即有僑商寄辦定織。亦多爲刁難是直自殺之道矣。緬人上衣。多以白布爲之。下裳多以花緞或花布爲之。無男女一也。由各國進口則有日本花緞、德國花緞、暹羅盤谷花緞。而緬人用中國生絲。於土委、華城兩處所織之品。亦足稱貴。而最爲獲利者。則以日本貨爲最。前十年。俗尚碎花。今亦尚大花矣。色澤以嬌麗爲尚。男子多尚方格。紅黑粗紋。亦有黃紅白相間者。此項花色。非隨時研究以投其所好。終落他人之後。玆將普通應用之紗籠列表明之。

普通應用各國進口紗籠貨色表

貨色	原料重量	長	寬	價格	應用
中國花緞	七兩	二尺六寸	二尺二寸半	九元	女男
日本花緞	二兩四錢	二尺八寸	二尺二寸半	十元、六元、三元	女男
盤谷綢	五兩	二尺四寸	二尺二寸	十五元	男女均用
滿得勒綢	五兩五錢	三尺	二尺五寸	七元半	男界
土委綢	七兩五錢	三尺	二尺五寸	十一元	男界

上表所列。就最通行者言之。試取日本貨與中國貨相比較。則長寬相同之日本貨。每兩值銀多至四元。而同樣之中國貨。則每兩值銀不過一元三角。其利益之相去。不可同日而語矣。德國貨與日本貨。大略相類。若將中國貨大加改良。每條僅可織四兩重。易以稍次之絲。則其利可得而推矣。蓋中國貨體量較重。成本較貴。故爲外國所織之貨所僭奪。緬人於此項奢侈品。專事華麗。不尙堅牢。且其地天氣常熱。總以輕薄鮮明爲宜。此應隨時研究改良者。緬甸華僑營綢緞業者。有廣協盛、（李潮沛）貞泰、（曹璧如）廣永源、（曹伯宗）廣棧、（李南亮）廣英昌、（何兆熊）林秋記、（林啓莫）數家。皆在廣東街。

九、印度絲織物進口主要地區表（單位千元）

年份	進口總數	中國	香港	日本	英國	法國	義國	德國
一九一四年度	二〇、六六〇	二、五七〇	一、六八〇	九、六六〇	一、八六〇	一、六四〇	一、二六〇	一、四六〇
一九一七年度	一八、九四〇	二、五六〇	一、六七〇	九、五七〇	一、八三〇	一、五六〇	一、四六〇	—

右表係根據日本大正七年七月內外商工時報。絲及絲棉交織物在內。印度華僑一百零三萬人。

一〇、俄國絲織物進口。自一八九六年至一八九八年。三年平均價值三百八十一萬盧布。中國占百分之四十五。波斯占百分之二十四。德國占百分之十七。法國占百分之七有奇。一九〇八年。進口價值八百二十五萬一千盧布。其國別如左。（單位千盧布）

進口總數	中國	德國	波斯	法國	奧國	其他
八、二五一	二、八九二	三、〇七八	七〇二	三七七	一三	二三三

一一、法國絲織物進口主要國別表（單位千佛郎）

進口國別	民國二年	民國四年	民國六年	備考
進口總數	四九、三八六	三二、九三六	五八、二七八	法國機業。原極發達。供給美、英、德、奧各國。每年
中國	三、七三七	三、四六二	七、六五二	絲織物出口。超過進口。恆爲四億乃至八億佛

瑞士	一四、六四九	六、九一〇	九、五〇九
義國	四三一	六一三	四、二〇六
奧國	四三六	—	—
日本	六、二〇四	四、七一六	三三、二九五
德國	三、八四六	一〇五	三六

郎。近因日本貨價值較廉。進口特多。我國增加之數。係因繭綢暢銷。若除繭綢不計。實無甚進步。

一二、智利國絲織物進口主要國別表(單位千公斤)

年份	進口總數	中國	法國	德國	英國	義國	日本	阿根廷	美國
民國二年	三五、〇一〇	三一九	一六、八四三	七、三三二	七、一六五	一、八二四	八八六	—	—
民國八年	三三、五三三	—	一九、六四五	—	八、七三六	三、四〇二	二、八二七	一、六〇三	二、九一一

一三、巴西國絲織物進口主要國別表(民國八年)(單位千公斤)

中國	美國	法國	英國	義國	日本	瑞士	烏拉圭	阿根廷	西班牙
一三三	一六、一三四	一七、六一四	二、三五二	一、三九二	六、八八一	三四七	九九六	四〇〇	一四七

一四、美國機業。在一八九九年。僅有工廠四百八十三。至一九一四年。增爲九百零三。近來機業愈形發達。密士失比河以東十八州。皆盛行織造。賓夕爾帕尼亞州最爲發達。約占總產額三分之一。戰前、每年出口。平均不過三百萬元。(美金以下同)民國八年。乃增至二千二百萬元。美國絲織物。雖有如是之生產能力。而每年尙需三千萬元之外國貨。戰前、約有半數仰給於法國。由法國進口者。多爲價貴之特殊品。由德國瑞士進口者。爲美國所不產之紗。專用於製麵粉工廠之篩。由中國進口者爲繭綢。由日本進口者爲羽二重。其進口國別如左。(單位千元)

國別	一九一〇—一四五年平均	一九一六年	一九一八年
中國	二四七	八九六	一、五九〇

法國	一四、六二六	一六、八六五	八、六五五
德國	四、三九二	一八七	—
瑞士	三、四三三	二、八三〇	三、七六九
日本	三、二一一	六、七六〇	一三、〇七四
英國	二、六四七	三、四二九	二、〇三〇
義國	七九八	八四三	一、四九〇
其他	四八〇	一〇三	二九五
共計	二九、八七〇	三一、九一二	三九、九三〇

我國繭綢。多含糊粉。不耐洗濯。價値雖較日本繭綢廉十分之二三。而近五年來。已爲日本所壓倒。美人製衣、常積數百疋綢緞。以一機器裁之。我國綢緞門面太狹。尺碼不一。頗不適用。非急圖改良。殊難暢銷。茲摘錄留美機織學生王桀吉之報告於左。

▲紐約國際絲綢博覽會報告(載民國十年七月農商公報)

綢業應注意之點

華綢質地雖佳。然因用土法繅絲之故。綢身不甚勻淨。且整理方法 (Finishing) 未精。故不能如日綢之暢銷。

一、用絲方面　行銷美國之綢。須用廠經或最勻淨之土絲。綢身愈薄愈好。美人著綢者。大都係女子。專喜薄綢。華綢太厚。故不能受其歡迎。

二、機織方面　華綢門面太狹。裁西衣頗不合算。美國最通行之門面爲三十六吋四十吋及五十吋三種。運銷美國之華綢。須放寬門面。然放寬門面。非用力織機 (Power Loom) 不可。蓋四五十吋寬之綢。手織機頗不易卽能織出。貨少而價因之貴。不如用力織機之省工。工省則售價可廉。售價廉則可受普通美人之歡迎。國內自用之素綢。如紡綢、素緞、素羅。亦宜逐漸改用力織機。不然在國內市場上、恐亦難與日綢競爭。花綢可以用手織機。因用力織機所省有限。而手工所織之花樣、較爲優美。

美國亦有少數富而時髦者。喜出重價著粗細不勻之手織品。呢類中有 House Spun 名稱。綢類中有府綢。……

三、染色方面　顏色之固著不移。可視綢之用途而別。不下水之綢及不見日光之綢。如晚服及襯裏之料可用鹽基性染料染之。其色雖不固著。但艷美非常。然常見光及下水之綢。須用酸性染料。以其甚固著也。

所染各色深淺。須有標準。以便用戶易於配也。

每季通行顏色。不可不預先調查。以免落人之後。如一九二一年春夏之顏色。爲一種淺藍 Mrs. Harding（美國新任總統夫人）之藍色。

四、整理方面　中國老法整理太形拙笨。所出貨物之光彩。不及新法整理 (Finishing) 遠甚。美人好著光彩奪目之綢。華商對於此層。不可不注意。新法整理廠一小綢廠甚難辦到。但數綢廠合辦一個。亦不甚難。上海現有一法國式（華商自辦）綢緞整理廠。專爲經營此事。

五、營業方法

甲、華商至少在紐約舊金山各設一華綢批發處。

乙、在美多登廣告。使美人心目中有華綢二字。近時美人祇知有日綢。而不知有華綢。

丙、綢名宜用稱口之英名。

丁、每季送樣本至各大綢店。

戊、設法禁止國內綢商作弊。紐約有一府綢商對吉言。山東府綢含有粉粒。日本綢則無。故美人喜購日本綢。聞日本政府對於羽二重（薄紡綢）出口檢查頗嚴。不及格者不准出口。

己、調查綢之銷路　綢緞銷路。在中國則限於衣著。惟在美國則有以爲掛件、牆壁裝飾品、門窗簾、椅褥面、領帶、領結等。美人喜購中國繡貨。華商頗可調查其所好顏色花樣並用途。大有擴充希望。

產地

二　繭綢 (Silk Pongees)

繭綢產地。以山東爲第一。河南、四川次之。貴州、廣東、奉天又次之。山東重要產地。以昌邑爲第一。棲霞、牟平次之。其織戶及產額約畧如左。

地方	機戶數	織機數	生產額
昌邑地方	六五	四、一三〇	六四三、五〇〇疋

棲霞地方	五一	九〇〇	一三五、〇〇〇
牟平地方	六五	一、一七〇	一七五、五〇〇
烟臺附近	一〇	一五〇	二七、〇〇〇
計	一九一	六、五四〇	九六一、〇〇〇

河南重要產地爲汝州、魯山、南召、鎭平。品質優於山東綢。（光澤佳無糊粉）全省織機約二千五百架。產額約三十萬疋。以許州爲聚散場。由京漢路運至漢口。漢口有洋商泰和、瑞林兩行。專辦出口。每年出口。約三千擔左右。

四川繭綢。聚於重慶。每年出口約七十萬擔。廣東繭綢。聚於三水。每年出口。約一百五十擔左右。奉天、安東機業。亦漸發達。產額未詳。

輸出額

繭綢出口。在民國元年以前。每年平均一萬二千擔。價值五百萬兩左右。至民國四年。一躍而爲二萬四千七百擔。價值八百七十萬兩。六年以後雖稍減少。仍在七百萬兩左右。海外銷路。以英、法、美三國爲最多。土、波、埃等處、印度、澳洲、坎拿大次之。

地區	民國二年數量	民國二年價值	民國七年數量	民國七年價值	民國八年數量	民國八年價值	民國九年數量	民國九年價值
出口總數	一六、七四九擔	六、六三八、〇六九兩	一九、七七三擔	六、一四九、四三八兩	二一、七四五擔	七、五一五、六四五兩	二〇、六〇二擔	八、五一五、六六四兩
香港	四、〇七九	一、六六一、九六四	三、八八一	一、一八四、六八四	三、三四三	一、二八〇、二三六	五、一五四	二、二六三、四七八
印度	一、五七二	五七九、五〇六	二、〇三〇	六〇四、七一五	五、〇七二	一、六一九、四四〇	三、四五九	一、二八二、七七六
土、波、埃等處	一、八四三	六五五、七八一	一、一七八	三三三、六二三	一、九七九	五九〇、六〇〇	二、三五三	七二五、八五五
英國	一、八四七	七五〇、九六〇	六、〇九〇	一、九五〇、六一七	三、五三三	一、二五一、六一一	二、九四九	一、三四三、二四二
法國	五、一八〇	二、一一一、三四二	九四五	三〇二、五五八	二、八一六	九七五、七〇七	一、四七八	六四四、四九五
朝鮮	一八四	四三、三〇七	四四七	一一七、四六七	九四四	三三六、四六三	五〇七	一五二、八七五
日本	一八七	五六、四二三	六六二	三三〇、六八九	三三六	一二六、八三四	三五六	一一八、一一三

坎拿大	四八五	二〇〇、三三九	八四六	二七五、六五三	一二二	四三、三五四	一八六	八七、一五八
美國	二二五	八六、八六二	一、九一〇	六一九、四三五	二、一九三	八一七、二七一	一、七一八	七九六、三八六
澳洲紐絲綸等處	一八八	七七、〇一九	一、三〇一	三八六、六九五	八三七	三一八、八七〇	一、五九一	七三三、二七九

輸出港、以烟臺爲第一。青島、漢口、次之。三水、重慶又次之。

繭綢出口。山東最多。約全國輸出額占百分之八十五。俗名繭綢。其種類因原料絲之撚合及寬窄而有差異。卽經絲一本、緯絲二本所織之綢。謂之細綢。經絲三本、緯絲四本所織之綢謂之粗綢。又寬二尺四寸乃至二尺六寸。謂之寬綢。寬一尺四寸乃至一尺五寸者。謂之窄綢。寬綢多爲製造洋服用。又稱爲洋綢。輸出歐美最多。窄綢又謂之方格綢。多運往日本。此等繭綢、均由棧房介紹。售於烟臺、青島之洋商。烟臺有棧房二十餘家。洋商有三井、(日商) 和記、(Cornabe Eckford & Co. 英商) 仁德、(Mallan & Co. 美商) 百多、(Marthond Freres 法商) 敦和、(Railton & Co. 英商) 及 China Merchant Pongee Association & Co., Kay & Co., Diederichsen & Co. (捷成) Deben Kam & Co., Shantung Silk Co. 等十家。青島有棧房六七家。洋商有立興、捷成、和記、振興、瑞記、哈唎、衛禮等七家。此等洋商。收買繭綢。送至上海、香港。轉赴歐美各國。華商無直接輸出者。惟朝鮮方面。多由民船直接運往。茲將各地運費及雜費。列表於左。

一、繭綢百疋由烟臺運至倫敦價目

買價總額	一、〇〇〇 烟臺兩	出口稅	八・九三
烟臺—上海—倫敦運費	四三・一一	包裝費	一〇・三三
駁船費	〇・二〇	力錢	〇・三三
海上保險費	五・七四	貼水	一一・一七
棧房用錢百分之一	一〇・〇〇	雜費及電報費	五・〇〇
手數費百分之二	二三・三三	合計	一二六・五四
運到倫敦價格	一、一二六・五四	上海通用銀(一、〇四五)	一、一七六・七六

假定四月期押滙 2/5½ 則爲　一四一磅一先令八辨士

交易狀況

即由烟臺輸出繭綢百疋於倫敦。原價爲一千一百十六兩五錢四分。

一、繭綢百疋由烟臺運至澳洲西德尼價目

買價總額	1,000 烟臺兩	出口稅	八·九三
運費百分之二	二〇·〇〇	轉船費用	一一·一一
香港棧費每十五噸一元	一·一四	包裝費	一〇·五三
駁船費	〇·一〇	力錢	〇·五三
海上保險費	五·四〇	貼水	一〇·六六
棧房用錢百分之一	10·00	手數費百分之二	二〇·九一
雜費	五·〇〇	雜費合計	九五·七三
運到西德尼（烏修威）價格	1,〇九五·七三	上海通用銀（1,〇四五）	1,一四五·〇三

即由烟臺輸出繭綢百疋於西德尼。原價爲上海一千一百四十五兩零三分。

輸出印度及美國者須於上海轉船每百擔運費如左。

上海至孟買	二十七兩	上海至桑港	美金十五元	上海至紐約	美金十五元

外國之競爭品

海外市場競爭情形。已於綢緞項下述之。玆有所謂競爭品者。則外國模仿我國所製之贋貨是也。現時歐洲市場散見之繭綢。多係法、德兩國之仿造品。德國吉林匪爾（Crefeld）地方以仿造繭綢爲業者。尤多至不可勝紀。和蘭市場所售。殆全係德貨。門面較寬。尺碼劃一。價值尤廉。我國繭綢。頗受其抵制之苦。現在日本岐阜地方亦多仿造者。其漂白精練整理。皆優於我國。斯誠繭綢貿易前途之憂也。

第三章 茶

產地

我國產茶之地。以江蘇、安徽、湖南、湖北、江西、福建、四川、廣東爲最著。此外廣西、陝西、貴州、雲南、甘肅、河南、山東等省。間亦產之。其重要產地如左。

江蘇省　常州、鎮江、松江、江寧、揚州、吳縣。（洞庭碧螺春）

安徽省　祁門、婺源、休甯、歙縣、績溪、黟縣、秋浦、六安、建德、甯國、廣德、鳳陽、太平、廬州、潁州。徽州綠茶及祁門紅茶。最著名。建德及江西之浮梁。與祁門壤地相接。統稱祁門茶。六安霍山。統名六安茶。除祁門、六安外。全省統名徽茶。又聚於浙皖交界之屯溪者。曰屯溪茶。亦徽茶之一種。

湖南省　臨湘、(聶家市、白荊橋)岳陽、(雲溪、北溪、晉坑)平江、(浯江、長壽街)益陽、湘潭、醴陵、(張家碑、瀉山)安化、(藍田、硒州)瀏陽、(高橋、永豐)湘陰、湘鄉、桃源、常德、新化、石門、長沙、寧鄉、茶陵、零陵、祁陽、武岡、衡陽、衡山、郴縣、沅江、會同、黔陽、永明、慈利、寶慶。安化、長壽街、聶家市最著名。

湖北省　通城、咸寧、(柏墩、馬橋鋪)崇陽、(大沙坪、小沙坪、白霓橋)蒲圻、(羊樓司、羊樓峒)通山、(楊芳林)陽新、(龍港)宜都、興山、秭歸、長楊、五峰、宜昌、南漳、穀城、均縣、(太和山)廣濟、黃梅、蘄水、恩施、利川、鄖縣、竹山、宜恩、咸豐、建始、鶴峯、當陽、遠安。羊樓峒最著名。

江西省　德安、瑞昌、浮梁、彭澤、寗都、修水、新建、進賢、奉新、靖安、星子、永修、清江、新喻、贛縣、會昌、尋鄔、上饒、廣豐、弋陽、橫峯、崇仁、永豐、遂川、南城、武寧、都昌、安義、新淦、興國、信豐、安遠、玉山、鉛山、貴溪、臨川、東鄉、泰和、南豐、宜春、萍鄉、崇義、上高、分宜、南康、吉安、高安、宜豐。寗州紅茶最著名。

福建省　閩侯、(北嶺、板洋鎮)崇安、(武彝、界畬)建甌、(洋口、水吉)政和、松溪、建陽、建寧、閩清、邵武、光澤、沙縣、永安、順昌、將樂、尤溪、福鼎、福安、霞浦、(白琳)寗德、羅源、古田、屏南、安溪、漳平、寗洋、連江、(丹洋)壽寗。(東風塘)武彝茶最著名。

浙江省　紹興、(平水鎮)嵊、上虞、蕭山、諸暨、餘姚、新昌、杭縣、餘杭、臨安、寧波、溫州、處州、湖州、金華、嘉興。平水茶最著名。

四川省　灌縣、安縣、茂縣、高縣、宜賓、屏山、敍永、懋功、開縣、瀘縣、寧遠、綏定、龍安、嘉定、雅州、夔州、順慶、重慶。

貴州省　貴陽、思州、安順、興義、都勻、平越、石阡、遵義。

雲南省　昭通、普洱。

廣東省　番禺、南海、高要、鶴山、清遠、惠陽、連平、紫金。

廣西省　梧州、(多賢、長行)平樂、桂林、柳州。

陝西省　紫陽。

甘肅省　蘭州、鞏昌。

河南省　固始、商城、光山、信陽、羅山。

產額

山東省　濟寧、萊蕪、登州。

據農商部調查民國四年度各省茶園面積及產茶額如左。

省名	茶園面積	收穫數量	省名	茶園面積	收穫數量
河南	三、一四八畝	八四、四三八斤	湖北	五三一、七七五畝	四一、七六九、八三五斤
山西	一〇一	一、一七三	湖南	六九四、五八七	三三一、九九一、七〇〇
江蘇	一四四、四五〇	七七八、六七〇	陝西	二、三四八	九〇、五九八
安徽	七五〇、一一九	四九、九二八、七八八	廣東	四四、八四三	一六、三六二、一〇〇
江西	一、二〇八、六〇二	一九、七三六、八六〇	廣西	七七、八九八	三〇、二二七、四五二
福建	三三三、四七五	九、三五一、〇〇五	貴州	一、六四五	二七、八五四、九〇〇
浙江	八六五、九七七	三一、七七七、〇〇二	計	四、四七五、九六八	四四八、九四四、五三〇

右表、茶園面積四百四十七萬餘畝合六十八萬英畝。產茶四億四千八百餘萬斤合五億八千萬磅。官書統計是否足憑。說者謂此但可視爲最少之數。日人木村氏曾調查台灣平均每年消費茶五百十三萬五千斤。每人約消費一斤半。因謂中國人之消費量假定爲台灣人三分之二卽每人約一斤。（一、三三磅）則全國消費量約四億斤。（合五億三千萬磅）再加每年輸出外國之一億五千萬斤。是全國產額。當爲五億五千萬斤合六億二千萬磅。又假定英畝產茶二百五十斤。以之除此推定總產額。可得二百二十萬英畝。據錫蘭人俄布撒巴氏推定中國茶園面積爲三百萬英畝。產茶六億六千萬磅。與木村氏說頗相近。

種類

茶之名目極繁。有依其產地定名者。如徽茶、祁門、武彝等類是。有依摘茶時期定名者。如頭幫茶、（又名頭春茶穀雨前十五日採製者）二幫茶、（又名二春茶穀雨後十五日採製者）三幫茶、（又名三春茶穀雨後二十日採製者）四幫茶、（又名四春茶三幫後一月內採製者）等是。此外茶商門售之名稱。尤多至不可勝述。類皆隨意定名。並無深義。而國際貿易則依製茶方法分類。區爲紅茶、綠茶、紅磚茶、綠磚茶、小京磚茶、茶末、末烘茶葉七種。以下分述之。

一、紅茶　紅茶多產於湖北、湖南、福建及安徽之祁門、江西之修水、寧都。形狀均齊、汁色紅褐透明、味甘者為上品。苦澀而微含臭味者最劣。又細分為工夫、小種、白毫、珠蘭、花香、烏龍、包種七種。（1）工夫茶因製茶時費手工得名。（2）小種茶原與工夫茶同類。不過因葉之粗細而分。細者曰工夫。多銷英美。粗者曰小種。多銷法德。（3）白毫茶葉小面蒙白毛。外觀甚美。多銷印度。（4）珠蘭茶（5）花香茶皆以茉莉花、珠蘭花、配合而成。惟珠蘭製法。經過一夜之後。盡去其花。花香茶則雜花於其中而售之。珠蘭多銷俄國。花香多銷英美。（6）烏龍茶汁色灰黃。有含香氣及不含香氣之二種。襲常暢銷美國。近則多往暹羅。（7）包種茶以包紙得名。每包約重四兩。（故包種茶不僅限於紅茶。即紅茶之包種茶中。亦有工夫、小種、烏龍等茶。蓋在原產地。並無包種之名。惟交易時裹以紙。始有此名耳）多銷英屬海峽殖民地。大抵出口紅茶中工夫茶最多。烏龍次之。小種、包種又次之。珠蘭最少。爲表如左。（單位擔）

▲出口紅茶種別表

種類	民國三年	民國四年	民國五年	民國六年	民國七年	民國八年	民國九年	主要銷路
工夫	四六九、六八一	六一五、三三三	四九〇、五〇三	三七二、九七〇	九一、五九七	三三一、九七八	六七、七六三	香港、英美俄德、
烏龍	五一、九一三	五〇、〇三三	四六、九二四	三七、九〇七	三五、三四八	一三、二四三	一二、〇五七	香港、澳、美、暹羅、新嘉坡、
小種	二七、九六一	二五、五五九	二七、二一二	三、八三九	二、六六三	一二、〇一七	六、一四三	德、法、英、
包種	五、二三五	六、〇六三	六、三四九	四、〇三九	四、五二三	四、六二〇	四、五七七	新嘉坡、荷屬印度、
白毫	二、二九九	三、〇七〇	四、三五三	六二〇	二、七六九	七五六	五六五	印度、香港、俄、
花香	三、六九三	二、一五五	一、一三五	一〇八	三九〇	八四七	三七四	英美、香港、澳洲、日本、
珠蘭	三、一九六	二、九〇七	六、四三三	二、五七一	二三四	一八二	二〇九	俄、日本、美、香港、
末列名	三八、八八三	四一、二七七	五三、四三九	四〇、二二七	二七、七六九	三三、九九六	二三、五一三	俄、香港、
茶梗	一〇、四三四	一三、八六五	一一、八八〇	一〇、〇一一	九、六七九	一三、一五九	一三、六三三	香港、俄、
計	六一三、二九五	七七一、一四一	六四八、三三八	四七二、二七二	一七四、九六二	二六八、七九八	一七三、八三三	

二、綠茶　綠茶多產於浙江、安徽、及福建、湖北、湖南、江西之一部。浙江、安徽綠茶。多經由蕪湖、杭州、溫州、集中於上海。福建綠茶。多經三都澳、集中於福州。兩湖綠茶。多集中於漢口。又細分爲數種。大率形圓者爲珠。形纖者爲雨。介乎纖圓之間者爲熙。珠又分大珠、小珠。小珠製法。係用手搓揉。成爲圓形之珠。其形狀大小不同。有一號、二號、三號之別。卽蔴珠（小）寶珠（中）芝珠（大）三種。俗名蚕目、蟻目、蠅目。大珠製法。與小珠同。其形狀略大。亦有一號、二號、三號之別。卽珍珠（小）圓珠（中）熙珠（大）三種。俗名蝶目、蝦目、蛾目。雨、卽雨前。爲穀雨節前摘製之茶。普通分爲眉雨、蛾雨、蟻雨、芽雨、熙雨五種。熙卽熙春。爲春初摘製之茶。因摘茶時期不同。有一號、二號、三號之別。眉熙、正熙、副熙是也。珠茶多產於浙江之紹興。普通稱爲平水茶。熙春雨前。多產於安徽之徽州。綠茶品質。最佳者爲熙春。其中、眉熙最良。正熙、副熙次之。次於熙春者。常推小珠。小珍茶、形狀愈小者愈佳。蔴珠最良。寶珠、芝珠次之。次於小珠者爲大珠。其中、珍珠最良。熙珠最劣。綠茶中。雨前最爲下品。其品質與價格。與大珠不相上下。出口綠茶中。小珠最多。熙春次之。雨前又次之。大珠最少。爲表如左。（單位擔）

▲出口綠茶種別表

種類	民國三年	民國四年	民國五年	民國六年	民國七年	民國八年	民國九年	主要銷路
雨前	六九、四七六	八四、〇五一	六四、七五八	三四、九八六	四四、六六六	七八、五四六	四八、二三五	法、俄、英、美、印、土、波、埃、
熙春	七四、一九八	八四、八九九	一〇一、九四一	六〇、九五一	四九、二〇〇	七七、二五七	五一、三五一	香港、俄、法、英、美、印、
淮山	二、五五九	二、八六九	四、二九〇	—	—	—	—	俄、香港、
元珠	一、二六〇	一、一八六	七八五	二八六	二六六	八四九	四七四	法、英、美、俄、
小珠	一一七、四七一	一二三、〇六〇	一〇七、五七八	九四、六五三	五二、一七七	九〇、六〇六	六一、三〇〇	美、法、俄、英、坎拿大、
未列名	一、七七四	一〇、二五九	一九、三七六	五、二二七	四、四〇一	二、四五三	二、六二四	俄、日本、澳門、
計	二六六、七三八	三〇六、三二四	二九八、七二八	一九六、〇九三	一五〇、七一〇	二四九、七一一	一六三、九八四	

備考　雨前、一名嫩熙春。淮山茶、卽武彝茶。福建崇安縣產最佳。價甚昂。有自然之香氣。不必雜以花香。消化力尤大。食後飲之最妙。其樹係由建陽地方移植。與普通茶樹無異。元珠、卽大珠茶。

三、紅磚茶　我國磚茶。起源甚古。宋代宮中貢茶。皆製成團片。附以金箔。描寫龍鳳文。史稱宋元豐間。開西戎馬市。以磚茶易馬。俄人林士奇。謂西伯利亞。當十六世紀已有磚茶貿易。據英人摩爾斯所說。則道光三十年磚茶輸入俄國。已達三百三十萬磅。同治九年海關報告。出口磚茶。凡六萬二千八百擔。惟昔時製造磚茶。全用人工。其利用機器。乃福州開市通商以後事也。當時福建茶商。購入英國機器。設廠製造。大獲厚利。一時開辦三廠。光緒元年、福州磚茶出口。達六百二十萬磅。五年、更增爲千三百七十萬磅。是爲福州磚茶全盛時期。光緒十七年以後。俄國顧客。咸趨於漢口、九江兩埠。於是福州三廠。相繼停閉。漢口、九江。斯業轉盛。當允許外人設立工廠之馬關條約未訂立以前。漢口已有俄商經營之大磚茶廠。現時漢口一隅。設廠凡四。年出磚茶三四十萬擔。茲將全國磚茶工廠列表於左。

廠名	經營者	所在地	設立年月	資本	工人	每日生產額	年產額	備考
順豐	俄商	漢口俄租界	光緒三十三年	百萬兩	一千人	七六八擔	二七六,四八〇擔	俄商三廠在羊樓峒設有製造所
新泰	俄商	同前		同前	七百人	三八四	一三八,二四〇	
阜昌	俄商	漢口英租界		二百萬兩	四百人	二五六	九二,一六〇	
興商	華商	漢口玉帶門	光緒三十三年		同前	二五六	九二,一六〇	
順豐	俄商	九江					一五,〇〇〇	
阜昌	俄商	同前					三六,〇〇〇	
致合	華商	福州	宣統二年	二十五萬元			三二,〇〇〇	

全國磚茶製造業。大半在俄商之手。俄商茶廠。資本雄厚。經營得法。華商望塵莫及。自光緒三十二年以來。俄廠絕對謝絕參觀。嚴守祕密。以故各廠產額及茶末摻和之比例。外人莫得而知。前表所列俄廠產額。猶是光緒三十二年調查之數。近來各廠所用茶末。多來自錫蘭、爪哇。華茶價昂。頗不合算。俄商已有寧捨漢口而移廠於錫蘭之勢。此誠大可注意者。磚茶使用之原料。大約如左。

紅磚茶
- 純用紅茶葉
- 純用紅茶末
  - 純用中國茶末
  - 摻和錫蘭爪哇茶末

輸出額

小京磚茶｛純用中國紅茶末
　　　　　純用錫蘭爪哇茶末

綠磚茶——純用中國綠茶

紅磚茶使用之茶末多爲製紅茶時所遺棄之落葉、碎片、莖梗等物。間有雜以茶根、茶心、茶粉者。統名之曰花香。此外則摻以夏季所採之三幫茶。碎爲細末。以細葉爲磚面。花香爲磚底。粗末爲磚心。加以蒸汽。壓成磚塊。形式、大率皆長八吋半。寬六吋。各有一定之重量。純用紅茶葉者。每重三十六翁士。純用茶末者。每重四十翁士。紅磚茶性質最佳。塊不甚巨。每箱計六十四塊。七十二塊。或百塊不等。視原料之優劣分爲上中下三等。據民國六年秋季駐海參威總領事報告。每箱計八十塊、淨重二百二十俄斤者。上等價值銀五十九兩乃至六十九兩。中等價值銀四十一兩乃至五十九兩。下等自二十三兩至三十二兩不等。海外銷路。向以俄國爲第一。俄亂以來。銷數漸減。

四、綠磚茶　綠磚茶之原料。概爲茶葉。無混用茶末者。間有雜以帶莖之粗葉及小枝等物。其形式有兩種。一、長一呎。寬七吋。一、長八吋二五。寬五吋二五。價值較紅磚茶爲廉。據民國六年季秋駐海參威總領事報告。每箱計四十五塊、淨重一百七十俄斤者。值銀十一兩至十九兩不等。海外銷路。亦以俄國爲多。但由俄商轉運蒙古內地行銷者。亦不少。

五、小京磚茶　小京磚茶之原料。卽製紅磚茶時篩下之極細粉末。篩茶時分作三等。一等粉末。細如麵粉。用作小京磚茶。二三等粉末較粗。用作紅磚茶。製小京磚之粉末。不加蒸汽。但裝入壓榨器。以壓力六十噸之水壓器。壓成磚塊。每塊重三兩六錢。外面裹以錫紙。亦多運往俄國。

六、茶末　茶末、卽碎片、莖梗、茶粉等物。俗名花香。英商選最佳之茶末。不製磚茶。卽以之嚴封於箱中。亦不另加壓力。任其自然之形式。運往英、美、澳洲紐絲綸等處銷售。視爲廉價之茶。然此種茶末。若欲運往俄國。則不甚合宜。因俄國視同最貴之白毫茶。取稅甚重。俄商欲免此重稅。則惟有製成磚茶之一法。故磚茶多往俄國。茶末多往英美法國、日本。次之。戰時英美嚴行禁酒。茶末銷數尤鉅。（民國四年出口茶末。往英國者二萬五千二百四十三擔。往法國者五千二十六擔。民國六年、往日本者一百二十九擔。往美國者二千二百五十四擔。）

七、未烘茶葉　又名毛茶。由生產地方。轉輸通商口岸。不另加製煉。封裝出洋。多運往香港及俄國。

茶爲出口大宗之一。前清同治六年。出口貨價總數五千七百八十九萬兩中。茶占百分之五十九。自日本、錫蘭、爪哇、茶葉發達以來。海外市場。漸被侵占。宣統元年、出口貨價三億三千八百九十九萬兩中。茶占三千三百五十六萬兩。僅居貨價總數十分之一。歐戰以前。雖逐年減少。然每年猶在百四十五萬乃至百五十萬擔之間。俄亂以來。加以日本、爪哇、錫蘭茶競爭愈烈。出口益以不振。民國九年竟降至三十萬擔。

最近二十一年茶葉輸出額（單位擔）

年份	紅茶	綠茶	磚茶	末烘茶葉	小京磚茶	茶末	共計	備考
光緒二十六年	一、一八三、八九九	二〇〇、四二五		—			一、三八四、三二四	光緒三十年以前。磚茶茶末俱包含在紅茶內。
光緒二十七年	九六八、五六三	一八九、四三〇		—			一、一五七、九九三	
光緒二十八年	一、二六五、四五四	二五三、七五七		—			一、五一九、二一一	
光緒二十九年	一、三七五、九一〇	三〇一、六二〇		—			一、六七七、五三〇	
光緒三十年	一、二一〇、一〇三	二四一、一四六		—			一、四五一、二四九	
光緒三十一年	五九七、〇四五	二四二、一二八	五一八、四九八	—	四、八五九	六、七六八	一、三六九、二九八	
光緒三十二年	六〇〇、九〇七	三〇六、九二五	五八六、七二七	—	九、三〇七	二六二	一、四〇四、一二八	
光緒三十三年	七〇八、二七三	二六四、八〇二	六〇四、二二六	—	一〇、七二九	三二、〇九五	一、六一〇、一二五	
光緒三十四年	六八五、四〇八	二六四、〇八五	五九〇、八一五	—	六、二八八	九、五四〇	一、五七六、一三六	
宣統元年	六一九、六三二	二八一、六七九	五八四、九七六	—	九、九四四	二、二一二	一、四九八、四四三	印度、錫蘭下等茶葉出口發達。自是我國茶葉爲其所抵。
宣統二年	六三三、五二五	二九六、〇八三	六一六、五四〇	—	八、七八七	五、八六五	一、五六〇、八〇〇	
宣統三年	七三四、一八〇	二九九、二三七	四一六、六五六	—	九、〇七三	三、六五七	一、四六二、八〇三	
民國元年	六四八、五四四	三一〇、一五七	五〇六、四六一	—	八、四九九	八、〇三九	一、四八一、七〇〇	
民國二年	五四二、一〇五	二七七、三三三	六〇六、〇三〇	五、六〇三	九、八四三	一、一九五	一、四四二、一〇九	
民國三年	六一三、二九六	二六六、七三八	五八三、八八三	七、三二五	二二、一四五	二二、四一二	一、四九五、七九九	八月一日歐洲開戰。茶價昂貴。俄、英、美、需要甚多。
民國四年	七七一、一四一	三〇六、三一四	六四一、三二八	一、五六三	三〇、七一二	三一、二九五	一、七八二、三五三	

民國五年	六四八、三二八	二九八、七二八	五六〇、一八五	一、三三九	二六、六六九	七、五九四	一、五四二、六三七
民國六年	四七二、二七三	一九六、〇九三	四四三、六三六	一四五	七、九一七	五、四七三	一、二三五、五三五
民國七年	一七四、九六三	一五〇、七一〇	七五、一六〇	二〇一	六五	三、一三一	四〇四、二二七
民國八年	二八八、七九八	二四九、七一一	一四三、三九四	二七八	一、四四〇	六、五三四	六九〇、一五五
民國九年	一二七、八三二	一六三、九八四	一一、六九五	五一六	—	一、八七九	三〇五、九〇六

英國禁茶進口。俄國內亂。美國銷路。爲爪哇茶所抵。

茶葉輸出地區表（單位擔）

地區	民國二年	民國三年	民國四年	民國五年	民國六年	民國七年	民國八年	民國九年
香港	一〇三、三七七	八六、九八三	一一八、六五七	一三九、六三六	七八、四三三	八八、八七二	九七、二七八	九五、六〇七
澳門	九、三三八	九、一五八	一〇、四三九	四、四五七	八、〇三七	七、五二六	七、一六二	六、七一七
安南	四、三三六	三、四五八	一、三〇四	一、一三〇	一、四一五	一、一五一	二、〇四三	二、七三七
暹羅	四、七八九	四、八九三	六、〇四五	四、六〇一	三、九八二	三、〇四四	三、七五四	九六一
新嘉坡等處	一、一九八	五、〇四一	六、八九七	五、九五二	四、六六七	六、〇〇五	四、五八九	四、一〇八
爪哇等處	一、一九八	一、九八五	二、一八六	一、七〇八	八四二	二八一	九二四	七二一
印度	一七、一三四	一六、一四七	二〇、九三九	一〇、七一六	三二、四七六	二三、三〇四	一八、二四九	九、七五九
土、波、埃等處	一五、七八四	一三、四三八	二七、四〇七	一六、八二二	五、〇一六	一三、二〇五	四、五四三	一七、六〇四
英國	二六、〇八六	一四〇、七九五	一六九、九九九	一三〇、一九〇	三四、九五四	三七、三三三	二一三、三八八	三六、二八七
瑞典	四四	四〇	一	二六	—	—	二	—
瑞威	三	—	一	—	—	—	—	二
丹麥	四三〇	四一七	一五	二	四、四九二	三、一四七	六、八五四	二九二

德國	四〇、六〇一	三三、一八八	—	—	—	—	—	三一
荷國	六、二七〇	一四、八六四	八三〇	—	—	—	一、六八六	二、七八八
比國	二、一一九	二、五八三	—	—	—	—	二六四	五
法國	六四、二二四	四五、二〇三	七四、二二九	三一、〇三三	二一、四一九	二七、八五三	六一、四四〇	二六、五二八
西班牙	二、五一三	三八七	六三六	—	三四九	三七八	—	—
葡萄牙	—	二九	—	—	—	—	—	—
義國	一二七	三四	二八	七九三	五五二	一九一	一、八一三	八三二
俄國	九〇五、九六七	九〇二、七一六	一、一六一、八四二	一、〇四九、九三三	七三四、九四五	九五、七〇五	一六五、三三四	一一、五六六
奧國	一〇、九七八	七、七八一	—	—	—	—	—	—
朝鮮	—	一九〇	七一	七九	七三	九六	一五一	一五二
日本	四、一〇六	一〇、九九一	七、五一四	三、六五二	一〇、二四二	一〇、七四二	六、三四六	六、九七八
菲律濱	二三九	二七八	四一五	三四四	一四一	四八	六二	二五二
坎拿大	一〇、二五六	一六、〇三三	一七、六九九	二一、一五五	一一、〇八四	五、六六三	六、九九六	四、九四七
美國	一四三、八三五	一七〇、五二一	一三七、六七二	一四五、五三四	一七一、六〇〇	七二、三九八	八三、五八二	七一、三四三
中南美洲	一、三一一	三三一	四八四	一、三一三	一、四四一	三、六九八	二〇五	八〇
澳洲紐絲綸	一一、一八二	七、七〇六	一五、三四五	二、三九七	六一三	一、三六〇	三、三一三	三、四四八
南非洲	八六八	六三二	六二八	一四三	五四	二一七	一七九	一七一
共計	一、四四二、一〇九	一、四九五、七九八	一、七八二、三五三	一、五四二、六三三	一、一三五、五三五	四〇四、二一七	六九〇、一五五	三〇五、九〇六

右表、俄國銷數最多。歐戰以前。輸出俄國者。約占十分之六有奇。美、英、德、法次之。歐戰以還。俄國內亂。美國市場。爲爪哇茶所侵占。英國獎勵印、錫茶以壓華茶。德國銷路。亦迄未恢復原狀。（參觀後述外國市場之競爭一節）據海關調查。民國九年華茶貿易最爲蕭條。先是八年冬。印度、

錫蘭茶價昂。一般投機者預料紅茶俄國銷路必鉅。購存下等工夫茶及各種紅茶甚多。乃其後預料之銷場。竟未見諸事實。於是倫敦貨物滯積。新茶價格爲之跌落。且無銷路。漢口及九江茶市。大爲失望。祁門茶收成計有五萬八千半箱。約售出一萬二千半箱。每擔值銀二十三兩乃至六十五兩。茶春之初。上等茶略有銷路。寧州與武寧茶。收成計有一萬二千半箱。是年漢口茶。已不由洋商採辦。收成僅有三萬四千半箱。華商購去四千半箱。尚有前兩年存茶七萬半箱未能售罄。是年綠茶收成。計有十六萬六千半箱。上等、銷路頗強。下等則無處出售。非洲北部。運銷上等茶甚多。因中國綠茶。仍爲其地土人所歡迎。惟中下兩等。尚無銷路。仍屬供過於求。綠茶共銷十萬半箱。平水、湖州兩種。因美國存貨堆積市面。困頓不無損失。熙春茶收成。計有一萬五百半箱。僅售出二千二百半箱。蓋因俄國銷路阻塞。不能運至中央亞細亞。是年福州貿易。亦極不振。小種茶之佳者。當開市時。尚差強人意。頭號茶每擔值銀七十兩。統觀各種茶市。均無起色。雖香港、新嘉坡二處。運去若干。奈存貨堆積。難免過多。白毫茶因俄國停購。故未製出。九年出口茶之減少。要爲近數十年來所未經見。

紅茶(Black Tea)

輸出地區	民國二年 數量	民國二年 價值	民國七年 數量	民國七年 價值	民國八年 數量	民國八年 價值	民國九年 數量	民國九年 價值
出口總數	五四二、一〇五擔	二四、三三四、〇九三兩	一七四、九六二擔	五、七三一、二八六兩	二八八、七九八擔	八、七九六、九二八兩	一三七、八三二擔	三、一八七、九三三兩
香港	九二、六三六	二、五三一、七七五	八三、四九九	二、〇八四、七三四	七七、五一七	一、七五六、四五三	五九、五三五	一、一八七、三九四
澳門	九、一六九	二五〇、一三四	四、九七七	八二、五七三	六、九四七	一六六、二六八	六、四四七	一八一、一五九
安南	四、〇八四	七八、四五二	一、一二九	一六、九六四	一、八一五	一九、二五三	二、七一五	四七、四五〇
暹羅	四、七六六	一三六、二二五	三、〇三三	一〇八、二八九	三、三九三	一一〇、八八〇	八二八	二七、一九四
新嘉坡等處	四、三六〇	一二二、一四四	五、七六九	一八一、二六七	三、九四八	九八、〇四八	三、八六九	九五、五五六
爪哇等處	一、一九四	三〇、四六九	二八一	八、〇三七	九二四	二六、九九四	七一一	一七、四八九
印度	一、六一九	一五二、三〇六	二、五四七	三一四、九一九	九九二	七一、九七五	八三三	二九、五五四
土、波、埃等處	三、一〇四	九四、八八三	三二	一、三〇三	二六三	一一、一六九	九六九	二六、七四三

英國	七三、六二七	一、九二九、八〇八	一九、八一八	八三〇、三三〇	一三七、六八四	四、四八一、八三三	一七、九〇四	五一五、四八九
丹麥	四三〇	一〇、九五三	五、一四七	二二六、二七七	六、八三〇	二四四、九一四	二九三	八、七九七
德國	三一、五三四	一、〇〇八、九〇三	—	—	—	—	三三	六三五
荷國	六、一四六	一六七、二七九	—	—	一、六八六	六〇、四五一	二、六四六	六九、九六七
比國	二、一一九	五七、二〇六	—	—	二六四	六、〇一五	五	一三四
法國	七、二六三	三三四、一〇五	三、三七四	二二六、〇二六	七、八〇八	二五四、三〇五	二、二六〇	七六、二五九
義國	三七	七一四	一九一	八、〇二六	二	七三	七	二三三
俄國 歐洲各口	六一、〇七八	一、五三四、七八九	—	—	四三〇	一五、四三〇	三〇	九〇九
俄國 由陸路	二七、六二七	六三四、四三五	四、八六九	一七六、〇八一	一一、〇七二	五三六、九八〇	二、九〇八	一四五、四〇〇
俄國 黑龍江各口	六〇、四五八	一、三七七、六五三	二四〇	一四、七一一	二三九	七、七三九	一〇	三〇〇
俄國 太平洋各口	七一、一五四	一、八五〇、一四五	一三、五四八	五八四、〇三九	一一、三一四	四〇五、一五六	二五六	七、七四〇
朝鮮	七七	一、八四八	三三	八〇六	五五	一、三〇六	三六	八六八
日本	三、二九四	一〇五、四〇八	三、二三三	二三九、八三三	八八〇	二三、〇一六	一八六	四、二九〇
菲律濱	二三九	五、三三九	三三	一、〇四七	六一	一、六六七	二五〇	六、八二八
坎拿大	五、二九三	一四四、四一四	二、三〇一	九五、一四四	六二七	三一、七八四	九九六	三〇、一四一
美國	四九、〇六二	一、二八七、七四五	一五、六三四	六三三、一〇七	一〇、五一四	三七〇、六一九	二〇、五九七	六一六、七四三
南美洲	一、三一二	三五、〇〇七	三、六九八	八六、三六八	二〇五	四、八〇四	八〇	二、〇〇六
澳洲紐絲綸	八、五二三	三三四、九〇四	一、三六〇	三五、三三八	三、一一二	九三、九九三	三、二六八	八三、四七四
南非洲	八五八	二五、四二五	二〇九	六、二二八	一七五	五、七六四	一七二	五、〇二一

輸出港別

出口總數	五四三、九七八	一三、六八六、八二五	二三五、七五六	七、三三九、九二一	三一〇、二七〇	八、八〇九、一四〇	一六一、二三八	四、一六九、一三[illegible]
漢口	二三九、三三五	五、一〇三、七六七	五一、九五九	八五五、〇三〇	八八、七三三	一、五四三、四五八	一六、六四七	一七九、八一三
九江	八〇、六三四	二、五三九、九七一	五一、六九四	二、九七四、九九〇	六七、六八六	三、三〇六、四六一	三九、〇三三	一、三六五、二八五
上海	八五	一、二〇三	四一〇	五、七七一	六八八	八、五六五	二、〇二六	一八、九一八
三都澳	三六、四七六	八〇五、二九一	二六、九二五	五四七、二八四	三七、九一六	八一七、九五三	一〇、七四七	三三五、六一四
福州	一三一、七九九	三、六三七、二九五	四六、五六六	一、三八八、七七二	五〇、五五二	一、二六八、三三三	二九、二四八	七三一、四六二
厦門	六、六三〇	一六五、〇一八	五、三〇七	一五八、七八三	五、一八五	一二九、七三三	六、九三一	一六九、一三三
廣州	一三、九四三	四四五、一二四	一五、二五五	四八一、三五二	一四、二七八	四四二、二一四	一六、二四〇	四八八、三六六
九龍	一一、六四二	三五四、七四五	四、一三八	一三七、五八五	四、五七七	一五二、八一三	一、四五三	四五、七九九
江門	一〇、七五九	一三九、八七四	一三、五七一	一四九、二二四	七、三〇三	六七、八二四	一二、二五六	一三二、五五六

綠茶(Green Tea)

輸出地區	民國二年		民國七年		民國八年		民國九年	
	數量	價值	數量	價值	數量	價值	數量	價值
出口總數	二七七、三四三擔	一〇、八八九、六六六兩	一五〇、七一〇擔	七、〇四三、九八三兩	二四九、七一一擔	一一、〇五五、六一〇兩	一六三、九八四擔	五、三五九、五五八兩
香港	四、七九〇	二一七、七三二	五、一七五	二三二、三三三	一九、四八九	四三二、六六六	三五、五五一	六五三、一四五
安南	一四二	一、九二二	三三	六三〇	二三七	六、六六七	三三	六一三
暹羅	二四	六〇五	—	—	三六一	一〇、五六八	一三三	三、七一三
新嘉坡等處	九九四	四〇、六四〇	三三六	八、八五三	六四一	一九、八四九	二三三	七、二〇五
印度	一五、四八四	七三八、〇六四	二〇、六七九	九八二、六六六	一七、二五七	八〇一、七七〇	八、九二六	三三一、三五一

土、波、埃等處	一三、六六六	五四四、二四九	一三、一七四	六二五、六八五	四、二八〇	一九九、二三四	一六、六三五	六一七、四九〇
英國	二、四五九	二一七、〇七二	一七、五一五	七八五、七七八	六九、四〇一	三、二三〇、六〇七	一六、七八六	六二三、〇〇七
法國	五六、八三九	二、六〇九、二五四	二四、四七九	一、一六三、二四二	五三、六三二	二、四九六、三八八	二六、二六八	九七五、〇六八
俄國 歐洲各口	六八、六八一	三、一〇四、七〇七	—	—	—	—	—	—
俄國 由陸路	四一四	一七、六九七	三三	九四〇	—	—	—	—
俄國 黑龍江各口	二七	一、八五〇	三八	二、八二三	六九	三、五九九	二	八六
俄國 太平洋各口	三三四	一一、四四二	二、二六七	一〇六、一四三	一〇二	三、九八〇	二〇	八八〇
朝鮮	九	三五四	四七	一、七九三	五三	二、一九二	七九	四、一六七
日本	七二四	二七、六一九	六、四五五	二九二、七四七	二、八五一	七四、九〇三	三、二七九	六三、四九九
坎拿大	四、九六三	一七〇、三八七	二、七二四	一二九、四四四	六、三六九	二九六、四七七	三、九五一	一四六、六六四
美國	九四、六五四	二、六九二、九二九	五四、九六四	二、六一一、八六二	七二、九三一	三、三九四、七六三	五〇、六七七	一、八八一、一〇三
輸出港別								
出口總數	三八七、九九九	一一、五八二、八一五	二九〇、四九四	九、五〇一、五六九	三三九、七九六	一一、四二三、一六一	三二九、〇七〇	九、三六六、七二〇
九江	四三、七六六	一、九四五、三九九	三二、二一〇	一、五九七、六一六	四一、〇二八	一、八六八、七七一	四二、一三六	一、七一五、六三八
上海	二一一	七、三八五	二、四一五	九二、三七四	一、七三八	六三、四三九	八三七	三二、二二五
蘇州	一〇、二二四	三九六、一八三	七、二四一	二四九、六五八	八、八三二	二九六、八三七	一〇、〇三八	四四六、二〇九
杭州	一〇五、七三五	四、四三八、八二一	六四、六六六	二、三八〇、七二三	八一、〇四〇	三、〇八八、四〇七	六三、四七六	二、六二三、六〇七
寧波	九三、一三三	二、二三五、一八四	七五、二五四	三、二七三、五四三	八八、九五五	三、八六九、五四三	七四、一九〇	一、八五四、七五〇
三都澳	六九、九二九	一、三七一、三〇七	六二、九一五	八二六、一四一	六八、〇一一	九六六、五九五	八四、一〇三	一、四三〇、〇一一
福州	三、五九五	九一、六五〇	三五、八八三	八〇四、二〇九	四二、〇七六	一、〇八二、三一五	五〇、五〇八	一、一七四、四四七

紅磚茶(Black Tea, Brick)

輸出地區	民國二年 數量	民國二年 價值	民國七年 數量	民國七年 價值	民國八年 數量	民國八年 價值	民國九年 數量	民國九年 價值
出口總數	四三〇、八一九擔	六、七七三、〇一〇兩	六五、七四二擔	一、一五三、三七二兩	一三四、五七三擔	二、三四五、二五八兩	二一、六九二擔	三〇〇、六〇七兩
俄國 由陸路	七、六四九	二二〇、二四二	二、九二九	一〇一、三六〇	一八、〇三一	四二〇、八四二	七、八七四	二三六、二三〇
俄國 黑龍江各口	四、〇九三	六九、六三七	八八	二、七三六	二、九四四	四三、四五四	二四六	五、六五八
俄國 太平洋各口	四一八、九九八	六、五八二、一〇〇	六三、二〇六	一、〇四〇、六一七	一一〇、八四九	一、八三五、四二九	—	—
輸出港別								
出口總數	四〇一、一三二	七、五四二、〇七八	一三四、七三三	二、〇八〇、五三五	一六九、五五五	三、五七五、九一五	一九、〇九二	四五六、八九八
漢口	三九〇、三六〇	五、八五八、八三四	一一三、〇二四	一、八八〇、四三三	一四七、二八三	三、〇五一、四四八	五、四二五	九二、一四〇
九江	九四、三三七	一、四八三、二九二	一	三三	六、一六二	一三六、七九七	五、七七九	一二八、二九三
福州	一六、一五九	一九五、八五六	八、九二八	一〇二、三四九	一	一五	—	—

九年往俄國歐洲各口者二百二十擔價值三千七百零一兩。

綠磚茶(Green Tea, Brick)

輸出地區	民國二年 數量	民國二年 價值	民國七年 數量	民國七年 價值	民國八年 數量	民國八年 價值	民國九年 數量	民國九年 價值
出口總數	一七五、二〇一擔	一、六七四、〇六二兩	九、四一八擔	一〇九、〇七二兩	八、八三三擔	一〇八、七六六兩	三擔	三八兩
俄國 由陸路	二三、〇三五	一八八、五一四	四、六八六	五七、九六六	四、六九五	五八、四〇六	—	—
俄國 黑龍江各口	一、九三九	一八、一四九	—	—	—	—	—	—
俄國 太平洋各口	一四八、二三四	一、四六七、三九九	四、七三二	五一、一〇六	四、一三八	五〇、二二二	—	—

輸出港別	民國二年 數量	民國二年 價值	民國七年 數量	民國七年 價值	民國八年 數量	民國八年 價值	民國九年 數量	民國九年 價值
出口總數	一八七、七九四	一、八五〇、七六八	二〇九、三三二	二、二六一、〇七三	九〇、九五四	一、一三三、六六一	三、四九五	四四、七三六
漢口	一五三、二三三	一、四三四、二六一	二〇八、八五三	二、二五五、六一二	八五、四九四	一、〇七〇、三八五	三、四九五	四四、七三六
九江	三四、五六一	四一六、五〇七	四七九	五、四六一	五、四四一	六三、〇二七	—	—

小京磚茶(Tea Tablet)

輸出地區	民國二年 數量	民國二年 價值	民國七年 數量	民國七年 價值	民國八年 數量	民國八年 價值	民國九年 數量	民國九年 價值
出口總數	九、八四三擔	二〇三、〇六五兩	六三擔	一、二三三兩	一、四四〇擔	三三、九四一兩	—	—
俄國 黑龍江各口	一、三七九	二四、九五四	—	—	—	—	—	—
俄國 太平洋各口	八、四六四	一七八、八四〇	六〇	一、一七四	一、四四〇	三三、九四一	—	—

輸出港別	民國二年 數量	民國二年 價值	民國七年 數量	民國七年 價值	民國八年 數量	民國八年 價值	民國九年 數量	民國九年 價值
出口總數	九、六四九	二〇四、〇九四	六三	一、八四〇	二、〇九九	四九、八〇四	三	一〇一
漢口	七、八六一	一六四、四〇〇	二二	四六〇	一、五二九	三〇、六二四	—	—
九江	一、七八八	三九、六九四	四一	一、三八〇	五七〇	一九、一八〇	三	一〇一

茶末(Tea Dust)

輸出地區	民國二年 數量	民國二年 價值	民國七年 數量	民國七年 價值	民國八年 數量	民國八年 價值	民國九年 數量	民國九年 價值
出口總數	一、一九五擔	九、〇六七兩	三、一二一擔	二五、六八二兩	六、五三四擔	五三、七六七兩	一、八七九擔	一七、五一七兩
香港	七九九	五、四六六	一五	一〇八	一五	一七六	三八	二六〇

輸出港別								
英國	—	—	—	—	六、三〇〇	五一、七八六	一、五九七	一四、五九七
美國	三三〇	一、八〇〇	一、七三八	一四、五三三	—	—	—	—
出口總數	一〇三、六九一	六六五、二九五	六〇、四五〇	五五三、〇七三	六三、七九七	五二〇、八七八	二〇、七三八	二〇四、八六三
漢口	四一、一七八	二二六、一八五	一、八三六	九、四九三	一四、三九九	八二、五〇六	三〇五	一、七六三
九江	三〇、三三八	三三四、四三五	三三、一〇四	三三九、〇六六	一六、七三六	一八三、八二三	一、三九六	一三、九七〇
杭州	九、一〇七	六一、七四五	九、七九九	八八、一九一	八、四六〇	七九、一〇二	七、二二七	六八、四一九
寧波	八、三五五	一六、七二一	三六、六九七	三六、九六九	九、八〇七	九〇、七二五	一〇、七三三	六四、三九三

備考　各表輸出港出口數。包含運往國內各埠者在內。故與輸出各地之數。不甚相符。

全國茶葉最大聚散市場。當推漢口、九江、上海、福州四埠。杭州、寧波、三都澳、廈門、廣州、九龍、次之。

漢口據長江之中心。湖北、湖南、江西、安徽之茶。麕集於此。每年茶市自舊歷三四月起。至七八月止。五月至八月。尤爲貿易最盛之期。貿易總額。在二十年前。每年約一百萬箱。今雖少衰。猶在八十萬箱左右。其中紅茶最多。約占百分之六十一有奇。花香次之。占百分之三十四。綠茶最少。約占百分之五。茶棧四十餘家。有茶業公所、在漢口河街。專辦出口之洋行。有十八家。

華商—興商公司…自製磚茶。速銷蒙古、西伯利亞一帶。

俄商—順豐洋行　新泰洋行　阜昌洋行　源泰洋行　百昌洋行

英商—天祥洋行　寶順洋行　怡和洋行　履泰洋行

法商—公興洋行　立興洋行

德商—美最時洋行　協和洋行　杜德洋行　柯化威洋行

美商—愼昌洋行　美時洋行

決定茶價之權。操諸洋行。茶棧資力薄弱。無此資格。往往以高價購入之茶。一經洋行抑勒。輒蒙極大之損失。此亦茶業不振之一因。今後如不團結一致。以謀恢復茶價決定之權。難望發展。又向例不能直接輸出。此實爲茶業失敗之根本原因。即如漢口各洋行交易。向以俄商爲最盛。俄亂以來。俄商停辦。茶商躉貨。遂無出售之處。直至今日。仍無法以善其後。是則茶商直接輸出。不爲今後急切之要圖耶。茲將俄亂以前漢口茶輸出路徑表列於左。以供經營斯業者之參考。

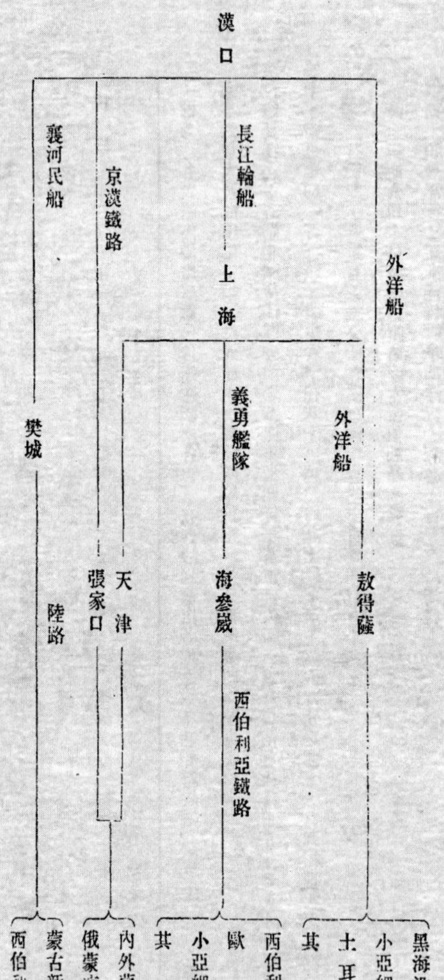

俄亂以前。漢口茶多往俄國。故右表、但就往俄國路徑言之。蓋往俄國原有海陸兩路。（樊城一路每年至多不過運銷十萬兩。故不計）海路運往（一）海參崴（二）尼古拉甫斯克（三）敖得薩。陸路則經由恰克圖。及同治九年。俄國義勇艦隊航行中國及印度各港。由海路往敖得薩。來往迅速。運費尤廉。於是恰克圖舊日之聲勢頓衰。俄政府爲保持輸入上之公平起見。制定稅率。凡由歐洲國境輸入者。不論品質如何。每普得概課稅三十一盧布五十戈比。而經由義爾庫次克稅關者。則白毫茶一普得課稅十九盧布五十戈比。磚茶每普得三盧布七十五戈比。俄商製造之板茶。每普得十五盧布。如是以獎勵陸路運輸。然自日俄戰後。中東鐵路及西伯利亞鐵路。與俄國義勇艦隊及其他俄國輪船公司。訂立特約。對於由上海、漢口、新嘉坡、哥倫布、及加爾各塔運來之茶。特別減輕運費。以是海參崴輸入額。大爲增加。他方面之輸入。爲所侵奪。恰克圖陸路輸入。尤形減少。漢口、上海、新嘉坡、哥倫布及加爾各答之茶。盡由義勇艦隊輪船。運至『葉格里雪里德』埠頭上岸。該埠頭、距商用埠頭約一哩。有中東鐵路所建之大堆棧。茶存入堆棧之後。由中東鐵路。分運沿線各地及歐俄。一部分由輪船載往尼古拉甫斯克。故海參崴一路。

自日俄戰爭以後。特爲激增。然敖得薩、尼古拉甫斯克及恰克圖陸路。並非完全絕跡。不過數量減少而已。

上海吸收之茶。範圍極廣。湖北、湖南之一部。江西之寧州、吉安、南昌、南康、建昌。安徽之徽州、婺源、屯溪、池州、潁州、安慶。浙江之杭州、溫州、甯波。遠至福建產茶。皆集中於此。然大都藉上海爲通過之場。轉運各埠行銷。由上海直接出洋者。實遠不及漢口、福州之盛況。貿易季節。較漢口稍遲。頭茶上市。必在舊歷三月末至四月上旬。故出口時期。亦在七月至十二月。茶商與洋行交易。概由茶棧通事介紹。先送小樣與洋行茶師看定。互議價格。成盤後。發大樣比對。簽字（俗名落灘）成交。定章、限一星期內過磅。後四日交銀。（即茶價）今改章限三星期內過磅。磅後一星期交銀。洋行過磅。往往有忞蝕磅秤及多索破箱費用之弊。或任意延期過磅。或故意壓價不交。前清光緒季年。茶商因此與洋商交涉。斷絕貿易數月。雖經雙方定約。未幾又故態復萌。至今茶商苦之。上海徽茶居多。茶棧多屬安徽幫。茶業會館在英租界寧波路。至專辦出口之洋行。則有三十四家。

英商—履泰、(Reid, Evans & Co. 北京路)公安、(Heffer & Co., F. C. 九江路)天祥、(Dodwell & Co. 廣東路)錦隆、(Westphal King & Ramsay 四川路) 利泰、(Lee Tai 漢口路) 協和、(Anderson Robert & Co. 北京路)、仁記、(Livingston & Co. 仁記路) 華昌、(Gedds & Co. 北京路) 義記、(Holliday, Wise & Co. 江西路) 高易、(Hanson McNeill Jones & Wright 圓明園路) 元芳、(Maitland & Co., Ltd. 廣東路) 華記、(Ross & Co. Alex 漢口路) 殼件、(Hopkins, Dunn & Co. 洋涇浜) 新旗昌、(Shewan Tomes & Co. 圓明園路) 同孚、(Misner & Co. 九江路) 寶元、(Rizaff Frers 北京路) 怡和、(Jardine Matheson & Co., Ltd. 黃浦路) 天裕、(Campbell & Co., A. 仁記路)

美商—美時、(Macy & Co., G. H. 九江路)惠利、(Whitney & Co., J. C. 四川路) 愼昌、(Anderson, Meyer & Co., Ltd 圓明園路)協隆、感盤、富林、

印商—廣泰、美昌、美大、源大、益大、老沙遜、八巴、

土商—祥利、
日商—三井、
◉英商天祥洋行每週發行茶市報告。記載茶價甚詳。

九江。為贛省茶及安徽祁門、婺源、六安茶之聚散場。每年貿易總額約二十五六萬擔。有茶棧十餘家。於上海、漢口。多設有分號。俄商有阜昌、順豐、兩家。出口紅茶為第一大宗。多運往漢口。售與洋商。茶末次之。亦運漢口。為製造磚茶之用。綠茶多運上海。磚茶較少。

福洲。濱臨閩江。有舟楫之便。福建全省產茶。除少數由廈門出口外。殆全集中於此。每年貿易總額。紅茶、十萬乃至二十七萬箱。綠茶、七萬箱內外。頭茶五月下旬上市。此期內、工夫茶最多。小種、白毫、花香次之。烏龍最少。二幫茶、八月中旬上市。三幫茶、則在九月以後。通常九月以後。製造紅綠茶出售。烏龍茶必須摻和二三幫茶。故常於紅綠茶交易終了後之十月下旬。開始交易。有茶幫公所。茶棧九十餘家。分為五幫。(一)京幫。多北京、天津、山東人。專銷北方各省及蒙古一帶。(二)天津幫。亦專銷北方各省。惟其人多係福建籍。(三)茅茶幫。專向茶戶收買毛茶或線茶。轉售於北京、天津各幫及琉球輸出商。不自營輸出事業。(四)廣潮汕幫。專銷南方各省及南洋一帶。其營業與他幫不同。蓋非自為買賣。僅代理他商。為之購買囤積。每年清明節近。南洋茶商來者。恆在四百人以上。(其中汕頭、潮州茶商占十分之六。廣東茶商占十分之三。泉州及其他茶商占十分之一)概由此幫茶棧為之辦貨。照章徵收用錢。(五)洋茶幫。專與洋商交易。廣東人最多。福州泉州人、不過數家而已。有嚴密之組合。曰公義堂。絕對不許本幫以外之茶棧與洋商交易。新茶上市以前。各家齊集議定辦法。大都豫先得洋商承認。舉凡付貨、交價、過磅等。皆有一定之規約。然其收買茶。必須經由茶客之手。直接向茶戶購買者甚少。蓋福州洋行與他處不同。類能直接向生產地之茶戶購買。雖洋幫茶棧。亦不能與之抗衡也。福州洋行。分南洋、琉球、歐美、俄國輸出四種。營琉球輸出業者。向惟日商九一洋行一家。本店設在那霸。獨占銷路已久。數年前。華商占春魁(天津幫)親赴琉球考察。認為有利。遂行直接輸出。迨後生和洋行(出資者為田名、興儀、宮城與名峰等。本店在那霸)亦着手競爭。九一洋行。營業遂衰。至專銷歐美者。則有洋行十二家。英商九。德商二。英德合辦一。

行名	原名	營業種類	組織	國籍	總分號所在地
協和	Robert Anderson & Co.	茶、代理保險	個人	英	上海、漢口、福州
太興	Rothgate & Co.	茶、煙草、輪船及代理保險	同	同	福州

太古	Butterfield & Swire	茶、糖、麵粉、輪船代理店	組合	同	倫敦上海、香港、福州
天祥	Dodwell & Co.	茶、煤、麵粉、鉛、棉布	股份	同	倫敦、上海、漢口、福州
乾記	Gibb. Livingstone & Co.	茶、棉布、酒、烟、煉乳、雜貨、輪船	個人	同	香港、上海、福州
太平	Gilman & Co.	茶、鉛、保險代理店	股份	同	倫敦、香港、福州
興隆	Gittins & Co.	茶、烟草、酒	個人	同	倫敦、福州
德興	M. D. Grieg Co.	茶、酒、雜貨	同	同	福州
義和	Jardine Maton & Co.	茶、雜貨、輪船、代理保險	股份	同	上海、香港、神戶、橫濱、福州
禪臣	Siemssen & Kuohn.	茶、木材、製冰、雜貨	個人	德	福州
裕昌	Vestphal King & Ramoy	茶、鉛、酒、雜貨	股份	英德	倫敦、漢口、福州
德和	Michaelsen & Co.	茶（專業）	個人	德	福州

備考　德和洋行。向與禪臣洋行協同營業。近已獨立。

福州茶在光緖二十二年以前。每年出口。恆在四十萬擔左右。二十八年、減爲二十萬擔。三十年。又減至十餘萬擔。現雖貿易最盛之年。亦不過二十萬擔左右。蓋紅茶、爲漢口、九江所奪。烏龍茶、又爲臺灣壓倒故也。

廣州紅茶占大部分。綠茶最少。紅茶中。工夫最多。珠蘭及橙花白毫次之。綠茶中僅有雨前及熙春。自印度、錫蘭茶業勃興。紅茶大受打擊。民國四年、紅茶出口尙有二萬四千四百九十二擔。民國六年、減爲一萬四千六百四十三擔。各種茶貿易總額。民國四年、爲二萬四千七百九十三擔。民國六年。減至一萬四千八百十八擔。工夫茶、向銷澳洲及南美。坎拿大、美國。亦略行銷。花香白毫。僅銷澳洲。倫敦殆已絕跡。珠蘭品質雖佳。然不勝外茶之競爭。近亦銳減。惟古勞茶（Kooloo Tea）行銷美國、澳洲。能維持現狀。然亦不過供在外華僑之消費而已。

蕪湖所聚之茶。綠茶占十分之八有奇。安徽綠茶。向集中杭州。自滬寧鐵路開通後。乃轉向蕪湖。杭州茶商。頗受影響。然年來蕪湖出口。亦漸形減少。

杭州向爲綠茶會集之地。滬寧鐵路未通以前。安徽綠茶。由錢塘江運至杭州。故杭州出口者十之七八爲安徽茶。浙茶僅佔二成內外。每年五六

海外市場之競爭

七各月。爲貿易最盛時期。貿易總額約三四十萬箱。（運銷內地各埠在內）

寧波在杭州未開商埠以前。爲徽州茶及平水茶聚集之場。近雖爲杭州所奪。而輸出外國者。尙達四百五十萬兩之多。平水茶。爲山陰、會稽、上虞、嵊、蕭山、諸暨、餘姚八縣產茶之總名。品質極優。上等每擔值銀三十兩內外。下等亦須二十兩。多銷美國。自宣統三年。美國禁止着色茶進口。頗蒙影響。而着色之弊。卒因種種關係。未能盡絕。近年着色者。始漸減少。此亦平水茶改良之見端。寧波本地產茶。多往日本。品質較下。寧波茶棧無幾。多係上海茶棧派人至產地收買。或於產地附近。設製茶廠。加以包裝。由鐵路運至寧波。再由輪船運至上海。

溫州紅茶最多。綠茶、受美國禁止着色茶之影響。美國銷數漸減。惟英俄稍見增加。附近產茶之區。爲瑞安縣之聖井、會同、潘埭。平陽縣之南港、北港。永嘉縣之茶山、烏牛。樂清縣之雁陽。產額約二萬五千擔乃至三萬擔。紅茶、爲普通白毫。茶葉柔軟如棉。有白色細毛。包裝法。分箱、簍兩種。箱紅茶、品質優美。專銷海外。簍紅茶、較劣。專銷內地。綠茶則爲小珠大珠。出口者。又有長圓兩種。蝦目、麻珠、珍珠、寶珠、圓珠爲圓茶。斜眉、鳳眉、蛾眉、秀眉、茅雨、眉雨。爲長茶。此外運銷印度者。爲貢熙、眉熙兩種。亦長茶也。製造茅雨、眉雨。多用徽州茶。溫州茶不能用。

天津在京漢路未通以前。茶業極盛。近則俄商購茶。多向漢口。天津遂衰。每年貿易總額。不過八萬乃至十萬擔。綠磚茶最多。粗茶、紅茶次之。銷路以俄國爲最多。近來日本茶入口漸多。亦可憂之現象也。

張家口爲通庫倫恰克圖之要道。從前俄商多來此販茶。貿易極盛。自俄境設關收稅。茶商或由上海逕運海參崴。或漢口逕運敖得薩。張家口茶業。遂一落千文。宣統年間。貿易總額。尙有四萬包。民國二年。遂減爲三萬包。紅茶及磚茶居多。

蒙古人最嗜茶。（以茶與牛乳混合。加以鹽煮食之。名曰奶子茶。）平均每人一年食茶。値三元乃至三元五角。則以百萬人計。當有三百萬乃至三百五十萬元。故茶貿易最盛。大都由漢口、天津、營口三埠起運。分往張家口、庫倫、烏里雅蘇台等處行銷。磚茶占大部分。綠磚茶尤多。有大小兩種。大磚茶、重三斤半。小磚茶、重二斤半。

西藏人嗜茶。與蒙古同。多由四川運往。年約百八十六萬兩。由打箭爐往者百十萬兩。由松潘鎮往者七十六萬兩。現時松潘一路漸衰。南路經由打箭爐者。日愈繁盛。磚茶居多。徵稅甚重。運至拉薩。槪由喇嘛專賣。商人不能參加。

並世著名產茶之國。爲印度、錫蘭、爪哇、日本。而我國茶質最優。蓋據 A. Pellens 氏分析。各國茶之化學成分如左。

工夫茶（寧州產）　爪哇茶（巴達維亞）　阿蘭治帛科由（加爾各答）

水分	四、五七五%	四、五八〇%	四、五七六%
單寧	八、〇七〇	九、七〇四	九、四三六
可溶分	三六、〇五〇	四二、七五〇	四三、七五〇
灰分	五、三二〇	五、〇五〇	五、四二〇
可溶灰分	四、〇四五	三、一五〇	三、五二〇

中國茶所含茶素爲二、五〇%。爪哇茶爲二、五三%。印度茶爲三、二一%。中國茶所含單寧。比較各國爲最少。故雖英國極力爲印度擁護。終亦莫能否認此事實也。溯世界茶業歷史在十三世紀以前。我國爲唯一產茶之國。十九世紀以前。亦唯中國、日本產茶。爪哇植茶。始於道光六年。印度植茶始於道光十五年。錫蘭植茶。始於光緒二年。曾幾何時。印度茶勢力已凌駕我國。錫蘭、爪哇、日本。均起而大肆角逐。我國販路多被蠶食。年復一年。情勢日非。試以各國輸出額比較觀之。誠不勝今昔之感矣。

▲世界主要產茶國輸出年額（單位千磅）

年代	中國	印度	錫蘭	日本	爪哇
一八八八—一八九二年五年平均	二四一、二二三	一〇五、五二九	四八、七五〇	四〇、〇〇〇	七、二五〇
一八九三—一八九七年五年平均	二三四、五〇七	一三五、四〇八	—	四〇、〇〇〇	七、七五〇
一八九八—一九〇二年五年平均	一九二、四二七	一七二、六八九	—	五三、〇〇〇	一四、三三三
一九〇三—一九〇七年五年平均	二〇〇、三二八	二一〇、六一一	一六五、五〇〇	五五、三〇〇	二六、〇〇〇
一九〇八—一九一二年五年平均	二〇二、一三〇	二五五、五九四	一八八、五〇〇	六一、〇〇〇	四四、五〇〇
一九一三—一九一五年三年平均	二〇九、二六四	三一一、五八六	二〇三、三六九	六二、一九四	六八、一九四

又據日人某調查。世界產茶國民國四年度輸出額如左表。（單位千磅）

國別	數量	成數	國別	數量	成數

印度	三一七、五八一	三三·九%	那達耳	一、六〇〇	〇·三%
中國	二三七、六四七	二五·四	尼亞西蘭	四〇〇	
錫蘭	二二一、六三〇	二三·六	毛里西亞斯	一〇〇	
爪哇	一〇一、六〇三	一〇·九	斐濟	五〇	
日本	六四、三七七	六·九	共計	九三四、九三三	一〇〇·〇

備考　那達耳（Natal）尼亞西蘭（Nyasland）毛里西亞斯（Mauritius）斐濟（Fiji）均英國屬地

更觀各國消費額。則英國年約三億二千萬磅居第一位。俄國一億五千萬磅居第二位。美國一億三千萬磅居第三位。坎拿大三千五百萬磅居第四位。澳洲三千萬磅居第五位。此五國皆不產茶。純仰給於外國。故其市場亦爲產茶各國競爭角逐之場。以下、即各國市場競爭之大勢。約畧言之。

◎◎英國在道光十六年以前。完全仰給於我國。印度茶、自是年起。試銷於倫敦。其數甚微。殆不足道。咸豐六年。輸入茶中。我國占百分之九十七。印度茶不過占百分之三而已。自是以後。印度、錫蘭茶漸多。華茶勢力。逐漸減退。同治十年。減爲百分之八十九。光緒七年。減爲百分之七十。光緒十五年。減爲百分之十五。蓋自光緒七年至十一年。英國進口茶地區如左。單位噸（每噸約合二千磅）

年份	中國	香港	印度	錫蘭	共計
光緒七年	七五、八七四	四、二二二	二三、七一七	八六	一〇三、八九九
光緒八年	七一、三五三	五、四一〇	二六、七八八	二五三	一〇三、八〇四
光緒九年	七二、六二四	五、四三二	二九、六二六	一、〇〇三	一〇八、六八五
光緒十年	六七、一四八	四、七〇六	三一、六〇四	一、一〇五	一〇四、五六三
光緒十一年	六五、六一七	四、一七七	三一、八九七	二、一二二	一〇三、八一三

光緒季年。華茶在英國之勢力。更爲凌替。據我國海關調查。英國進口茶中。我國茶之地位如左。

	光緒三十二年	光緒三十三年	光緒三十四年	宣統元年
進口茶總數	二、〇三六、〇三五擔	二、〇五四、九二五擔	二、〇六五、六一四擔	二、一三一、九五一擔
華茶	四一、五四〇擔	七三、九六六擔	六六、九〇六擔	六一、五八三擔
華茶所占成數	二分一	三分四三	三分一四	二分八八

蓋自印茶發達以後。英人專尙印度茶。呼之爲英國茶（Ourtea）。無形中、排斥華茶。我國茶舊有之勢力。已一落千丈。據民國九年、英國貿易統計。進口茶四億三千一百萬磅中。印度茶、三億七千三百萬磅。占總數之八六·五%。（內錫蘭二八·九%）爪哇茶、四千萬磅。占總數之九·三%。我國茶、千五百九十二萬磅。僅占總數之三·六%。

▲最近數年英國進口茶國別表

國別	民國二年 數量	民國二年 價值	民國八年 數量	民國八年 價值	民國九年 數量	民國九年 價值
印度 本土	二〇三、四五九、六五七磅	七、八三九、二三三鎊	二八六、八九二、二〇一磅	一九、一九二、二二九鎊	二四八、九八二、九九二磅	一五、四四一、〇四五鎊
印度 錫蘭	一一〇、九三五、四二七	四、一七九、四六二	一三七、三三二、八七二	九、〇六四、五九二	一二四、七〇四、五二四	七、九九四、〇二九
印度 計	三一四、三九六、〇八四	一二、〇一八、六八五	四二四、二二五、〇七三	二八、二五六、八一一	三七三、六八七、五一六	二三、四三五、〇七三
爪哇	三三、〇五二、七一七	一、〇七二、五〇五	三七、一四六、〇九六	二、四三八、八〇六	四〇、一九〇、七三六	二、二七三、七四八
中國	一六、二七二、五四八	六一三、一四七	二六、七五五、〇一七	一、九三九、四七四	一五、九二七、五三五	一、一〇一、六八八
其他	二、三三二、一一五	七八、五五八	六、二二七、二八〇	四一五、七六二	一、九二二、一八九	一一八、四四四
共計	三五六、〇四三、四六四	一三、七八二、九〇五	四九四、三五三、四六六	三三、〇五〇、八五三	四三一、七一七、九七六	二六、九二八、九五三

備考　中國包含香港、澳門在內

英國對進口華茶。每磅課稅一先令。而印錫茶。則祇課十辨士。印錫茶、與英國市場。相距較近。又無出口稅。而中國茶。則相距較遠。出口稅釐。又復煩重。故不克與之競爭。自民國八年十月十日起。我國亦已暫免出口茶稅。冀以蘇商民之累困。英人飲茶。專嗜上等品。不計較茶之價值。故惟上等茶。易於消售。我國茶往英國者。以紅茶爲最多。約占百分之五十二。茶末占百分之二十三。綠茶占百分之二。更就紅茶觀之。則工夫茶占百分之五十七。小種茶占百分之十七。花香茶占百分之十八。今後對英貿易。誠不可不注意於茶之品質也。

◎◎俄國飲茶之風。在十八世紀之初。僅行於富豪及上等社會。今則無貧富之分。已成日常必需品。每日必飲茶四五次。下等社會。尤嗜茶如命。（日人常嘲俄人家雖極貧。一切器具賣盡。其茶具決不輕賣。）平均每人消費量。約一普得有奇。一般人嗜茶之程度。既已如此。斯批評茶味之識鑒。亦自異尋常。故俄商販賣外國之茶。決不仍存其原狀。必需種種手工。混合各種茶。調和口味。以投需要者之嗜好。每取中國、印度、錫蘭、爪哇諸茶。互相配合。或於中國茶之中。摻和錫蘭茶。以濃厚其浸液。或調合花茶。以增加其香味。皆經專門技師配製。競出新裁。嚴守祕密。不輕洩於外。俄人一般。對於茶之批評。大抵以無臭透明、浸液濃厚、香氣芳烈、且含甘味者爲上品。蓋無臭透明。取其外觀之美。浸液濃厚。取其以少量之茶。可供多量之用。至芳香味甘。則取其實質之美。然因地方及階級之關係。其所需之茶。亦各不同。現時俄國行銷之茶。紅磚茶占五分之三。於階級。則爲中流社會以下之人所尚。於地方。則烏拉嶺以東、西伯利亞及極東地方需要最多。紅茶、爲歐俄上流社會所需。其消費量約占世界紅茶產額十分之三。綠茶、近亦漸多需要。銷行中亞俄屬土耳其斯坦及裏海沿岸阿斯達拉干（Astrakhan 或譯亞的辣）等縣。此等地方回教徒居多。其教嚴禁飲酒。故以強烈之綠茶爲興奮劑。俄國僅高加索之巴統（Batum 或譯巴透乂譯吧嚰、）克台斯等處產茶。約百萬普得。（多銷中央亞細亞及波蘭）故大部分皆自外國輸入。三十年前。俄國市場。爲我國茶所獨占。嗣以英人竭力爲印錫茶擴張銷路。華茶勢力。遂不如前。

▲俄國進口國別表（單位千普得）

國別	一八九八—一九〇二年五年平均	一九〇三—一九〇七年五年平均	一九〇七年	一九〇八年	一九〇九年	一九一〇年	一九一一年
進口總數	三、三三六	四、三四三	五、六六九	五、三三〇	四、四九六	四、二八四	四、二二六
中國	二、七九三	三、四四〇	四、四九九	四、〇四一	三、一二七	二、八一〇	一、九二四
錫蘭	一〇五	四九八	六三九	六五七	七八〇	八二六	未詳
印度	八七	二二一	三五六	四六九	五〇六	五六一	未詳
爪哇	一	七九	一一五	九一	未詳	未詳	未詳

右表、印錫茶逐年增加。華茶次第衰減。據日人某調查。宣統二年（一千九百十年）俄國進口茶總數一億四千七百萬兩中。華茶約一億萬磅。錫蘭茶、二千七百萬磅。印度茶、約二千萬磅。是華茶尙占優勢。至宣統三年、（一九一一年）印錫茶已與我國勢力均等。後此、更超過我國而上之。印錫茶、約占百分之六十八。華茶、占百分之二十五。爪哇茶、占百分之六。民國二年、華茶占三分之一。印錫茶占三分之二。民國五年、華茶始稍復舊觀。蓋以戰時黑海閉鎖。向由敖得薩運進之印錫茶。不得已而迂道海參崴。華茶運輸。較處於有利之地位也。印錫茶、推廣銷路之法。極其巧妙。在英、美、坎拿大等處。曾已奏功。今又以其法行之俄國。故爲華茶一大勁敵。然華茶由海參崴入口。僅納稅三十六先令。印錫茶迂道歐俄國境。須納進口稅四十五先令。較爲不利。故當歐戰開始之後。印度茶商。卽聯合向英國外交部請願。要求俄國減輕進口稅。並謀由加爾各答至歐俄。闢一直達之路。此計若成。印錫茶更占有利之地位矣。

我國茶、往俄國者。磚茶最多。紅茶次之。綠茶次之。更就紅綠茶細分之。則如左。

	紅茶				綠茶			
	工夫	白毫	珠蘭	其他	雨前	熙春	淮山	小珠	其他
百分比例	五二%	一二%	四〇%	三四%	三〇%	三八%	九三%	八%	五〇%

輸送路徑。一、由漢口裝船運至敖得薩上陸。由鐵路搬往莫斯科及其他都市。一、由上海運至海參崴。由鐵路運至歐俄。前者、費用較大。後者、便利實多。蓋紅茶由漢口至敖得薩。每噸運費需英金一磅。保險費一·二戈比。手續費、電報費、埠頭費、共一·二戈比。敖得薩至莫斯科。鐵路運費及其他諸費共二·〇戈比。漢口出口稅二·六戈比。包裝費一·〇戈比。計由漢口運由莫斯科。每斤需八戈比。假定收買紅茶原價爲二十戈比。則共需二十八戈比。加以經由海路之進口稅每普得三至十一盧布五十戈比。則雖如何下等之茶。每斤亦費一盧布十戈比。然經由西伯利亞鐵路者。則依海路聯運特別運費章程。如左表。

茶別	紅茶			磚茶		
路程	漢口至莫斯科	上海至莫斯科	漢口至義爾庫次克	漢口至赤略平次克	上海至義爾庫次克	上海至赤略平次克
每普得運費	四九六·七〇戈比	四八八·七〇戈比	一七二·三五戈比	二八〇·七九戈比	一六七·三五戈比	二六三·七九戈比

故紅茶由漢口經海參崴運至莫斯科。每普得運費。不及五盧布。且經由陸路之進口稅。每普得、僅收二十五盧布五十戈比。是合運費關稅兩項。

猶比經由海路之關稅爲廉。陸路運送之有利。於此可知已。磚茶亦然。每箱（五普得二分之一）由漢口運至義爾庫次克及赤略平次克。合計各種費用。不過十二盧布乃至十五盧布。若僅運銷東部西伯利亞地方。則經海路尼古拉甫斯克。由黑龍江水路輸送。尤爲有利。至往中央亞細亞。則與此異趣。蓋中亞所銷之茶。多屬綠茶。（據宣統元年中亞各稅關報告。進口紅茶約五萬八千普得。綠茶約四十九萬普得。則中亞爲綠茶市場而非紅茶市場可知）中亞銷行之綠茶。上等者爲中國熙春茶。下等者爲印度茶。專供布哈爾及基窪兩民族之用。向由印度波斯商人。由孟買、經波斯阿富汗境。一手販賣。嗣後俄政府課以重稅。特准由黑海。經後高加索鐵路運茶。並於撒馬爾罕等處。設保稅倉庫。與俄商以種種便利。輸入加多。茶價亦廉。陸路輸入。幾致絕迹。波斯、阿富汗等處。亦逐仰給海路由俄國輸入之茶。俄政府此舉。不惟能使茶價下落。乃並向來茶商之勢力。而亦轉移之。從前爲印度波斯商人所獨占之茶利。俄商亦向此方面擴張事業。並極力推廣紅茶之銷路。使中亞居民。漸增對於紅茶之嗜好。今日紅茶行銷。已大有進步。雖綠茶貿易。仍多在波斯印度商人之手。而大部分紅茶及一部分綠茶。固已歸俄商經營矣。

◎8 美國茶消費量。每人約一磅內外。其對於茶之嗜好。多由習慣而來。習慣因地而異。故嗜好亦不免帶有地方性。以故各地所尙之茶。畧有不同。

中部諸州　中國綠茶、日本綠茶、若紅茶及烏龍茶。殆絕無銷路。

東部諸州　中國綠茶、日本綠茶、福州烏龍茶、臺灣烏龍茶、錫蘭紅茶。

西部諸州　平水綠茶、日本綠茶、臺灣烏龍茶、印錫紅茶。

北部諸州　中部尙平水綠茶及日本綠茶。東部尙紅茶。

南部諸州　銷茶極少。南加羅利那州及爪汗島產上等茶。

最近美人對於茶之嗜好。頗有變化。（一）紅茶需要增加。綠茶需要減少。（二）漸重香味。（三）注重茶之形狀。（四）厭雜物及塵芥之混入。（五）嗜上等茶。不喜中等以下之茶。因中等之茶利益極少。商人亦不願販賣。（六）咖啡、查古律、Chocolate 及索夫梯德林等飲料。銷場增多。勢漸抵制茶葉。

華茶自乾隆年間。輸入美國。迄道光初年。美國市場。完全爲華茶所獨占。印度茶、自道光二十年。日本茶、自道光三十年。錫蘭茶、自光緒十九年輸入美國。華茶漸失勢力。遂爲日本印度所壓倒。據最近美國農務部發表。一九二〇年度（一九一九年七月至一九二〇年六月）美國進口茶、九千六百八十六萬二千八百五十八磅。其中。紅茶、四千六百七十一萬五千五百三十磅。綠茶、三千四百七十五萬六千七百七十九磅。烏龍茶、千五百三十九萬五百四十六磅。輸入地區。則日本、臺灣　占三千九百十三萬四千九百五十二磅居第　位。印度錫蘭占三千八百六十萬九千百四十二磅居第二位。中國占千二百九十八萬五千四百九十磅居第三位。荷屬東印度（爪哇、蘇門答臘）占六百十三萬三千二百七十四磅居第四位。又合衆國茶葉協會調查。最近美國進口茶別及輸入港別如左。

一、美國進口各國茶比較統計表（單位磅）

品種		一九一九—一九二〇年度	一九一八—一九一九年度	一九一七—一九一八年度
中國	紅茶	二、五六三、一八二	二、二六一、五九七	一一、一四八、五二〇
	綠茶	一〇、三三〇、八七一	八、七六八、〇七四	一三、一〇五、六七三
	福州烏龍茶	一四、〇二四	八、九六九	三三九、〇七一
	計	一二、九〇八、〇七七	一一、〇三八、六四〇	二四、五九三、二六四
日本	綠茶	二三、六〇九、九一八	三三、九一三、七七二	四〇、二一六、六〇八
	茶末	一、五三四、〇三六	一四、一二七、五四三	二、一五八、二七七
	紅茶	一五六、七八八	—	—
	臺灣烏龍茶	一四、八三二、三二八	二〇、一三八、〇九八	一七、八六二、八八九
印度紅茶		一三、六二一、〇八〇	四、六三四、一九六	一七、三四五、八九五
錫蘭	紅茶	二四、九五六、八三二	一三、〇七六、一九六	二六、三三一、七五二
	綠茶	二七八、三三四	一一八、九二五	一七八、〇〇五
	混合茶	五、九五〇	—	三九六、〇七九
爪哇紅茶		六、一三〇、一五二	一五、八六七、七〇六	二八、二〇五、八九八
共計		九七、〇三三、五〇五	一一一、九一七、九二七	一四六、二七八、六六七

二、美國進口茶輸入港別表（單位磅）

品種	紐約	波士頓	桑港	太平洋北部各港	芝加哥	聖保羅及檀香山
中國綠茶	四、一六三、九三三	二五、八八七	一、七二三、一一六	二、五三八、二七四	一、七〇二、三四五	一七八、三二七
中國紅茶	一、五三二、一七七	六四、一三九	五八六、七八五	一三〇、六九一	一四一、一二八	一一九、二六二
中國烏龍茶	一〇、三三八	—	二、一〇〇	—	—	一、六九六
計	七、六九五、三二七	九〇、〇二六	二、三二一、〇〇一	二、六六八、九六五	一、八四三、四七三	二九九、二八五
日本綠茶	四二四、五五七	四二六、一〇六	四、九〇〇、一九八	一一、三五〇、五三二	三、四九四、〇九八	二、〇二四、四二九
日本茶末	二四、〇〇〇	二、八八〇	一二七、二八〇	六四五、八八六	三五九、五一〇	三三四、四八〇
日本紅茶	—	—	—	一五六、七八八	—	—
臺灣烏龍茶	三、二〇四、〇九七	二、一〇一、四四三	二、二四八、八〇四	五、九二一、〇八一	一、二〇八、五九七	一五八、三〇六
印度紅茶	九、九七四、五九〇	一、三二一、九一五	二、一八五、五三五	一四六、八五六	二九、一八四	—
錫蘭紅茶	一三、六五六、七五九	六、五八八、九九四	四、四四八、五九九	八六、〇五四	一三二、八三二	四三、五九五
錫蘭綠茶	二六、〇二七	二五二、三一七	—	—	—	—
錫蘭混合茶	四、九五〇	—	—	一、〇〇〇	—	—
爪哇紅茶	四、四六二、八〇七	五七三、〇四五	一、〇七四、六九五	五一、九七〇	二七、六三五	—
共計	三七、四七三、一一四	一一、二七六、七二四	一七、二九六、一一二	二二、〇一九、一三三	七、一三五、三三八	二、八六〇、〇九五

觀右表。華茶在美之地位。略可知矣。美國茶輸入港。向以太平北部各港（沙的爾、達哥麥、波達蘭等處）輸入爲最多。而一九二〇年度。則紐約輸入最多。約占總額百分之三十五。蓋以是年印度錫蘭茶、大部分皆通過紐約故也。單就華茶觀之。亦以紐約輸入者占過半數。太平洋北部各港次之。桑港又次之。足徵華茶之銷路。仍以中北諸州及太平洋沿岸爲多。

華茶往美國者。綠茶最多。紅茶次之。綠茶以小珠茶爲最多。紅茶、則工夫茶爲多。烏龍茶次之。從前中國及日本綠茶。皆多着色。爲美人所不喜。故自宣統三年陽曆五月一日起。禁止着色茶進口。運茶抵岸。須經海關檢查。其檢查法。初採用化學試驗法。民國元年以來。改用 Read Test。自民國八年七月以來。又將進口茶試驗事務。移歸農務部管理。據最近該部發表。民國九年度、試驗結果。不合格之茶十四萬五千二百四十六磅。（約占總輸入額千分之十五） 蓋較歷年爲最少。其中千五百九十二磅。爲着色之不純茶。十四萬三千餘磅。爲不合政府標準之不良茶。中國出口綠茶。輸入美國者。占十分之五。其中、安徽茶與浙江茶各半。浙江茶着色較多。故自有禁止之令。綠茶大受打擊。宣統三年陽曆七月至十二月。平水茶、輸入美國三萬一千擔。較宣統二年同期內。減少二萬八千擔。卽以禁止着色。致印錫茶乘機而入。取得華茶之地位而代之。當時我國茶業。亦洞知此弊。一方由上海茶業公所稟請浙江省勸業道。於着色素盛之紹興地方。出示嚴禁。寧波茶業。亦汲汲改良。故着色之風。漸見減少。（着色之弊。本不易禁絕。蓋英國及坎拿大等處。仍嗜幾分着色之茶。） 民國以來。綠茶在美。亦漸次恢復信用。惟價值過昂。不易銷行。且日本、印度茶商。競爭極烈。日本茶業組合中央會議所。每年以數萬鉅資。登廣告。設陳列所。並於波逹蘭等處。設喫茶店。印度茶商。不惟利用廣告。並以盒茶分贈美國茶商。遍於全美。鉤心鬥角。以博市場之勝利。而我國茶商乃若不睹不聞。出口大宗。一付諸洋行任意販賣。眞正優美之茶質。不克宣揚於海外。其勢乃不得不就於淘汰之列矣。

附民國四年赴美賽會監督陳琪調查華茶情形報告書

民國四年十一月十一日。監督參觀聖提哥博覽會。經羅省磯埠。順道參觀該埠批發茶號二家。一爲克拉革公司。所售之茶。一部分爲日本茶。大部分由金山及紐約輸入。惟華茶銷額甚微。一爲勃雷德公司。公司總理亨德君介紹監督與茶葉進口公會總理克絲拉談話。克絲拉君曰。此間主要銷售各茶。爲珠茶及工夫茶。以價過昂。故銷路祇限於一部。近日日本茶極銷行。至雨前茶。則銷路極微……就余個人意見之品評。華茶之色味。實優於各國茶。惟錫蘭及立潑登茶商。能利用廣告。且茶味濃厚。投合美人所好。錫蘭茶商。既不惜以巨資大登廣告。又常分贈小盒茶葉。俾美人咸曉其價廉物美。雖茶質不及中國。而銷額日增。職是故也。克君又曰。立潑登茶公司。曾贈余公司及茶號每盒一磅之茶。約二百盒。此項贈品。幾遍於美國。凡人得某公司贈品者。卽喜購某公司之茶。此錫蘭茶暢銷又一原因也。中國珠茶。頗可在美行銷。餘皆病價過高。以中國工夫茶爲尤甚。此間茶商所購茶葉。有直接自茶葉代理商胡士輸入者。有自紐約喀泰進口公司及桑港華脫南公司二家輸入者……就余個人經驗言之。美國人固極喜購用華茶。惟近年以來。印度茶商。積極進行。廣告贈品。無遠弗屆。故印度茶如立潑登茶、立葛威茶、泰德來茶等。在美信用已著。樂購者多。中國茶商事事退讓。所以不能與印度茶競爭。克絲拉君復介紹監督。與茶葉販賣組合所長葛來克君譚話。葛來克君曰。余前在坎拿大數年。惟飲印度茶及錫蘭茶。該處人民。亦嗜濃苦之錫蘭茶。以香味而論。中國茶實勝於印度茶及錫蘭茶。唯味之濃苦。錫蘭茶過於中國茶耳。至於美國人喜用印度茶者。其故固亦有在。凡飲印度茶者。無論至美國何處。皆可於雜貨店購得同號同種之茶。一購取既便。飲之成癖。嗜者日多。若中國茶則不然。偶於某埠某商號購得華茶一種。使投合飲者之嗜好。欲再購備。則非至同埠同商號不可。一至他埠他商號。即不可得。因此便利不便利之別。故印度茶暢銷。中國茶銷路。至今仍形滯鈍也。葛君又曰。茶葉進口公司。售茶於茶葉批發行時。須獲贏利百分之四十或五十。（例如進口貨原價每磅二角。售出時須三角或二角八分。）茶葉批發行售茶於大雜貨行。又須獲贏利百分之四十或五十。復由大雜貨行轉發各小雜貨店。輾轉增加。每經一處。即須增價三分之一。至顧客購茶時。茶之價格。已較進口時價格二倍有餘。茶葉進口公司。以便於行銷起見。每喜販價值較廉、品質較次之茶。如立潑登茶、立葛威茶、泰德來茶等。皆因價格較廉。味又濃稠。故進口公司喜購之。美人亦樂飲之。以中國茶品質香味言。定價誠不爲昂。如中國茶裝潢適宜。標記鮮明。余決其銷路必不亞於印度錫蘭茶。中國茶進口時。皆用木箱或蔗袋。無特別之裝潢及標記。華商不宜吝惜廣告費。當極力研究華茶廣告。俾美人咸曉然於華茶品質之優美。華茶入口。不宜僅用木箱及蔗袋。必須用種種方法裝潢標記。以表明之。俾購者一見即知其爲華茶。裝盒時。分量不宜過重。須分爲一磅一盒。半磅一盒。四分之一磅一盒。方合於零銷。誠能如此辦法。則華茶在美銷行。未有不日臻興盛也。質而言之。華商如輸入品質優美之茶。並用特別明晰裝潢、標記。以表明之。復多登廣告。必大收其效。如猶是向來運入低劣之粵茶。則雖多登廣告。亦決不能發生效力也……

南美諸國特產咖啡、查古聿及馬特等飲料。（一名巴西茶又曰烏拉圭茶）故銷茶較少。巴西、約銷千萬磅。阿根廷、六百五十萬磅。智利、五百萬磅。秘魯、百五十萬磅。玻里維亞、三十萬磅。烏拉圭、二十萬磅。哥倫比亞、十萬磅。大部分爲印度、錫蘭及中國之紅茶。日本茶極少。蓋日本茶、多綠茶。僅供日僑之用。南美人不之好也。最近日本茶業組合。派員前往考查。冀以綠茶變更其人之嗜好。一面向上流社會之家庭。行個別的宣傳。（南美各國社會。富者極富。貧者極貧。富豪極盡奢侈。而貧民乃至不能餬口。故從上流社會着手）一面於各主要都市。開商品陳列所。附設喫茶店。大登廣告。擴充銷路。故華茶在南美之前途。尚未可知也。（對南美貿易有應注意者。蓋其人辦事極形滯疲。歐美人常嗤之爲明日主義之國。一日之事。恆遷延不決。故不惟交易緩慢。貨價交付。亦每多遲延。速則一月。遲或四月、六月。茶葉交易尤多延至四月付價。又我國與南美距離較遠。貨物經過赤道。或虞腐敗。而其陸上設備。亦不完全。上下運送。尤極粗忽。致包裝多損破。每生遺失。與對美國貿易。不能相提並論。華商如欲直接輸

出。必須注意包裝方法。務令其堅固。不致破損。且防外氣之侵入。免致途中變質也）

安南民國八年進口茶。一百十萬二千公斤。由香港運往者十六萬九千磅。中國日本茶均在內。不知孰多。

暹羅民國八年進口茶值百二十六萬八千銖。臺灣茶約占百萬銖。（臺灣茶、大半在香港汕頭換船。每充作中國茶輸入。故是年暹羅貿易年報。僅載　臺灣茶二十萬銖。）中國茶銷行暹羅者。爲武夷茶、漢口茶、安溪茶、小段茶、鳳凰茶等。較之臺灣茶。遠不及也。

緬甸多銷印錫茶。據仰光中國總商會報告。民國二年、華茶進口一萬五千盾。民國六年、一萬七千盾。而印度、錫蘭茶。則爲十三萬七千盾。華茶多由廈門、香港運往。祇供華僑需用。緬人及外國人。從無過問。蓋緬屬撣地。萬山叢集。（地近雲南順寧府）素稱產茶。外國人所用者。多屬印度、錫蘭茶。且緬人嗜飲冷水。所用茶葉。率以鹽水醃之。配以炒芝蔴、炸葱頭、生薑絲。以醋拌而食之。謂之鹹茶。每年所需不少。故在彼實無需乎華茶。欲謀華茶之發達。必須設法、以變更其人之嗜好。如日人在南美所爲者。否則難期有效。

英屬海峽殖民地新嘉坡進口茶。民國四年、爲五五、一九二擔。價值一、六一九、七三八元。民國五年、爲四九、二七九擔。價值一、七二二、八〇二元。多由中國、香港、印度、緬甸輸入。綠茶多福州茶。大部分供華僑需用。歐美人及土人。多用紅茶。上等茶、多由錫蘭輸入。檳榔嶼所銷之茶。多由香港輸入。民國五年、進口地區如左。

地區	數量	價值	國別	數量	價值
中國	六四〇擔	四四、八〇四元	錫蘭	一、五四〇擔	八三、九五七元
香港	二一、三三一	六三八、六三三	日本	七五六	三〇、七一〇
印度緬甸	三、〇三七	一二六、五〇六	其他	一八	五四二

馬來半島彭亨關丹等處。多銷錫蘭茶。華茶、人輒詆爲不潔。銷路不能與錫蘭爭。

荷屬東印度爪哇本爲著名產茶之區。民國二年、輸出茶值二千百萬盾。是年爪哇輸入茶值二百五十一萬九千盾。外領（蘇門答臘、婆羅洲、西里伯、摩鹿加、地木爾、新幾內亞及其他各島。）四十四萬九千盾。民國三年、爪哇輸入三百五十九萬千盾。由中國進口者二百七十一萬四千公斤。由香港進口者十七萬二千公斤。由印度進口者五十萬九千公斤。由新嘉坡進口者十一萬七千公斤。由日本進口者七萬六千公斤。（實則日本茶不止此數。蓋臺灣包種茶、多由中國香港換船。概充中國茶輸入）中國茶銷行各埠者。多由廣東、福建兩省輸入。粵商朱同和。專賣清遠茶、珠蘭茶兩種。前者年銷六十餘擔。後者年銷一萬五千餘箱。嘉應州清涼山茶。石坑山茶。亦爲華僑歡迎之品。吧成滙達公司。銷售頗暢。至福建茶。以章圃李苑兩號。銷行最大。有鐵觀音、鐵羅漢、龍團、水仙、文記、小種、文圃、玉梅記各種。華僑類多嗜好。其中亦爲土人所酷愛者。歐戰後。爪哇茶銷路停滯。荷屬政府。於民國七年八月禁止外茶進口。如有特別事由。須稟請荷屬政府核准。發給憑照。始准進口。八年三月。又變本加厲。凡茶商稟請准照。除將地址、商標、價格、容量等項聲明外。並要呈送貨樣於荷屬政府。發給准照。祇限期三月。逾期無效。以是華茶輸入。頗不能自由。自取締以來。商商頗注意華茶之貨樣。企圖仿造。以合華人嗜好。是則華茶前途。正未可樂觀也。據民國八年。各埠商會調查。僑商業茶者。大致如次。

▲巴達維亞商會調查該埠全年華茶進口數目表

商號	輸入擔數	斤數	價值	商號	輸入擔數	斤數	價值	備考
朱同和	二、000	二00、000	一七0、000盾	綸昌公司	三0	三、000	二、四00盾	各商號輸入之茶。多係廣東福建兩省產。他省較少。茶品有上中下之分。即數目亦貴賤不等。表內價值。依折衷計算
潤彰公司	四0	四、000	三、二00	瑞源號	六00	六0、000	四八、000	
李球興	二0	二、000	一、六00	合興隆	二五0	二五、000	二0、000	
林三號	三六0	三六、000	三0、000	德裕隆	二0	二、000	一、六00	
漳圃茶號	五00	五0、000	四0、000	增興公司	一五	一、五00	一、二00	
同新公司	一五	一、五00	一、二00	長順號	一五	一、五00	一、二00	
余信源	一五	一、五00	一、二00	吳文生	二00	二0、000	一六、000	
長成號	五00	五0、000	四0、000	勝德棧	六0	六、000	三、六00	
呂隆興	四0	四、000	三、000	粵閩水客	四00	四0、000	四0、000	
珍春號	100	10、000	五、000	共計	五、一二0	五一二、000	四三三、四00	
聯興公司	五0	五、000	四、000					

▲三寶壠商會調查該埠全年華茶進口數目表

商號	輸入件數	斤數	價值	商號	輸入件數	斤數	價值	備考
振隆興	一、〇〇〇	五〇、〇〇〇	六四、〇〇〇圓	文川棧	二、三七一	五九、二七五	七一、二五〇圓	各商號輸入之茶。多由廈門出口。或由香港及基隆轉口。
陳珍記	三七〇	九、五三〇	九、二五〇	協和美	八三〇	三〇、五〇〇	三〇、五〇〇	
陳錦記	一、二九〇	三三、二五〇	三三、二五〇	陳瑞記	二、〇五〇	五一、二七五	五一、二七五	
發記棧	四〇〇	一〇、〇〇〇	一〇、〇〇〇	共計	九、三〇二	二三三、八三〇	二五八、五二五	

▲泗水商會調查該埠全年華茶進口數目表

商號	輸入茶名	價值	商號	輸入茶名	價值
泗和成	斗莊、烏龍、包莊、鐵觀音、	九五、一六四圓	運度	斗莊、烏龍、包莊、小種、	三二、四七〇圓
萬豐興	包莊、	七三、五〇〇	廣來居	青梅、銀針、公安、水仙、烏龍、龍井、普洱、清遠、	一三、二三〇
美南棧	斗莊、鐵觀音、包莊、	三八、六六〇	協昌	馬耳、清遠、茶背、烏龍、龍井、水仙、六安、包種、	二〇、四〇〇
新泰美	包莊、鐵觀音、斗莊、小種、	一三、二〇五	德隆	馬耳、普洱、六安、清遠、蓮心、龍井、	一六、九九五
珍春棧	鐵觀音、烏龍、斗莊、小種、水仙、包莊、	一七、一〇〇	怡盛隆	清遠、	五、〇〇〇
慶記	斗莊、包莊、小種、	九、八〇〇	廣同昌	龍井、梅縣茶、	三、六〇〇
南昌號	烏龍、	七、五〇〇	中華公司	龍井、六安、枸椽、武彝、烏龍、普洱、清遠、	三、五〇四
鑑春號	斗莊、鐵觀音、文圃、	六、八〇五	三昌公司	龍井、普洱、清遠、	二、五五六
廣合發	清遠、六安、龍井、馬耳、包莊烏龍、甘和、	一〇、四六〇	思明公司	包莊、小種、	二七、〇〇〇
廣昌和	清遠、六安、烏龍、馬耳、龍井、甘和、	五、六五〇	德春棧	斗莊、小種、包莊、	一三、二〇〇
有榮	清遠、馬耳、	六、四八〇	共計		四二七、〇八四
合生	龍井、清遠、六安、古勞、馬耳、水仙、普洱等	六、八一五			

澳洲紐絲綸等處人最嗜茶。每人消費量爲世界第一。其地本不產茶。純仰給於外國。爪哇錫蘭茶最多。民國九年度。澳洲進口茶三百七十萬四千磅。其中爪哇占百五十五萬磅。錫蘭占百四十萬磅。是年、紐絲綸進口茶九十六萬磅。其中錫蘭占六十六萬五千磅。爪哇占十九萬磅。印度占九萬磅。民國八年。中國茶輸入紐絲綸值四千四百五十八鎊。而爪哇茶。則值六萬一千六百三十八鎊。華茶在澳洲。最初頗占勢力。四十年前。東澳公司。每届春末。輒有輪船數艘。停泊馬江。專候茶季。直運到澳。及錫蘭茶。遂減其半。爪哇茶出。又減其半。嗣後東澳船乃不至福州停泊。華茶減至三萬餘鎊。民國五年。稍增至五萬四千三百六十九鎊。茲錄駐澳總領事報告書於後方。以證華茶在澳洲之地位。

附錄民國六年駐澳總領事曾宗鑒報告書

（上略）華茶來澳。近年已成強弩之末。較之光緒初元。其數殆不及一。推原其故。半由歐人視茶爲食不爲飲。印度茶商。考飲者之味。而投其好。中國茶商。憑自有之茶。銷路遂一落千丈。半因歐人不知華茶之美。每以不知之故。遂起不美之稱。例如六安茶來澳者。向由賫汁煎製。茶葉恆作小黑丸狀。歐人固不知爲何茶也。因狀作黑丸。略如舊式火藥。遂名之火藥茶。既名之火藥茶。入口檢驗。則由火藥局管理。不由稅關之化驗局辦理。火藥局中人。原不能責以洞識茶葉之美惡。於是遂引起英國五十年前慣用驗茶之法爲標準。凡茶含有灰土百分之五以上。均不准入口。於是火候稍厚之華茶。均在被禁之列。甚者且稱爲有礙衞生。付之一炬。其火候未到之華茶。犂稱之爲綠茶。久爲歐人所不喜。自是之後。中國茶在澳銷售。有退無進。去年華僑、有以茶葉被焚來告者。交涉遲久。乃得眞相。五月、得商部允許此後驗茶。純歸化驗局辦理。而六月即有禁止非英屬產茶入口之命令。爭雖有得。遲而無益矣。澳之化驗局長威金生。久客遠東。精求茶葉。茲記其言於下。威氏曰。澳人飲茶之量。甲於天下。現時澳之戶口。不滿五百萬。而一九一四年。進口茶竟達四千一百六十二萬一千九百零四磅。是每人每年飲茶八百零百之四二。澳洲入口之茶。年有增加。近五年入口磅數如左。

輸入國別	一九一一年	一九一二年	一九一三年	一九一四年	一九一五年
中國	三、一一三、五九四	二、八九七、〇二五	二、八二三、五六四	二、八六七、五八一	四、三五一、二九四
錫蘭	一八、〇五五、七七二	一九、四〇八、〇一七	三、一七六、四一六	二一、五六〇、〇五一	二二、七五三、九三四
印度	八、〇八四、三一四	九、八三五、四六八	八、三七七、三六〇	一〇、四九四、一八五	九、六六〇、二七二

其他英屬	三、二九九	一、七五三	七、六九八	三、五一三	四四一
日本	七三、四五五	一二四、三一七	一七〇、〇五〇	一三三、五一三	二六六、二〇五
爪哇	五、四二九、二七六	四、四九七、四〇七	四、〇五四、三四一	六、五五四、〇六三	七、三一二、四一三
其他	二、五七五	二、三五五	七八六	—	四〇
共計	三四、七五九、三八五	三六、七五六、三四二	三七、三五九、二一五	四一、六二一、九〇四	四四、二九四、六〇三

觀此表。足見澳洲茶三分之二。來自錫蘭印度。爪哇茶亦有加無已。中國來澳之茶。不及全數十分之一。較諸三十年前。居五分之四者。實不可同日而語矣。中國來澳之茶品質極低。大抵只備摻雜錫蘭爪哇茶之用。爪哇茶葉之外。現時茶商。有試辦棉蘭茶者。此茶產在聖嗎都拉。其葉與爪哇茶相仿。而味則較濃。每畝所出之茶。亦較爪哇爲多。聖嗎都拉茶商。收印度錫蘭茶主試驗已得之利益。其種茶、採茶、煎茶、各法。皆用極新機器。去年棉蘭茶運往英國者。已較前年增加一倍。茶葉之最足注意者。一爲三十年來歐人銷茶之數。竟加多二倍。一爲中國產茶最古最美之地。其出口數目。竟不加多。一八七〇年世界所飲之茶。幾無一不來自中國。而中國茶葉。近年竟無進步者。則由商人守舊性成。不能觀察世界市場。引用改良新法也。印度茶葉進步之速。於五十年內所講求。足抵中國五百年之經驗。印度茶業所注意者。曰商場之觀察。曰人力之擴充。曰學問之研究。曰機器之製造。於是最駁雜最昂貴之人工。一變爲省工省費之機器。計造茶機器最著名者。約有十四宗。曰 Jack O. Yibbs, Barry, Hammond, Creig, Thompson, Keid, Ansell, Preatain, Shand, Kummaid, Allon and Roberton。茶業資本。爲印度種茶惟一之研究法。現時印度茶場。非一大公司。卽係場主合夥之生意。於是茶場皆以百畝千畝計。地面既寬。引用機器。遂覺得宜。錫蘭種茶。較印度爲晚。一八七五年。錫蘭茶場。不滿千畝。一八八九年。達二十萬五千畝。一八九三年。達三十萬畝。一九一六年。竟達四十萬畝。錫蘭之地。高於海二千尺者。幾全係茶場。印度錫蘭茶場。皆以化學試驗茶種。茶主皆聯合一氣。以節省糜費。此印度錫蘭茶葉之所以勃然而興也。茲將英國入口茶。列表於左。以見印度中國茶市爭競之優劣。（單位千磅）

輸入國別	一八四九年	一八五九年	一八六九年	一八七九年	一八八九年	一八九九年	一九一三年	一九一四年
中國	五〇、〇三一	七六、三〇三	一〇一、〇六〇	一三六、三四〇	六一、一〇〇	二四、〇〇〇	一六、二七三	一三、五一五

印度	—	—	一〇、七一六	三四、〇九二	九六、〇二八	一三四、〇〇〇	二〇三、四五九	二〇三、三三六
錫蘭	—	—	—	—	二八、五〇〇	八五、一三七	一一〇、九三六	一一〇、〇八六

觀此表。足見英國於一八七〇年中國茶入口者。多於印度茶十倍。而一九一四年。印度茶入口者。竟多於中國茶十倍。而英國進口茶於此期內。亦加多四倍。一九一六年十月份世界茶葉咖啡報所載各國茶葉出口比較。亦堪注意。特爲表示如下。(單位十萬磅)

國別	一九一三年	一九一四年	一九一五年
中國	一、九二三	一、九九四	二、三七六
印度	二、八七五	二、九〇六	三、一七五
錫蘭	一、九一五	一、九四五	二、一一六
爪哇	六六四	七三〇	一、〇四八
日本	二七三	三九二	四五三
臺灣	二三一	二四一	二四〇

英國於一九一五年進口之茶。厥狀如左。

輸入國別	輸入磅數	國內消費磅數	重行出口磅數
中國	三七、一〇八、七七〇	一三、七七九、九七三	一八、五六六、八七八
印度	二三九、一八三、六〇〇	一八二、〇一〇、〇〇〇	三三、五四一、五五〇
錫蘭	一三三、七五七、一八二	九二、七二九、〇八〇	二〇、〇一二、八九三
爪哇	三九、一六九、一四〇	二九、八〇五、四三一	二、三六九、〇四三

觀此表。足見英人茶味之改變。計國內所用之茶。幾無一不來自印度錫蘭。中國茶只占三十分之一。爪哇反占十一分之一。英國之外。茶葉入口之多者爲俄國。每年進口二億三千萬磅。其來自中國者一億五千萬磅。是中國出口之茶。大半係運往俄國。據印度茶商傳說。印度色濃。俄人漸漸當用。不十年。印茶可加華茶於俄市。印度往俄之茶。一九一四年。計有三千三百萬磅。一九一六年。計有三千六百五十萬磅。而錫蘭往俄之茶。一九一五年。計有二千一百九十萬磅。歐人視茶爲充飢之品。不僅爲解渴之品。歐人飲茶。咸加以牛奶白糖。故華茶之淸香。恆爲牛乳

白糖所掩。不若印茶之濃厚。轉得於牛乳白糖中呈其健狀。將來俄人嗜茶之趨勢。必將改華茶而取印度。無疑義矣。又茶味嗜好之更改。美國可爲左證。美國從前固皆用華茶者。一九一五年之統計。進口茶一億一千五百六十萬磅。華茶、僅二千一百萬磅。印茶、則佔三千八百萬鎊。日本茶、則有五千二百萬磅。爪哇茶亦列一百五十萬磅。茶味嗜好之改變。半由商業廣告爲之鼓吹。印度錫蘭茶商。深知此中作用。特建茶葉聯合會。於出口之茶。畧抽捐稅。專備廣告之資。其茶業廣告。最足動人聽聞者。一八九二年美國芝加哥開博覽會時。印度政府准商會之請。於出口茶葉。每百磅抽稅三角。專備在會場廣登告白之用。錫蘭茶稅。亦於是年舉行。每百磅抽稅二角。一九零八年停辦。一九零九年復抽。印錫茶業之猛進。與論咸以十六年大登廣告之效。當時廣告。皆以英文繕寫。故凡通用英語之地。如英國、澳洲、坎拿大、紐約綸、南非州、美國等處。印度皆大收利益。印度茶稅。雖經政府抽收。其實政府不過代收代發、分毫不得挪用。茶稅之入。專爲告白之資。另設茶稅局。官商合辦廣告事宜。印爪各茶。得以戰勝華茶者。尚有一著。則印爪各茶。每畝所產。較華茶爲多也。印爪地居熱帶。茶葉生長、年有十個月。每年採茶、以十八次至二十七次爲度。故印度每畝茶田。年可得茶平均六百五十磅。印蘭則平均五百三十磅。爪哇則有產及一千一百磅乃至一千四百磅者。茶爲中國出口貨之大宗。一八八六年、茶業最旺之時。茶占出口貨全數百分之四十三。自是以後。日見退化。至一九〇五年。僅佔百分之十。莫西所著中國茶業考。謂中國茶業之衰。全由關稅太重。每茶百斤。收出口稅二兩五錢。獨一九〇三年。減至一兩二錢五分。加以沿途釐卡公私各稅。每茶百斤。更須抽收二兩五錢。莫西之言。雖爲中肯。尚非全牛。因歐人嗜茶之好。不僅視價値爲轉移。當印度茶初出之時。其價比華茶爲貴。歐人棄華茶嗜印茶之時。正印茶貴於華茶之際。中國果欲收回茶葉利益。不僅於茶價當加講求。務於茶質深爲研究。使所出之品。恰合世人之所好。所種之茶。當以印度爲模範。日本政府。近在臺灣。專種烏龍茶。以備美市。大學古農學會。近於五年內。備銀十九萬元。爲臺灣種茶之試驗。據其預算。九年後、每年可增產茶三百萬磅。山本侯爵。亦在國內奬勵運往俄國之茶。中國如不早爲計畫。則十年後。將無茶葉出口。聞安徽祈門縣。近亦設立種茶試驗場。惟規模仄小。無補於事。非廣聘印度錫蘭專門家。考察利弊。引用新式機器。改變交易方法。不爲功。澳洲雖不出茶。現政府方在講求。計北境及紐金尼。天時地利。皆宜植茶。惟工黨橫阻其間。致資本家不敢入手。

第四章　荳

種類及用途

出口荳類。有黃荳、白荳、黑荳、綠荳、豌荳及他類荳。其中黃荳最多。白荳、黑荳、綠荳等次之。

黃荳、白荳、黑荳。原屬同種。日人謂之大荳。西名 Beans。多產於東三省、河南、山西、湖北、湖南、安徽、江蘇等省。當十九世紀之初。西人尚不知其中含有絕富之滋養質能充各用也。字典中解釋此字。又僅曰亞洲之荳。可以作醬而已。是時中國荳產。尚禁運出口。光緒十六年。雖行弛禁。亦無運銷歐美。僅銷行日本一處。每年約值四百三十七萬兩。迨光緒三十四年。日商三井洋行。以東三省大荳運往倫敦試銷。出口遂多。宣統元年。一躍而爲三千二百七十八萬兩。當時英國菜油工廠。視爲奇貨。紛紛訂購。浸至各工業國。亦聞風爭先購求。營是業者。莫不利市三倍。歐洲市場。竟至稱爲商業革命。亦足證其關係之重大矣。俄日兩國。以有東三省鐵路。交通最便。此項貿易。自以日俄爲最盛。英國赫勒（Hull 或譯赫爾）地方。廣設搾油工廠。以荳油運銷歐洲大陸。今已成一出口大宗。倫敦農業學校。試以大荳製品。飼養牛豚。成績絕佳。瑞典則派專門學者研究。發明以荳餅飼牛。而得佳質之乳。丹麥、則於其京城。築一巨廠。專吸收海參崴運出之荳。巴黎方面。則有我國僑商豆腐公司。名滿歐洲。德國利用大荳之技能。尤冠絕各國。初則派專員赴東三省調查。繼乃於民國元年撤銷進口稅。以獎勵輸入。（往德國者多由海參崴輸出）據南斐政府商業委員報告。大荳之用。可作菜蔬湯。代肉、代甘豆餅。製粉、人造牛乳、代咖啡、乳油、病人餅食、醬油。家畜飼料。製油、油餅、肥料、荳腐。大豆油。又可製炸藥、肥皂、橡皮代用品、脂油、漆粉、油布、紙傘、燭籠、菜油、滑油、燈油等。現在南滿鐵道株式會社。延聘專門學者。研究以化學取油。已著成績。日本政府。並施行還稅辦法。大荳進口時。每百斤、徵稅七十錢。如用以搾油。則退還四十七錢。以獎勵其輸入。

綠荳。多產於江蘇、安徽、湖北、河南、直隸及奉天等省。可作食品。並製造餅乾。日本以之製造菓餅餡、汁粉、澱粉、洗粉、饠餡等。（饠餡爲日本出口大宗。） 其國長崎地方。以製荳芽。大阪則以製粉絲。我國內地人民。除用作食品外。並以之製造粉絲。山東奉天等省。粉絲出洋。年值百萬乃至二百萬兩。專供在外華僑之用。

豌荳。可作蔬菜之用。亦製粉絲。歐美人以製豆 Soup。或加乳油。合肉而食之。日本以之製味噌及醬油。彼國著名之金山寺味噌。殆以此爲不可少之原料。又英國進口價值。平均每年必在二百萬磅以上。由我國直接運往者。占五六萬磅。由日本運往者占五六十萬磅。其中三分之二。實爲中國產。故我國綠荳銷行英國者。至少在三十萬磅以上。

他類荳。以赤小荳及蠶荳居多。可作食用。並爲家畜飼料及製洗粉、粉絲、澱粉等。

輸出路徑

吉黑兩省豆產。經綏芬河、運往海參崴出洋。奉天所產。由牛莊大連兩口出洋。河南、湖北、湖南所產。多由漢口輸出。安徽東部所產。由鎭江運出。懷遠、臨淮關、及宿州一帶所產。由南京浦口運出。湖南所產之一部。由九江輸出。山西直隸所產。由天津出口。

海外銷路。以英國、日本、俄國、爲最多。據日本關册所載。平均每年輸入值六百餘萬圓。槪由中國運往。據英國統計。宣統二年。由中國、日本、俄國輸入之荳。共四十二萬一千噸。實則全係中國產物。故英國輸入之數。竟佔中國出口荳類總數三分之二。（是年中國出口爲六十五萬磅）歐戰期內。運輸艱難。往歐洲者稍減。民國八年又恢復原狀。日人購荳榨油。運銷美國。豆餅、則留以肥田。其國解決食料問題。亦常仰給我國之荳。故歐戰以來。運往日本特多。此外香港、爪哇、丹麥等。亦爲最大銷場。

荳類輸出主要地區表（單位擔）

地區	宣統三年	民國元年	民國二年	民國三年	民國七年	民國八年	民國九年
出口總數	一一、○六八、三四○	一○、九三四、一八○	一○、三三五、九六四	一一、四三九、六五六	九、○九七、四七三	一五、七○四、一六三	一○、五八七、六○三
香港	七三三、六○三	六八○、九二五	五八九、一八八	四九一、九二○	四一三、八九三	六四八、一二五	三六五、五一六
新嘉坡等處	九八、九八一	一二○、九九五	一○七、五九八	一二五、三八四	九二、九八一	一四七、七九四	一五七、八八一
爪哇等處	二八四、二七一	三三○、九一五	七四一、四九九	七七三、五四一	三三六、七六九	四○四、五六二	六五三、○六○
土、波、埃等處	三五九、二七二	三五五、九九二	二六一、○九八	二四七	—	一、二○○、一三六	九四四、四○四
英國	四四二、二○七	九○九、一八五	八八五、六七六	一、四二一、三四七	三六、二六八	二、○○七、六六○	六○四、二八○
丹麥	二、九三五	六九、四三二	七四、三四○	三一、六○一	一四三、九○三	七六○、八九○	六九六、三七七
德國	三三、三三○	八七、○三三	三三、二○六	四八、九四一	—	—	六、四四三
荷國	九八、○八八	二八六、七九六	六三、○二四	二六九、○六三	—	六八、五五一	一三三、七九五
比國	七○、二八七	一二九、九九九	六六、四九五	二八、四六九	—	五一、一四八	四二、一四五
法國	一八○、二七○	三七八、一八九	五七六、五四八	一三五、一四三	二一、一○四	二、二四三	一、○○九
義國	一六、一九○	五○九、八一四	四、一三八	一八七、九八五	—	五	八八、○五八
俄國 由陸路	二、九一七	四、一六九	二、四○七	六、五一三	二、九四○	一五、五一六	一、三五九
俄國 黑龍江各口	八○、二三五	三九、一八七	三一一、○九○	七八八、九四五	八、七四○	五八七、五八四	四、三九○

（太平洋各口	五、八五四、一七七	五、三三〇、四〇一	四、一七三、七一七	三、八五一、四七二	一、四〇〇、二九三	九八七、五八〇	五九二、一五六
日本、臺灣	二、七八七、三三五	一、九九〇、一七九	二、三六一、四二七	三、一八四、四六八	五、九二五、四六三	七、七七八、二六四	五、七一四、一三九

此外安南、暹羅、印度、朝鮮、瑞典、美國等處。各銷若干。南非政府現時極力獎勵農民種荳。使與中國競爭。美國加福尼亞州豆產。亦漸發達。民國十年三月。加州種豆組合會向美國下院請願。重徵進口稅。保護本國豆產。

黃荳（Beans, Yellow）

地區	民國二年 數量	民國二年 價值	民國七年 數量	民國七年 價值	民國八年 數量	民國八年 價值	民國九年 數量	民國九年 價值
出口總數	七、四一九、五二一擔	二六、四八〇、二二〇兩	六、三七一、一二一擔	一四、三三九、〇三三兩	一一、二二七、三八三擔	二六、七七五、〇三三兩	八、一四二、〇三三擔	三三、三五九、一八二兩
香港	三六八、六八七	一、〇三八、八九三	三六九、一五五	九五四、二九八	一九三、五六七	五四四、七七一	一七七、七七六	五一九、八一六
新嘉坡等處	八一、五九六	三三三、三三六	六六、八四七	二四〇、三八九	七八、二三〇	三一一、三五五	一一二、〇一四	四二六、〇五五
爪哇等處	七二五、八三一	一、七六七、七二二	三三五、一六七	八二五、二五九	三八六、一七二	一、〇八二、〇八五	六三六、五八九	一、八二六、七九六
土、波、埃等處	五〇、三九二	一〇七、八三九	—	—	一、一九九、五四六	三、三〇五、四五四	三九三、七〇六	一、一三七、八一三
英國	三三、三四七	八二、二三六	五三八	一、二五九	一、二三六、七五三	三、四六三、六六四	二八五、六〇五	八二五、三八五
丹麥	七四、三四〇	一五九、〇八八	一四三、九〇三	三六一、一九七	七六〇、八〇六	二、一〇八、四八八	六九六、三七七	二、〇一〇、四一七
俄國（由陸路	一八、四一五	三四、〇六八	六四三	一、一三〇	六、七八七	一三、三八八	一、二〇六	二、一九一
俄國（黑龍江各口	二四九、一三五	三九八、九四九	五、六一四	六、八二八	五七九、四六六	七三二、六九一	三、七六八	六、九一四
俄國（太平洋各口	四、一六七、〇六〇	八、三三四、一二〇	一、三六六、八一八	一、七三二、九五五	九五五、〇七五	八二〇、九一五	五八八、五六〇	五五四、三二四
朝鮮	四、九二三	六、七六八	一七七、五三九	四〇〇、四七〇	二〇八、三八九	五五五、三三四	一四三、一〇一	二九五、五六〇
日本	一、六四四、七五八	四、一七二、八七三	三、八九一、五三〇	九、七七五、〇三三	五、三六〇、五九〇	一五、〇八九、七三一	四、九八六、七三一	一四、三九七、九六〇

輸出港別								
出口總數	八、八九九、九〇三	二〇、八五八、四一五	八、三五五、四七八	一八、二六一、五三三	一三、〇九一、九六八	三三、五三九、二三〇	一一、六五三、〇一九	三〇、七〇六、一二五
三姓	二五〇、七六六	四〇一、二二六	五一一、九〇九	四六〇、七〇八	六一二、六七五	七五〇、二五七	八四四、六九四	一、二二六、三六〇
綏芬河	四、一六七、〇六〇	八、三三四、一二〇	一、三六六、八一八	一、七三二、九五五	九五五、〇七五	八三〇、九一五	五八八、五六〇	五五四、三二四
安東	七八、三八四	一八一、八五一	三五〇、三四六	八九三、三八二	三三〇、三九三	九九一、一七九	二二九、五一八	六一二、〇三三
大連	二、一一九、八六二	五、二三六、〇五九	四、六八三、二八九	一一、七五五、〇五六	八、五三八、五四四	二三、九九三、三〇九	八、一一二、二六〇	二三、四四四、四三三
牛莊	八五四、一〇七	二、九三八、一二九	三三八、六六六	八三八、〇九八	八五八、九八三	二、四九一、〇五一	六六〇、四一一	一、八七五、五六七
天津	一二八、八三七	二九六、九一七	一四三、三八七	四〇一、四八四	四三〇、二八〇	一、二〇四、七八四	六〇、七四六	一八〇、四一五
漢口	三七六、七九四	八〇六、三三九	五三二、〇七三	一、一三八、六三四	七六〇、五四五	一、七七九、六七五	五九三、〇六二	一、四一七、四一八
九江	九六、三六七	二一三、九三五	二一八、九四三	五三四、二二一	一〇六、一〇八	二五八、九〇三	二二九、七四四	五五八、一五〇
南京	五二八、四三七	一、七五四、九三八	九、二八七	二三、九六〇	一〇七、五四七	二六八、八六七	五八、一五五	一七四、四六五

白荳（Beans, White）

輸出地區	民國二年		民國七年		民國八年		民國九年	
	數量	價值	數量	價值	數量	價值	數量	價值
出口總數	一〇三、五〇三擔	二七四、〇一九兩	四七五、二〇四擔	一、二九二、五七五兩	六六〇、四〇三擔	一、七五九、九一一兩	一七四、二一九擔	四三七、〇八二兩
香港	二二、八一五	六一、七五六	二、四一八	七、〇三九	一四、一一七	三九、七一二	一五、七三三	四六、八八三
朝鮮	二	四	二三〇、一〇三	六八四、七七七	一三九、三五七	五三〇、四一三	六六、三二九	一三九、八五五
日本	六九、九一四	一八四、九〇四	二三一、八四四	五七〇、九九七	四七二、六六四	一、一〇四、八五二	七五、四一〇	二〇八、九六七
美國	三、四四七	八、七三四	四、〇五三	九、四七二	二〇、二三三	四七、四九八	二、二九〇	六、一八三

輸出港別	民國二年 數量	民國二年 價值	民國七年 數量	民國七年 價值	民國八年 數量	民國八年 價值	民國九年 數量	民國九年 價值
出口總數	三八五、九九八	一、一四二、八九八	五五〇、七二二	一、五四三、六三三	七五六、三九一	二、〇三六、一五〇	三〇四、四二九	八三八、〇九九
龍井村	—	—	二二二、六一一	六三七、八三三	一二五、七一二	五〇二、八四八	五一、九九七	一〇三、九九四
大連	六、三四二	一六、二九九	二〇一、七五三	四八四、二〇六	四四六、八三〇	一、〇一四、三〇四	七二、七二〇	一九六、三四四
牛莊	三二、六〇二	一〇〇、六四四	一九、五一二	五四、九一四	三九、三六八	一一六、九二四	五一、〇三四	一六一、〇三二
天津	八、〇九七	三二、三九八	一五、一五〇	四六、九六五	二四、三六七	七五、五三七	八、五五六	二七、五四三
南京	一三二、一〇九	四三八、七三五	二四、二五七	一〇九、〇三五	二六、八三二	七五、一二六	一六、六三九	六六、五五六
鎮江	一三七、七九三	三九五、一八九	一八、七二五	四六、六二五	二二、〇九二	五七、四三九	二三、六〇二	五九、二四一
上海	三一、二八四	七一、九五四	二四、三五八	六八、四四六	三四、八二三	九七、五〇五	四九、八八〇	一四九、六四〇

黑荳(Beans, Black)

地區	民國二年 數量	民國二年 價值	民國七年 數量	民國七年 價值	民國八年 數量	民國八年 價值	民國九年 數量	民國九年 價值
出口總數	九三、九二二擔	二四八、四九二兩	一〇一、一〇八擔	二四七、九四三兩	七八、四二九擔	二〇七、五七五兩	七一、八四八擔	二〇九、五三三兩
香港	四三、一一三	一〇八、七九八	四〇、四一三	一〇一、六五四	二五、七三四	六六、九三〇	二一、〇三三	五九、三〇三
暹羅	一、三五五	五、五九四	二、三五〇	八、二九五	三、四一二	一二、五八五	三、九二〇	一四、四六三
新嘉坡等處	一四、三〇四	五九、〇〇七	七、三三六	二五、九五一	七、六〇六	二八、〇五八	一〇、二二一	三七、六七六
爪哇等處	二二、五五〇	四七、七一六	二一、三四四	四六、七四六	七、五一五	一七、六六一	八、九九七	二三、八七六
日本	一二、五八二	二七、三五九	二九、五七四	六五、〇七六	三三、九九七	八六、九四二	二七、五六三	七三、九〇九

輸出港別

地區	民國二年數量	民國二年價值	民國七年數量	民國七年價值	民國八年數量	民國八年價值	民國九年數量	民國九年價值
出口總數	四〇七、五六五	九四五、八八二	三六一、四三九	八六一、〇〇二	三〇七、六一三	七三五、九九三	三三六、八三四	八四三、四八二
大連	四、〇一三	九、九四九	二四、一三九	六七、三四八	一五、三六〇	三三、三三一	二五、六三六	八四、五九八
牛莊	二三六、七二五	五四八、一四一	一〇二、六一三	二三〇、八七九	一六四、二三九	三七七、七二六	一七八、八四一	四四八、八九一
天津	八六、九七六	一九一、三四七	五七、三五〇	一四三、三七五	四八、四三八	一三一、〇九五	三六、二七八	九七、五八八
漢口	二三、五〇七	五七、三五七	五四、二七二	一〇九、〇八七	一一、二九六	二五、五三九	九、九三六	二三、四四九
九江	八、八三一	一九、六〇五	七二、五八二	一六一、一三二	八、三八七	一八、六一九	一九、三〇五	四二、八五七
南寧	四一、三九五	一〇三、四八八	四一、六一三	一二四、八三六	五〇、一三七	一三一、三五九	四三、一三三	一〇七、八〇五

綠荳（Beans, Green）

地區	民國二年數量	民國二年價值	民國七年數量	民國七年價值	民國八年數量	民國八年價值	民國九年數量	民國九年價值
出口總數	三四〇、〇三九擔	九四三、〇七八兩	一六一、六〇二擔	四五四、一六九兩	九一一、二八四擔	二、六三三、三三〇兩	四一三、〇八三擔	一、二六四、九五六兩
香港	一三一、四四九	三一四、三三七	四八、〇四八	一三一、六一〇	三七八、二五〇	一、〇六五、四四七	一〇三、八八三	三一九、五三二
新嘉坡等處	一〇、九七五	四〇、四七六	八、七一五	三三、四三〇	六一、五四三	二四三、七五六	三三、〇七五	一一九、九六四
爪哇等處	二、三〇六	五、九七三	六、二七八	一七、六〇五	一〇、五七四	二九、八一九	六、四七四	二〇、一三四
印度	四九、四一二	一二三、五〇〇	四、二九九	一一、八九一	一八〇、九二五	五一〇、〇八九	六七、三〇六	二〇八、五四二
英國	二八、八二五	七二、一三〇	—	—	一六八	四七〇	五	一五
日本	一一一、〇〇五	三四八、〇三三	九三、九七三	二五九、六二六	二四三、二五九	六四一、六二六	一九二、六九五	五六二、八八三
輸出港別 出口總數	一、〇二七、八五七	二、八六三、八五五	五〇八、四一六	一、三六八、八九四	一、三六五、七三三	三、七八七、二四七	七八一、六二七	二、二四七、〇〇〇

大連	一六、四四三	三九、二九七	一〇四、九一三	二八七、四五九	二四八、六四三	六四六、四七三	三一七、一〇三	六二九、五九九
牛莊	二三八、三三一	八〇六、五一八	九三、二三八	二五〇、〇三〇	九三、一五一	二六七、五八一	一〇六、四四〇	三〇八、九三八
天津	一三七、九一五	三〇七、二七一	一一四、四八三	三三〇、五五二	五九一、一〇七	一、六五五、〇九九	五八、三一六	一七三、一九八
漢口	二一七、八八三	三〇二、九六〇	四七、六〇八	一〇四、七三八	一〇、〇七八	二三、三八一	一九、四三一	四七、二一七
九江	二四、〇五〇	五三、三九一	一八、七七五	四七、六八九	七、一五二	一八、一六六	二三、三四九	六一、八七五
南京	一四三、六一一	五〇六、三七二	六三、六八四	一七一、九四七	二〇九、四三六	五八六、四二〇	一九四、四五九	五八三、三七七
鎮江	一三四、七三三	三三九、七九八	一三、七七六	三一、八一三	七六、二九五	一九五、三一五	九八、三六〇	二四九、八三五
上海	一六七、五五五	三八五、三七八	二一、七六四	五八、七六三	九一、九四九	二五七、四五七	四五、六〇一	一三六、八〇三

豌豆(Peas)

地區	民國三年		民國七年		民國八年		民國九年	
	數量	價值	數量	價值	數量	價值	數量	價值
出口總數	二七七、三五〇擔	七四六、八九三兩	二六一、五六一擔	六五四、二五三兩	五六五、〇二九擔	一、三三四、四一四兩	三〇六、三八二擔	七八一、二〇一兩
香港	八六、〇七五	二一七、四〇九	二、五三八	七、九〇二	二、四三三	七、一八一	一、三五九	三、四四六
英國	一四、四三〇	三八、九九五	五、九三一	一五、二四三	一七八、一一二	四三二、八一三	九八、二七四	二五二、三七七
荷國	五、二〇三	一四、〇九九	—	—	三四、〇六四	八二、七七五	一一一、一三八	二七四、九八六
比國	—	—	—	—	一七、〇五〇	四一、四三一	四〇、〇七〇	一〇一、七五〇
俄國 由陸路	一、六七七	四、五二八	九六九	一、二六〇	三、九三九	二、四〇二	—	—
俄國 黑龍江各口	五三、二二〇	一七三、六七五	三、一三三	五、四九七	七、四四二	一八、二二七	五六六	一、九九〇
俄國 太平洋各口	六、二六七	一三、一二七	二一、八一九	四九、五五七	二〇、一七二	一六、九四四	二、四八七	三、一〇六

日本	一七、七八八	四六、三三五	三三〇、一一二	五五六、五一五	二七二、七七四	六五九、七四四	三一、五六二	八二、五五四
輸出港別								
出口總數	四三五、九五七	一、一三六、九二九	三一七、九四五	七八一、三一三	六四三、五〇九	一、五七〇、七五〇	三五一、九〇一	八九八、一六八
天津	二八四、五一四	七三四、〇四六	七、二三九	一三、四一〇	九、七六五	三〇、二七三	一、三八二	四、三八一
漢口	—	—	一四四、六九六	三〇〇、九六七	二二一、四九一	四七一、七七六	一一五、一五六	二四七、五八五
南京	—	—	一七、七八四	三九、三五〇	九八、一一三	二六五、八二八	二一、二五八	五九、五三三
鎮江	四〇、四八七	七八、九五〇	二、三〇三	五、八五〇	二七、一八〇	六九、五八一	二六、八〇六	六二、一九〇
蕪湖	二、四三三	五、四〇七	五一、六三三	一九六、三九六	五二、六一七	二〇〇、九七九	一三、二二九	五〇、七二三
上海	二七、四四六	七一、八一二	五四、五八二	一三八、八二九	一九九、一三三	四八六、八九八	一五九、四八八	四三〇、〇八九

民國二年出口豌豆不多。故舉民國三年示例。

他類豆（其中赤小豆蠶豆居多）

地區	民國二年 數量	民國二年 價值	民國七年 數量	民國七年 價值	民國八年 數量	民國八年 價值	民國九年 數量	民國九年 價值
出口總數	二、三三六、九七六擔	五、三四三、〇七四兩	一、七二六、八八六擔	三、六八九、九一八兩	二、二四一、六三五擔	五、四七〇、六二二兩	一、四八〇、〇三八擔	三、一二四、七八二兩
香港	三三、一〇七	九一、二四六	五一、三三三	一三四、二八九	三四、〇二四	九四、五四三	四五、七三三	一四四、三八一
英國	八二三、三九一	一、七九一、五二四	二九、八二九	四七、四二八	五八七、七四三	一、一二四、七九一	二一九、九七〇	三七九、二九七
法國	五七五、五八〇	一、二五六、七七九	—	—	九七四	二、九三〇	一	三
俄國 由陸路	四一六	一、六六四	一、〇七一	二、三五三	四、七一〇	三、三五〇	一六	三四
俄國 黑龍江各口	四三、五四〇	七四、三六六	—	—	三二七	四七五	—	—
俄國 太平洋各口	二七三	六〇一	一一、六二四	二九、五六四	一三、三二九	二四、六六〇	一、〇九〇	二、五五九

朝鮮	一三、五五三	二七、六八〇	七九、〇七三	一九一、二三六	一三九、五六五	三九四、七五八	八五、三五八	二八三、六九三
日本	五三三、一五三	一、三三五、五四九	一、五一八、四三〇	三、一七九、二五四	一、三九四、九八〇	三、六八九、二六三	四〇〇、一八八	一、〇六〇、一〇八
輸出港別出口總數	二、三三六、六二四	五、四一四、四五二	一、九一九、一二四	四、〇六七、一五七	二、三三一、三五〇	五、六七〇、七九二	一、六八四、六四六	三、七二七、九五五
安東	三五、八六三	七八、八九九	一七七、一四七	四四一、三四七	一七〇、〇九一	五一一、〇四三	八九、八九二	三一三、二七四
大連	三三一、五八四	八八七、四一九	一、〇六二、二六七	二、三五〇、五三二	一、〇九四、〇二一	二、九六八、七一五	二九二、〇六七	九二三、六〇三
漢口	八八一、三〇三	一、八七七、一七四	四三二、二五四	六二六、七六八	七一九、六二五	一、三〇九、七一八	九〇五、一七八	一、五〇二、五九六
上海	四六〇、七五四	一、〇五五、一〇四	一〇四、四四六	二九〇、三八三	一三六、〇七八	三六五、一六六	一一二、七〇三	三三五、二六一

生產狀況

◉◉黃豆產地以東三省爲第一。年約千餘萬石。其中奉天占五百萬石。吉林、占三百萬石。黑龍江、占三百萬石。其種類至夥。詳細分之約有三十餘種。要可分爲黃青黑三種。

(甲)黃豆又分四種。(一)元豆產額最多。東三省到處皆產之。(二)金元又名金黃。品質最佳。較元豆粒小而圓。含油量極富。鐵嶺、開原產額最多。

(三)白眉。較元豆稍大。含油量較金元稍少。奉天附近產額最多。遼陽、蘇家屯、新臺子次之。(四)黑臍。以臍部色黑得名。有大小兩種。大黑臍狀如貓眼。故又名貓眼。粒大而圓。外皮厚。油量少。品質最劣。產於海龍、東平及吉林一帶山地。小黑臍粒較小。產於奉天、遼陽、蘇家屯等處。

自蓋平至遼陽一帶金元最多。品質亦佳。蘇家屯一帶所產。則稍劣矣。奉天市場之貨。品質亦良。撫順貨與奉天無大差別。至渾河上流與京及八家子地方所產。則品質極劣。開原貨金元占過半數。其品質在鐵路沿線稱爲第一。鐵嶺、金元亦多。惟較開原稍次。昌圖本與買賣街均爲金元著名產地。但近年多種元豆。金元產額漸減。雙廟子貨。較昌圖爲良。但由八面城、三江口運來之貨。品質極劣。四平街附近所產。混有金元。品質頗佳。特其東方大疙瘩山地一帶所產。混有大黑臍。故品質至劣。公主嶺之貨。較四平街爲優。其東南一帶所產尤佳。集於長春之貨。因產地廣闊。品質亦不一致。大概比公主嶺稍劣。

(乙)青豆形狀大小。與黃豆相同。外皮帶青色。時日稍久。漸次褪色。與黃豆無異。其品質較黃豆稍劣。但富蛋白質。適於製造豆腐。其產地以遼東半島爲主。安東、爲其集散市場。另有一種。粒子稍大。皮肉均爲青色。稱大粒青豆。含油量甚少。專供製豆芽之用。奉天、新民屯、海城產之。但不甚多。

（丙）黑豆。又名烏豆。有大黑豆、小黑豆、扁黑豆三種。大黑豆、外皮色黑。內部青色。用爲食品。小黑豆、粒子較小。外部色黃。內帶黃色。扁黑豆、色與小黑豆同。形稍扁平。用製醬豆。並飼家畜。黑豆富於脂肪。與黃豆混合。可以搾油。

河南省黃豆。大河以北所產。多運天津。大河以南所產。多運漢口。大河以南產區。爲京漢鐵路以東地方。及唐白河流域南陽府一帶。前者、南起信陽。北至臨潁。西自泌陽。東至光州、新蔡。廣袤八萬九千六百方里。主要產地爲陳州、汝寗。以駐馬店、郾城、周家口爲最大集散市塲。由京漢路駐馬店、確山、新安店、明港等站。運往漢口。謂之火車豆。年約百數十萬石。含油量、通常爲百分之十一。駐馬店貨水分少。油分多。其地西方所產。較東方所產尤佳。確山貨品質較駐馬店貨稍遜。明港貨。水分較多。火車豆中。此爲下品。南陽府一帶所產。分爲唐河流域、（沘源、源潭、賒旗店）白河流域。（南陽、鄧縣、新野）由唐白河民船。下漢水運至漢口。謂之唐豆。產額、年約二百萬石。其品質本不甚劣。惟民船運搬。時有摻水及混合土砂等惡習。搾油量約百分之十。河南黃豆種類。有早、中、晚三種。早者陽歷八月中旬上市。晚者十月上市。豆粒、大者爲橢圓形。稍近扁平。小者爲圓形。皮肉均帶淡黑色。青豆、形狀及成熟期。皆與黃豆相似。惟皮肉均帶淡綠色。

湖北全省皆產黃豆。主要產地。爲漢水流域。（襄陽、老河口、岳家口、沙洋、仙桃鎮）及揚子江流域。（嘉魚、監利、江陵、）漢口爲一大市場。漢水流域所產。多由民船運至橋口上市。其中黃豆最多。青豆次之。黑豆又次之。但運至橋口之貨。其中多河南唐豆。不盡湖北產也。漢口市場之豆。依其產地、品種、上市時期等關係。分爲火車豆、早豆、搾豆、遲豆、溝豆、猴子毛數種。其每石重量如左。

種類	重者	輕者	普通貨	備考
早豆	一四〇斤	一三〇斤	一三五斤	年約七十五萬石。襄河及府河所產。
唐豆	一四〇	一三〇	一三五	年約二十萬石。
青豆	一四〇	一三〇	一三五	年約五萬石。
搾豆	一三八	一三四	一三五	

遲豆	三六	三三	三五	年約十萬石。沔陽所產。以收期遲得名。
溝豆	三〇	三四	三五	年約二萬石。
猴子毛	三七	三四	三五	年約十萬石。
黑豆	三五	三〇	三四	年約十五萬石。

山東黃豆主要產地。爲滕縣、陽穀、汶上、莒州、高密、卽墨、菏澤、曹縣、鄆城、單縣、濟寧、萊陽、海寧、海陽、益都、昌樂、安邱、諸城等處。多供本地消費。

綠豆主要產地。爲江蘇鎭江、南京、安徽懷遠、臨淮關、湖北襄河一帶。天津地方及東三省。產額亦鉅。聚於上海之貨。約二十三萬擔。其中由鎭江運往者十萬擔。南京運往者四萬擔。其餘漢口占三萬擔。蕪湖、九江、各一萬擔。湖南二萬擔。四川及他處共占二萬擔。

赤小豆東三省到處皆產之。其中、雙廟子以北地方最多。奉天、遼陽次之。多混植於高粱、粟及玉蜀黍畦間。中部各省。以江蘇產額爲最多。通州、崇明、無錫、鎭江、南京、浦口、太倉。皆其聚散市場。貨數之多。當推通州、崇明。品質之佳。則以太倉爲第一。崇明次之。赤小豆種類。以其色分之。則有淡紅、黑紅、紅三種。以其粒之大小分之。則有大粒、中粒、小粒三種。太倉、崇明色多紅。無錫、鎭江、多淡紅。太倉、崇明、多大粒。無錫、鎭江、多中粒。南京、浦口、多小粒。每年自十月至翌年三月。上市最多。海外銷路。以日本爲第一。

蠶豆產於中部各省。江蘇最多。浙江、安徽、河南、湖北、湖南次之。漢口蠶豆。多屬襄河府河之貨。集於橋口。年約百三十萬石。（每石重者百三十二斤。輕者百十六斤。普通貨百二十八斤。）多運往英國及歐洲大陸。沙市蠶豆多屬江陵、石首、公安、松滋、枝江之貨。年約三十五萬擔。每年七八兩月。上市最多。日本美國商人購去者。各占三分之一。

第五章　植物油

出口植物油。有豆油、棉子油、花生油、菜子油、芝蔴油、茶油、桐油、桕油、香油（八角油、桂皮油）等。及他種植物油。

一　豆油（Oil, Bean）

用途　豆油用途最廣。雖在我國。僅以爲食用及燈用。而東西各國。則以製塗料（Pik 油漆）肥皂、橡皮代用品、防水劑、機器油、甜油、（Glycerine）脂肪酸及人造牛酪。近以化學進步。又以之製造炸藥。（Dynamite）供軍隊及礦山之用。需用旣增。出口自多。民國元年出口僅五十二萬擔。價值三百九十四萬兩。民國八年。乃增至二百三十六萬擔。價值二千一百零六萬兩。茲表示最近十年輸出額於次。

年份	數量	價值	年份	數量	價值
宣統三年	七一三、五四七擔	五、八三四、三七〇兩	民國五年	一、五六五、六四〇擔	一一、八三三、一六七兩
民國元年	五三五、六八八	三、九四九、八二九	民國六年	一、八九一、三五三	一八、一九六、一三五
民國二年	四九一、八一七	三、七三二、五二三	民國七年	二、一七七、一六七	二四、九八一、二四九
民國三年	五九五、〇二七	四、八〇〇、八九四	民國八年	二、三六一、六三三	二一、〇六〇、八七八
民國四年	一、〇一七、九二三	七、四八一、一六五	民國九年	一、七一三、一〇四	一四、七九四、六二四

歐戰以前。運往比國最多。日本次之。俄國、英國、香港又次之。歐戰期內。運道阻絕。取道日美。而美國尤占多數。(約占出口總數十分之九)美人不獨以我國豆油代棉油之用。又多以之製造炸藥。供給歐洲。戰前豆油往美國者僅一千六萬磅。戰時乃由一億萬磅、增至三億萬磅以上。致加州豆業相率大譁。特於民國九年三月。請願下院重課進口稅。以保護國產。然自平和以後。歐洲貿易復興。往美國者已漸減少。

地區	民國二年 數量	民國二年 價值	民國七年 數量	民國七年 價值	民國八年 數量	民國八年 價值	民國九年 數量	民國九年 價值
出口總數	四九一、八一七擔	三、七三二、〇二三兩	二、一七七、一六七擔	二四、九八一、二四九兩	二、三六一、六三三擔	二一、〇六〇、八七八兩	一、七一三、一〇四擔	一四、七九四、六二四兩
香港	三八、六五六	三三三、二一八	三、二〇三	二四、九二三	四、二〇三	四三、三九八	二、八三九	二五、五二七
土、波、埃等處	—	—	—	—	四〇九、九六四	三、五六六、〇一〇	四、七二〇	四〇、四九八
英國	三八、七〇二	二八〇、九九九	—	—	二五七、五八〇	二、三三一、七〇七	八五、〇〇九	七四九、三四六
瑞典	二三一、〇七五	一六七、二三三	—	—	一〇八、六四六	九四一、三三五	四九、五七九	四二五、三八八
丹麥	一、八五六	一六、六四五	—	—	一五、八七五	一三八、四三〇	七二、三二六	六一九、七二三
比國	一八四、六九一	一、三四六、三二六	—	—	一九、八八二	一九七、一二四	二三、五二八	二〇三、六〇三

俄國 由陸路	一五、四八八	一五八、一七〇	五、五四一	四八、九二六	二二、七三〇	六三、七九八	二、四四〇	二三、一五一
俄國 黑龍江各口	二三、二四四	一八八、二九〇	一一、五三四	一一四、一〇五	九、一三四	五二、三七四	九、〇〇四	八六、八三七
俄國 太平洋各口	四七、七二四	三五〇、四九〇	二、七三七	三二、六四二	一〇、九三二	七〇、七六三	一、一四六	一一、五四〇
法國	四九四	三、九二九	二、一三三	三三、六九四	五七、八四〇	五二九、六六四	一〇、七一二	一〇三、九〇八
荷國	七、七九九	六三、四八九	—	—	七〇、五七二	六二四、一九五	六二三、二〇六	五、三五三、九〇八
朝鮮	三、〇〇九	二一、〇三五	二五、六一一	二三二、六二九	一四、三四三	一三四、六四八	五、二八四	四六、三七四
日本	六七、六六〇	五〇九、八四三	八七、六七三	九八六、三九九	六二八、九二一	五、九二八、九六六	二八三、一一九	二、四三〇、二七二
美國	一八、八三七	一三七、一九六	二、一三六、七四六	二三、四七七、三二三	七二九、五四四	六、三三四、四六三	四七〇、一四五	四、〇六七、一七六
輸出港別								
出口總數	七六四、一九三	五、九七六、四二五	二、三四四、八七八	二五、九七一、〇七五	二、四三一、三七二	二二、九五〇、〇六〇	一、八五九、一一一	一六、〇〇一、二四九
安東	二、八八一	一七、七四七	三三、四六八	三二二、〇一八	三六、〇一六	三六〇、一六〇	四、五〇九	三九、七七一
大連	五七九、二五六	四、一五九、〇五八	二、〇六二、八二三	二三、七三二、三〇九	一、九一八、七五七	一六、七三一、五六一	一、七五五、九四三	一五、〇六五、九九一
牛莊	一三、九七二	一、〇〇九、九六三	七、二〇六	七六、〇三三	一〇六、五四八	一、〇九九、五七五	四三、四〇五	三三五、〇〇〇
膠州	二六、六七九	二四二、七八三	一六六、三三三	二、〇八二、七七四	一三七、一九六	一、五二九、七三五	九、五六五	八五、一三五
漢口	五、三五六	五〇、二三九	四八、二四三	四九七、三八六	一〇一、五二四	一、〇七七、一七〇	五、七二〇	六五、〇九四
上海	七五四	五、八二〇	五、七七一	六〇、〇一八	八二、九七三	八二二、四三三	三、四五八	二五七、四九六

豆油工業之現狀

豆油出口。以大連爲最多。約占全數十之八九。青島次之。漢口又次之。營口、昔時輸出頗盛。今已衰退。豆油工業以東三省爲最盛。山東次之。湖北、江蘇、河南又次之。自豆油貿易發達以來。日人多在大連設製油廠。並於大連、開原、長春。設大豆及豆油豆餅交易所。據民國七年調查。有工廠五十九家。年產豆油千八百七十餘萬圓。豆餅二千五百九十餘萬圓。哈爾賓油廠。向不甚多。近以哈巴羅甫斯克及海蘭泡需要漸多。故漸發達。營口油業。爲大連所奪。逐漸衰微。民國三年。尚有二十餘家。後多改業。或遷至大連。民國七年僅餘十四家。尚有數家業經歇業。

東三省新式搾油工廠一覽表（民國七年末調査）

地方	工廠數	豆餅產額	豆油產額	地方	工廠數	豆餅產額	豆油產額
大連	五九	二五、九四五、〇〇〇元	一八、七一〇、八二一元	開原	五	六七五、九〇三元	四八〇、七四一元
金州	二	四一、三八四	一五、一九三	四平街	二	一六〇、九六一	一〇八、三三三
普蘭店	七	一五四、〇九一	三八、九七七	公主嶺	二	七四、二九三	三五三、〇六三
貔子窩	一五	五九七、四七五	四九二、七八一	安東	一	八五、〇〇〇	四八〇、〇〇〇
營口	一四	未詳	未詳	哈爾賓	一八	未詳	未詳
瓦房店	一一	二六四、七〇〇	一七一、七三三	共計	一三八	三〇、三五三、〇三一	二一、六九三、九四〇
遼陽	二	四、三三四	二、三九四				

（共計數內。哈爾賓營口產額除小寺油廠外。並未計算在內。）

東三省舊式油房一覽表（表中各油房大半皆有裝設新式壓搾機）

地方	油房數	地方	油房數	地方	油房數	地方	油房數
安東	一三	錦州	一〇	清河門	三	洮南縣	五
吉林	二〇	鄭家屯	七	農安縣	四	長嶺縣	四
扶餘	三〇	哈拉沁	三	福隆泉	三	懷德縣	二
遼陽	三	橫道子（彰武）	一	新城縣	三〇	海龍縣	二八
掏鹿（西豐）	一〇	阜新縣	一	大賚縣	一〇	柳河縣	二六
局子街	二三	頭道溝	九	龍井村	二	百草溝	二
鐵嶺縣	八	開原縣	三	昌圖縣	二九	法庫縣	一〇

此外、散在各處之油房。不可勝數。據日人調查新式油廠消費原料約爲六百二十萬石。假定東三省豆產額爲千二百萬石。則是有二分之一有奇。盡消費於新式油廠也。

山東豆油業發達最早。雖其進步甚遲。而由青島煙臺出口者。年約百萬內外。主要產地爲膠州、煙臺、文登、海陽、諸城、棗城、黃縣、濰縣、青州、高密、羊角溝、沂州等處。其中煙臺、黃縣、濰縣尤多。惟山東黃豆不適於製油。煙臺油廠所用原料。多購自大東溝、沙河子、大孤山、莊河及貔子窩等處。共本地之豆混合製油。平均約用奉天豆十分之七本地豆不過十分之三而已。如多混合本地之豆。則豆餅脆弱易破。故其豆餅、以少摻本地豆是爲上品。

湖北豆油產地。多在漢水沿岸一帶。漢口爲一大市場。近者三四十里。遠至三四百里。胥來集於漢口。油廠多屬舊式。新式工廠惟十家。

漢口附近豆油工廠一覽表

廠名	地址	經營者	壓榨機數	能力(晝夜製餅數)	備考
歆記	玉帶門外	劉萬順	一三三架	三、三〇〇枚	民國六年休業
裕豐	高家河		三二	六〇〇	休業
順豐	高家河	寧波商	一〇八	二、〇〇〇	工人七十名
美盛	高家河		五〇	一、〇〇〇	
天盛	高家河	劉敦之	二一〇	四、八〇〇	
興盛	楊家河		一三六	一、九三六	
永昌元	高家河		一八〇	三、六〇〇	
福和	漢陽		一二〇	二、四〇〇	
日信第一	漢陽	日商	五〇	一、〇〇〇	
日信第二	漢口	日商	一〇〇	二、〇〇〇	

河南油廠。純係舊式。信陽車站之西。有永大號。湖北人汪某所經營。產額不多。此外江蘇、安徽、廣東有新式工廠數家。

地方	廠名	備考
江蘇海州	贛豐豆油公司	壓搾機一五〇架
江蘇淮安	源豐機器油坊	資本三萬兩
江蘇鎮江	鎮泰油廠	資本十萬兩
江蘇鎮江	大源豆油廠	資本二十萬兩
江蘇鎮江	信記油廠	
江蘇常州	大均餅油公司	資本三十萬兩
安徽懷寧	豐盈搾油公司	資本十萬兩
安徽阜陽	裕興搾油有限公司	資本二十萬兩
廣東汕頭	長發油房	每日產餅九百枚
廣東汕頭	綿發油房	每日產餅九百枚

二　棉子油(Cotton Seed Oil)

用途　棉子、含油量爲百分之二十乃至二十五。搾取之油。爲暗黑色。精製之。可由茶褐色變而爲黃褐色、淺黃色。以至於無色透明。歐美多用爲食品。美國所產食用猪油。及科特林食用脂肪。多混用棉油。伊法所產橄欖油其中亦混有棉油。此外、並可製人造牛酪、肥皂、蠟燭等。

輸出額　棉油出口年約百餘萬兩。上海、漢口輸出最多。歐戰期內。十九運美國。戰後歐洲貿易頗見興盛。

地區	民國二年 數量	民國二年 價值	民國七年 數量	民國七年 價值	民國八年 數量	民國八年 價值	民國九年 數量	民國九年 價值
出口總數	六六、四八四擔	五五九、一三八兩	二三三、二七二擔	一、二四五、六五六兩	一九二、九三五擔	一、九九七、一四五兩	九〇、三四七擔	八九〇、六九八兩
英國	一三、六〇三	一二四、三九六	—	—	二五、〇五四	二七〇、五七〇	一一、一二三	一一〇、七八七
日本	一、〇六二	八、九三九	五、〇三二	四三、六四七	九、二五九	七九、五〇七	二、七一九	二五、五三二
腦威	—	—	—	—	一六、五二六	一七八、四八一	二五、七四五	二五三、九三八
坎拿大	一、三三五	一一、一四七	一、六三六	一三、四四六	一三、六三九	一四七、三〇一	一	九
美國	四二、四七八	三五七、二四二	二二四、九六八	一、一七五、七五八	一一〇、五五七	一、一三四、五三一	二六、八三三	二六五、五六九

輸出港別								
出口總數	六七、四三四	五六五、九四五	一三三、二五〇	九八五、七八五	一八六、〇九六	一、九五五、七〇九	八九、一五八	八八一、〇二四
漢口	九九六	七、〇七二	三〇、七八八	一八三、三五一	一九、六五五	一六七、四六一	一〇、三四四	九六、二三九
上海	六六、三六七	五五八、一四二	九九、六七〇	七八四、四〇二	一六二、五六七	一、七五五、七二四	七七、二〇七	七七三、〇七〇
寧波	二八	一七二	一、六三九	一四、六六〇	三、八二六	三二、〇六二	一、五一七	一一、三七八

新式搾油工廠

國內新式搾油工廠。以原料之關係。全集中於揚子江沿岸。其數凡九。此等工廠。每日生產能力。共約棉子餅、四千四百六十八擔。棉油、一千五十八擔。消費原料（棉子）約一萬一千七百六十擔。然以內地舊式油坊事業猶盛。聚集原料。頗爲困難。故此等工廠。多不能日夜繼續作業。一年之中。必休業四月以上。平均每年四個月晝夜作業。二個月爲晝業。因之實在產額亦不甚多。

全國新式棉油工廠一覽表

廠名	地址	設立年代	經營者	資本金	棉餅產額	棉油產額	原料消費額	備考
大德	上海楊樹浦	光緒二十三年	趙步黨	一〇〇、〇〇〇	四八、六〇〇	九、七二〇	二三九、六〇〇	
大有	上海宜昌路	光緒三十一年	華商	一〇〇、〇〇〇	六〇、七五〇	一二、一五〇	一六二、〇〇〇	事實上爲日商三井洋行所有
立德	上海潭子港	光緒三十一年	英商祥茂洋行	二三〇、〇〇〇	九一、一二五	一八、二二五	二四三、〇〇〇	
同昌	上海南京路	宣統二年	華商	一〇〇、〇〇〇	九一、一二五	一二、一五〇	一六二、〇〇〇	
華昌	上海浦東		同	一一六、〇〇〇	九一、一二五	一八、二二五	二四三、〇〇〇	民國七年解散
恆裕	上海曹家渡	民國四年	同	一四〇、〇〇〇	七八、〇〇〇	一七、五五〇	一九五、〇〇〇	兼製菜油
廣生	通州	宣統元年	同	二五〇、〇〇〇	一三一、五〇〇	二四、三〇〇	三二四、〇〇〇	現正計畫擴充
通利源	寧波	宣統二年	同	一〇〇、〇〇〇	九一、一二五	一二、一五〇	一六二、〇〇〇	
日信	漢口	宣統三年	日本棉花會社	—	四五、六〇〇	一〇、八〇〇	一二〇、〇〇〇	
合計				一、一三六、〇〇〇	七一八、九五〇	一三五、二七〇	一、七四〇、六〇〇	

外國棉油業

此外、日人吉原定次郎發起。設立上海製油株式會社。未計算在內。

世界產棉油之國。除我國外。以美國印度埃及爲最著。美國南部諸州產額甚富。供給荷蘭及地中海沿岸一帶。印度、埃及之油。多運往法國。英國產油亦多。專爲食用及肥皂原料。

三　花生油 (Groundnuts Oil)

輸出狀況

花生油、爲出口大宗。歐戰期內花生出口雖減。而花生油則逐年增加。雖以民國五年銀價之昂貴、船隻之缺乏、以及保險運費。均極騰貴。而花生油出口之多。仍比民國二年增加一倍有奇。民國六年雖略見減少。而七八年又爲猛進。如左表。

年份	數量	價值	年份	數量	價值
宣統三年	二六〇、七九三擔	二、五二九、二八四兩	民國五年	三六一、五一二擔	六、〇〇〇、四九四兩
民國元年	三四〇、二二六	三、五五二、〇六九	民國六年	四六三、五五三	五、一八九、八三九
民國二年	二五六、五七三	二、八三二、九九八	民國七年	五九〇、六二七	七、一七二、八九五
民國三年	二五七、一五一	二、七九八、九九七	民國八年	一、三二四、一七三	一三、九四九、四四一
民國四年	三五二、〇九八	三、四三一、九六〇	民國九年	八二六、二七三	九、三二五、七六八

戰前往香港者占十分之七有奇。由香港轉口運銷歐、美、南美及南洋一帶。新嘉坡、暹羅、澳門。亦爲最大銷場。歐戰以來。銷路頗有變更。戰前行銷最少之日本、法國、英國、美國。乘戰爭之機會。突爲增加。其中日本增加尤多。（膠州出口最多。約占全數十分之五。上海約占十分之三有奇。）

地區	民國二年		民國七年		民國八年		民國九年	
	數量	價值	數量	價值	數量	價值	數量	價值
出口總數	二五六、五七三擔	二、八三二、九九八兩	五九〇、六二七擔	七、一七二、八九五兩	一、三二四、一七三擔	一三、九四九、四四一兩	八二六、二七三擔	九、三二五、七六八兩
香港	一九一、三七七	二、一八二、九七〇	六九、二五四	八五三、二二三	一三一、〇六二	一、八三七、五五八	一四八、三六九	一、七七七、六三一
澳門	二、〇一七	二八、五八二	三六二	七、三五七	三三、八九二	五五、一二〇	二、二〇四	三三、一〇四

暹羅	三、〇八六	三九、三七二	二一八	三、二三九	六七八	九、五〇八	一、二八五	一七、五三六
新嘉坡等處	五八、八二〇	三六七、〇六三	二九、七一九	三六七、〇八六	三八、五七五	五四五、三五〇	五六、六六三	七四二、一八二
英國	—	—	—	—	二〇、三三八	二九〇、七六三	八三、六五七	九二八、二九〇
法國	二五三	三、一一五	八、六五六	八九、三一九	一一、三六八	一六九、三五九	九、四三三	一〇七、三六七
日本	七	六〇	二三四、八〇五	三、一六四、八八二	五五六、三七〇	七、〇九六、〇六一	三五〇、〇二七	三、七四一、七四一
坎拿大	—	—	三、七五六	三八、七七〇	二、九四八	四二、一一六	五四	六四八
美國	二九二	三、五七六	二四一、三四七	二、六三三、六五〇	四四六、三三三	三、七八五、〇一四	一二三、六四八	一、四〇〇、〇一一
輸出港別								
出口總數	三四〇、三一二	三、八〇三、一三三	六三五、九〇五	七、八七八、九〇三	一、二三一、二三八	一六、二七一、一六三	九一四、一一〇	一〇、三九六、四四八
膠州	一四七、一三三	一、八二三、五四三	三四三、〇一九	四、六九九、三六〇	七二一、〇二六	九、一〇一、一三三	四九二、八六〇	五、二三九、三八七
上海	一三六、八五六	一、一五九、六九八	二一七、〇三〇	二、一九六、三四三	三三二、四九一	四、六四三、八七〇	三〇五、一六八	三、六六二、〇一六

產地

花生油產地以山東為第一。直隸次之。此外蘇皖豫鄂湘閩等省。及廣東之廣州、潮州。廣西之柳州、上林、南寧(博合墟)龍州亦產之。新式機器搾油有上海之大有工廠及天津之同興搾油公司(民國四年創辦)等。日人在青島設有製油工廠二十餘所。三井洋行。鑒於花生油業之發達。特備輪船多艘。由青島裝運花生油出洋。美國商人亦競事販運。在西得爾港築有特別碼頭。專接受花生油直接從船中吸引至岸上棧房。以免搬運之勞。此外亦有用美孚煤油桶裝運至西得爾者。青島花生油。在美國市場。最為著名。大都因由青島出口最多之故。實非盡屬青島所產。亦可想見其盛況矣。

日美輸出商

四 菜子油(Rape Seed Oil)

產地輸出額

菜子油可供食用。內地用以燃燈及婦人潤髮用者尤多。加以鹽化硫黃或硫黃。則可製人造橡皮。近年多運往美國。然以內地需用太廣。出口無幾。菜子多產於浙江、江蘇、安徽、湖南、湖北等省。故製油業亦以此數省為最多。漢口、上海、為主要輸出港。(民國二年出口菜油僅三十六擔。運往香港）。

地區	民國三年 數量	民國三年 價值	民國七年 數量	民國七年 價值	民國八年 數量	民國八年 價值	民國九年 數量	民國九年 價值
出口總數	二、九四三擔	二六、五七七兩	五、五四七擔	六八、六四〇兩	三、五三一擔	四一、五九八兩	一八四擔	二、〇六六兩
英國	—	—	—	—	二、四一四	二八、五三四	一五〇	一、六八四
美國	二、〇一〇	一八、二四一	三、六四二	四五、一二四	一、〇一〇	一二、〇五六	一七	一九一
輸出港別								
出口總數	一六、二九四	一四八、一七七	六、八三五	六八、七九〇	四、〇〇五	四五、一一九	六三二	六、一六〇
漢口	一五、二八二	一三七、八四三	—	—	一、七二四	二〇、四九八	一五六	一、七八六
上海	五五一	四、九七四	二、九九五	三七、一〇八	一、七九六	二一、三三九	—	—
萬縣	—	—	二、四七六	一五、八四六	四三四	二、九五一	一三七	一、〇〇三
九江	—	—	四三五	四、四二四	一八	一六一	三四九	三、三七一

用途

產地

輸出額

五　芝蔴油(Sesamum Seed Oil)

芝蔴油、最宜食用。西人以之混合橄欖油。產額最多者爲河南。湖北次之。江蘇、直隸產額亦多。內地消費甚鉅。出口不多。漢口、爲重要輸出港。

地區	民國二年 數量	民國二年 價值	民國七年 數量	民國七年 價值	民國八年 數量	民國八年 價值	民國九年 數量	民國九年 價值
出口總數	八、五二六擔	一一八、〇九九兩	二〇、六二三擔	三二一、三六三兩	三七、七五五擔	四三八、三三六兩	三、七二八擔	四七、九九三兩
香港	六、七〇六	八五、四八〇	三、四〇九	三六、七九九	五、一四四	五九、六八九	一、四五三	一八、〇九三
英國	—	—	—	—	二、三七二	二七、三九七	一〇一	一、三三六

地區	民國二年 數量	民國二年 價值	民國七年 數量	民國七年 價值	民國八年 數量	民國八年 價值	民國九年 數量	民國九年 價值
俄國 由陸路	九六	一、四四〇	—	—	一三五	二、九八四	二八	三三八
俄國 黑龍江各口	四〇五	六、二六七	二四六	四、四三七	一三〇	一、四六五	一五三	二、六三三
俄國 太平洋各口	八七四	一七、六三一	一〇七	一、五四八	四四	七七七	七五	一、三四九
日本	—	—	一一、五三五	一三一、一八六	三、三三四	三八、二四九	七三	一、〇九二
美國	—	—	四、九三二	五三、六二七	三五、七八二	二九七、七八三	三〇	二四三
荷國	—	—	—	—	三三〇	二、五四一	一、六四九	三〇、〇四五

六　茶油(Tea Oil)

用途

茶油、由山茶實取出。可供食用。又可燃燈。及用爲機器油、肥皂原料。產於湖北、湖南、江西、福建、廣西等省。漢口爲最大市場。據日人調查茶油往台灣者。年約二十萬斤內外。往日本者年約五萬斤。歐美購運我國茶油。加以精製。以代阿列布油(Olive-oil)之用。惟美國關稅表、尙無此名稱。

輸出額

進口時。憑關吏自由斟酌課稅。無一定辦法。營是業者頗感困難。英國銷路。頗形發達。其輸出額如左。

地區	民國二年 數量	民國二年 價值	民國七年 數量	民國七年 價值	民國八年 數量	民國八年 價值	民國九年 數量	民國九年 價值
出口總數	七、〇〇三擔	八三、三五〇兩	二三、五二四擔	二六四、四三三兩	五六、九七六擔	六二七、七九九兩	二五、六三八擔	二九三、八〇六兩
香港	六、〇五一	七一、〇九五	一四、七六〇	一六二、三一六	四七、二三一	五三一、〇三〇	一三、一三二	一四九、九四五
英國	—	—	三六五	四、〇三三	一、三九七	一四、九〇六	五、九五四	七四、四三七
日本	八七七	一〇、四三六	六、〇八五	七二、三二八	七、三三九	八〇、八七六	四、八四一	六〇、五三七
美國	三五	三八四	一、二四〇	一三、七〇三	二二六	二、三〇五	六五九	八、三三四

漢口、梧州爲重要輸出港。

生產狀況

湖北茶油。多產於陽新、(約五千餘擔)江陵、(約三千餘擔)嘉魚、(約千餘擔)大冶。(約千餘擔)集中於漢口。湖南茶油。多產於耒陽、(一萬二千餘擔）平江、（九千餘擔）衡陽、（三千餘擔）零陵、（三千餘擔）永興、（二千餘擔）瀏陽、（千八百擔）茶陵、安仁、攸縣、醴陵、郴縣、常德、益陽、安化、寶慶、祁陽、寧鄉、常寧等處。年約五十萬擔。由長沙、岳州兩口運至漢口。廣西茶油。產於桂林、（四萬四千擔內外）柳州、（三萬擔內外）平樂、（二萬三千擔內外）南寧、歸順、慶遠等處。集於梧州。運往廣州、（由民船）香港。（由輪船）內分撫河、大河兩種。撫河油、每百斤價銀十兩有奇。大河油、九兩有奇。品質遜於撫河油故也。江西茶油。多產於吉安、贛州、廣信、武州、寧州、袁州等處。其品質、以良口油爲最佳。武州、寧州次之。向由各縣油商運至南昌。供內地消費。餘額則由九江出口。自民國十年日商着手收買。每擔價值自十六元五角。漲至十七元二角。福建茶油。產於閩清、（六千擔）莆田、（五千擔）南平、（三千擔）建寧、（千餘擔）浦城、（千餘擔）永泰、（二千擔）福安、（三千擔）等處。年約三萬擔內外。集中福州。由汕頭轉口。運往香港、往台灣、廈門、日本者亦多。

七　桐油（Wood Oil）

用途

桐油、由桐實取出。可製油紙、塗料、印刷油。家具、器物、船艇。需用尤多。其原料、有桐油樹、木油樹兩種。木油樹、產於廣西。桐油樹、產於中部各省。桐油產地。以四川、湖南爲第一。湖北、貴州、陝西、福建、河南次之。西江流域產額亦多。內地消費者。約占五分之二。其餘五分之三。盡運消外國。近以外人發明種種用途。出口愈多。如左表。

輸出額

年份	數量	價值
民國元年	五八二、八一五擔	五、八二三、二〇四兩
民國二年	四六三、六四七	四、〇〇一、五〇三
民國三年	四三九、五五五	三、七四五、二一九
民國四年	三一〇、三四四	三、〇一三、三四三
民國五年	五一五、一七三	五、五二一、四一八
民國六年	四〇一、三六一擔	四、八三五、九〇八兩
民國七年	四八八、八五二	五、九七五、九二六
民國八年	六一三、四五五	七、九六〇、九六八
民國九年	五四〇、七一六	六、七三九、一九一

桐油往美國者最多。約占全數十分之七。戰前德國、行銷亦多。約次於美國而居第二位。後漸減少。僅占百分之八。故仍以美國爲最好市場。茲將最近出口狀況表示於左。

地區	民國二年 數量	民國二年 價值	民國七年 數量	民國七年 價值	民國八年 數量	民國八年 價值	民國九年 數量	民國九年 價值
出口總數	四六三、六四七擔	四、〇〇一、五〇三兩	四八八、八五二擔	五、九七五、九二六兩	六一三、四五五擔	七、九六〇、九六八兩	五四〇、七一六擔	六、七三九、一九一兩
香港	二八、一八九	三〇七、三七〇	一三八、一〇〇	一、四三六、二四〇	八七、三八四	一、〇一三、二五一	七七、八八四	九二三、三三七
英國	二六、八四一	二四四、六〇八	二九、六五五	三七六、六一八	四六、四四八	六一〇、〇八五	二八、二二一	三五五、四一九
德國	三六、六二六	三一〇、五三五	—	—	—	—	一六、二二六	二〇六、二六八
荷國	二〇、〇九八	一七〇、三一五	—	—	二、四六三	三二、三六四	五、三四二	六八、〇二三
比國	二一、六二三	一八三、二五七	—	—	四、三九八	五九、八六二	五、六二八	七一、三八〇
法國	七、九六二	六七、五五七	一二、三五七	一五六、九三四	一四、三一七	一八八、一五六	五、〇六三	六四、四〇一
奧國	六、八八六	五八、四六四	—	—	八四	一、一〇四	五八九	七、四九二
日本	八六七	七、七二〇	一七、二一三	二二六、七九〇	一七、〇八六	二二三、八七三	九、一三〇	一〇七、九七八
美國	三二一、二四六	二、六四〇、四二四	二四〇、四三六	三、〇一三、三五〇	三〇九、一六一	四、〇九七、二六〇	三七九、九五二	四、七七一、三六〇
坎拿大	—	—	五七、七五一	七三三、四三八	一二八、七九三	一、六九二、三四〇	五、四五九	六九、四三八
輸出港別								
出口總數	七九五、五六〇	六、八五五、五四七	八二七、六三九	九、九六〇、四七六	九八九、四二八	一三、三六四、六九八	八五四、九三九	一〇、六一二、六九八
宜昌	一四、五二八	一二七、二六五	九四一	一一、四三三	一、六六三	二三、五六〇	—	—
沙市	二、二一三	二二、一三〇	八、二四四	六七、六〇一	八、九四五	九八、三九五	一三、二五三	一三二、五二〇
長沙	一六、四三九	一七三、六〇〇	一五二	一、五一六	一、一二七	一三、五一二	—	—
岳州	三六、八一三	三二九、一〇八	一三三、三三九	一、七六八、〇七五	一三七、七六七	一、八二六、七九〇	一六八、一七七	二、二三〇、〇二七
漢口	六九五、五九二	五、八七〇、七九六	四七九、六四〇	五、九一〇、七七〇	六八八、五八〇	八、七二二、五九三	五四七、四九二	六、八五六、五七〇

產地

萬縣	—	—	六四、七六五	五八二、八八五	五五、三七五	五八一、四三八	四五、四九六	四三九、○三六
梧州	二五、九三五	二八五、二八三	九九、五八一	一、一四三、○一三	六七、○○七	八○四、○八四	六六、三四一	七九六、○九三
南寧	二、三八九	二七、四七四	三二、六五四	三一九、○三○	二二、九二二	二三三、九三八	九、五六四	七五、六四○

◎四川桐油產地。爲彰明、榮縣、西充、閬中、南部、廣元、慶符、長寧、高縣、珙縣、屏山、興文、敘永、江安、合江、瀘州、井研、資州、南川、涪州、合州、萬縣、開縣、雲陽、宣漢、開江、渠縣、秀山、酉陽、彭水、黔江等處。產額年約四五百萬斤。集於萬縣。轉運漢口。通常盛以竹簍。因冠以產地之名而呼爲某某簍子。其最著者。如萬縣簍子、涪州簍子、雲陽簍子、合州簍子等是也。萬縣年產四萬乃至七萬八千簍。（每簍淨重二百斤）有上沱油、（縣城附近及大江上游所產）下沱油、（大江下游南岸所產）後街油、（縣城北鄉所產）三種。品質。則上沱油最佳。下沱油次之。產額。則後街油最多。占全額十分之八。涪州簍子。每年運至萬縣約三萬簍。（每簍二百四十斤）雲陽、年產三萬簍左右。（每簍二百斤）通常在萬縣市場交易。其實現貨多不運萬縣。以其地居下游故也。合州油。運至萬縣者。年約六千簍。（每簍三百斤）敘州簍子。實非竹簍。而爲木桶。（每桶二百斤）每年上市者不多。以品質言。合州簍子。殆盡屬佳品。惟交易時。仍以萬縣上沱油爲最上品。萬縣所集之油。不直接出洋。而由民船載運至漢口。營是業者。有德源榮、聚興誠、德興昌、慶和及德商瑞記、永和。日商武林數家。

◎湖南桐油產地。以沅江流域爲第一。其主要集散地。爲洪江、辰州、浦市、永順、保靖、鳳凰、麻陽、高村、辰谿、沅州等處。而以常德爲最大市場。除本省油外。四川秀山、及貴州銅仁、（六百擔）松桃、鎭遠之桐油。皆蝟集於此。年約三十萬擔。市場上通常依其產地。分爲北河貨、南河貨、中路貨、雜路貨四種。北河貨。指酉水流域所產而言。（永順、王村、里耶、洗車、松桃、花垣、秀山、峨溶、保靖、龍潭、石堤、召福司等處）南河貨。指沅江流域所產而言。（鎭竿、浦市、鎭里、銅仁、高村、麻陽、溪口、辰谿、漵浦、龍潭、洪江等處）中路貨。指辰州至桃源一帶所產而言。雜路貨。指常德附近及津市方面所產而言。其中辰州、洪江、銅仁產油。占大部分。又依其炒法之老嫩。而分爲嫩色桐油、老色桐油兩種。前者色透明。轉往漢口。後者色混濁。專爲民船及家具器物塗料之用。

◎湖北桐油。以鄖陽、老河口、襄陽。爲最著。產額雖不及四川、湖南之多。而貿易之盛。實遠過之。則以漢口爲最大市場故也。漢口聚集四方之桐油。年約八十餘萬擔。自漢水而下者。有均州、襄陽、（共約十萬擔）鄖陽、（六萬擔）白河、（陝西產約十萬擔）紫陽、（陝西產約六萬擔）之油。沿長江而下者。有四川、湖南之油。溯長江而上者。則有九江之油。（九江聚集之油不多。又以運費過多。不克與上流地方產品競爭。現已不至漢口。）通常分爲白桐油、黑桐油、（又名紅桐油）洪油、秀油、光油五種。白桐油色透明。略帶黃褐。四川油。除秀山而外。皆屬於此種。專輸出歐美。黑桐油色紅褐。湖南油、多屬此種。與秀油、洪油。皆專供內地消費。秀油、洪油。原爲秀山、洪江產油之稱。然今已成一種普通商標。凡油色紅黑而濃稠者。皆稱之。其中洪油聲價最高。光油、係由普通桐油所造之一種塗料。色褐黑。富於燥性。專供內地消費。漢口洋商營輸出業者。有美商其來、德商安利、（瑞記）捷成、禮和、美最時、和利、禪臣、味地。日商三井、三菱、日華、伊藤、湯淺。英商華昌、怡和、和記、寶隆。法商永興、公興、新公興數家。皆設有精製廠。其法、將桐油放諸鐵槽中。（槽容百擔左右）去其夾雜物。槽內裝有蒸汽管。加以蒸汽。俟其冷靜後。約放置八九日。則渣滓悉爲沈澱。可得精油。福建桐油。多產於漳州。廣西著名產地。爲撫河流域之昭平、賀縣、陽朔、及桂林地方。謂之撫河油。此外容縣、柳州、古宜墟、沙子墟、百色、南寧地方所產。謂之大河油。撫河所產。品質佳良。價格較高。

八　桕油（Vegetable Tallow）

種類　桕油、由烏桕實取出。共有三種。皮油、子油、木油是也。皮油、爲由烏桕實之白皮蒸出之油。乃白色乾質之結晶體。如熱至華氏百十五度。則溶解爲流動體。含有 Glycerine 及脂肪酸。可製肥皂、蠟燭。子油、（一名青油。又曰梓油。）爲由核中榨出之油。在常溫度。爲黃褐色液體。

用途　用以燃燈。內地消費最多。木油、爲由皮核混合榨出之油。色淡黃。爲不乾質之柔軟凝結體。類似牛油。熱至華氏九十五度則溶解。含 Glycerine 及脂肪酸甚多。適於製造蠟燭。外人多以之製蠟燭及肥皂。

輸出額

地區	民國二年 數量	民國二年 價值	民國七年 數量	民國七年 價值	民國八年 數量	民國八年 價值	民國九年 數量	民國九年 價值
出口總數	三二〇、九九八擔	二、二六六、九六一兩	一六二、八八一擔	二、一一三、八六九兩	一六四、五四四擔	一、九七九、三三三兩	六九、一一八擔	七八九、三一七兩
英國	六八、二〇三	六九九、五一三	四三一	五、四九〇	八五、〇六八	一、〇二四、八二六	五、九九四	六八、二七二
德國	二七、二三六	二七九、一六七	—	—	—	—	一、〇九四	一二、四六一
比國	一七、五八〇	一八〇、三一八	—	—	四、七八五	五七、四六八	六七七	七、七一一
荷國	二六、七三八	二七四、三一一	—	—	—	—	一、一五八	一三、一九一

法國	二五、八六九	二六五、三七八	八、七一三	一一三、六一八	八、二八四	九九、四九一	一、三八六	一五、七八七
義國	二九、四七四	三〇二、三七四	六七、七〇五	八八二、八七三	三〇、八五二	三七〇、五三三	四七、二三六	五三八、七一〇
美國	一九、二四四	一九七、四四五	六七、八七四	八八四、九七八	二八、〇八五	三三七、三〇一	一一、一一五	一三七、七八四
日本	五一〇	五、二四〇	一、四五八	一九、〇一三	一一〇	一、三二一	一八	三三六
坎拿大	—	—	一六、七〇三	二一七、八〇七	六、九一五	八三、〇四九	—	—

產地

交易習慣

柏油產於四川、湖南、湖北、河南、貴州、浙江、江西、安徽、廣東等省。四川柏油。多產於敍州、萬縣、重慶、夔州、綏定、成都、瀘州、石橋井、合川、順慶等處。敍州產品質最佳。集中萬縣轉往漢口。湖南柏油產於常德辰州、澧州一帶。集於常德。年約三千至五千擔。其中亦有四川秀山及貴州銅仁產。湖北全省皆產柏油。漢口爲最大市場。長江一帶四川、湖南、江西、安徽、河南各省所產。皆聚於此。其輸出辦法大概根據倫敦油料貿易會所定規約之第二十七條。視『太忒』之多寡爲標準。白柏油須含太忒百分之五十一有奇。綠柏油須含百分之五十二。凡關於太忒之爭執發生。須經腦門泰公司化驗。爲之判定。若缺少定數十分之一。賣主須償還千分之二（照售貨發票上計算）又所含雜質及水分不得過百分之一。如逾額須酌量賠償。

九　香油（八角油、桂皮油等）(Oils, Essential, Aniseed, Cassia-leaf, etc.)

種類

用途

輸出額

香油、有八角油桂皮油等數種。桂皮油內地專用爲藥料。外人則用爲香料以之混入菓餅及上等肥皂。八角油。用爲食料、香料及洋酒原料。香油出口每年平均約值百萬兩左右。往香港最多。

地區	民國二年 數量	民國二年 價值	民國七年 數量	民國七年 價值	民國八年 數量	民國八年 價值	民國九年 數量	民國九年 價值
出口總數	七、五三〇擔	一、一九四、九〇三兩	一〇、八六〇擔	一、四三一、七三五兩	一〇、六九九擔	一、一六九、八〇四兩	一五、一七五擔	九九三、三二一兩
香港	四、六八七	九三八、八三五	六、四五三	五八七、五二二	七、二四七	六七八、六六三	八、三五一	六〇七、〇三九
澳門	一、二四九	二四三、五〇二	二、一三一	七八一、六〇三	一、五二六	四四七、七五三	一、〇〇五	二五八、八九四
日本	一、五九二	一三、五三七	二、二七六	六三、六〇一	一、九一四	四三、〇七〇	五、一八三	一一四、三四七

生產情形

桂樹產地以廣西大烏容縣六陳東安一帶為第一。廣東西江流域之羅定、雲浮、鬱南、祿步司等處，及廣西西江上游南寧以西至太平鎮安至龍州一帶亦產之。為一種常綠喬木。其皮甚厚。凡三層。表皮灰黑色有凹點。剝去表皮。則現茶褐色。是為肉皮。有香氣。最下層為灰白色無味。桂油係由其枝葉榨出之油。年產十二萬擔。廣西約七萬擔。廣東約五萬擔。集中於梧州、拱北。運往香港。轉銷歐洲、日本、印度、美國、坎拿大等處。

八角樹產於廣西龍州、憑祥、鎮南關、寧明、百色等處。採取其實為油。實為六角或八角形。故名。龍州至鎮南關一帶。農家多依此為生。龍州、百色貿易大部分為八角油。年約一萬餘擔。多由南寧出口。北海、梧州間亦有之。

十　他種植物油 (Oil, Vegetable, other kinds.)

輸出額

他種植物油出口以民國七年為最多。其輸出額如左。

地區	民國二年 數量	民國二年 價值	民國七年 數量	民國七年 價值	民國八年 數量	民國八年 價值	民國九年 數量	民國九年 價值
出口總數	三三、五七三擔	八七、七三一兩	二二一、九〇〇擔	一、〇九〇、四〇一兩	八七、二九一擔	八〇〇、〇一六兩	四三、八三一擔	三一六、六七三兩
香港	三、〇三三	二六、五六二	三、四九四	三九、一三九	五、三三一	五三、一五三	二、四五五	二六、一九四
法國	二六二	二、二三七	六、一一五	七三、六一三	八四五	一五、五五五	三三	二三四
日本	一七、八七二	四四、〇五四	六九、三一九	六五九、四六五	五六、八三三	五一三、九六五	二四、三三三	一五二、八一三
美國	一〇	廿九	二三、九七二	二三一、三九四	一九、二二三	一七九、六九二	一三、二二六	一〇五、三八六

種類及用途

此中所含種類甚多。略舉之如左。

蓖蔴油 (Castor Oil) 由蓖蔴實取出。內地各省皆產之。東三省尤多。八面城、鄭家屯一帶產額最富。集於法庫門。多往日本、美國。可製肥皂、塗料、印刷油及紅色染料。(Turkey Red Oil) 又可為機器油及飛行機油。歐戰以來。需要日多。其餅可為肥料。能殺蟲。日本每年由中國及印度輸入蓖蔴油百萬餘斤。近多購我國蓖蔴實榨油。其政府特免關稅以獎勵之。

巴豆油 (Croton Oil) 產於四川。樹高丈餘。採其實為油。色黃。專為醫藥用。

向日葵油產於東三省。可供食用、並製肥皂及油漆。日人近多購向日葵實榨油。
橄欖油產於南方。由橄欖（青果）取出。色淡黃透明。
黃麻子油（Hemp Seed Oil）各省皆產之。爲黃綠色。可製肥皂、塗料。又可爲醫藥及飛行機。海外需要甚多。多往美國。
玉蜀黍油（Corn Oil）各省皆產之。可供食用、並製肥皂及橡皮代用品。
漆油（Vegetable Tallow）由漆樹實取出。爲淡綠色之固形體。產於陝西（興安）四川（萬縣）湖北（鄖陽、巴東、歸州、興山）貴州、安徽、河南等省。漢口爲最大市場。
芥子油由芥子取出。可爲食用。又製揮發油。揮發性芥子油可爲香料及醫藥用。
紫蘇油（Perilla Oil）由紫蘇實取出。產於東三省長春一帶最多。可作塗料、印刷油。又製油紙雨傘。功用與桐油、黃麻子油同。

第六章 油餅

出口油餅有豆餅、菜子餅、芝麻餅、花生餅等。其中、豆餅最多。菜子餅花生餅次之。芝麻餅又次之。

一 豆餅（Bean Cake）

用途 豆餅、爲榨取豆油之糟粕。多用爲肥料。近年用途日廣。豆油寧居於副產物之地位。

輸出額 出口豆餅、爲一大宗。民國元年、僅八百十六萬擔。民國八年、增至二千七十萬擔。

年份	數量	價值	年份	數量	價值
民國元年	八、一六二、九九九擔	一七、六四二、六四八兩	民國六年	一五、五一二、七三九擔	三三、七五八、〇七五兩
民國二年	一一、八一八、四四三	二四、九六二、七八七	民國七年	一六、三六六、八五四	二九、八八二、八六九
民國三年	一〇、一六九、四四七	三一、〇二二、五七一	民國八年	二〇、七二四、一七九	四四、一七三、一一八
民國四年	一一、五九三、八三二	二〇、七〇六、一八一	民國九年	一八、九九八、九〇三	四一、九五九、一〇七
民國五年	一一、六三六、一二五	二六、一三三、七五一			

大部分運往日本。次之則爲俄國。然往海參崴者。實往日本。蓋日人農田肥料。全仰給於我國豆餅故也。

地區	民國二年數量	民國二年價值	民國七年數量	民國七年價值	民國八年數量	民國八年價值	民國九年數量	民國九年價值
出口總數	二一、八一八、四四三擔	二四、九六二、七八七兩	一八、三六六、八五四擔	二九、八八二、八二九兩	二〇、七二四、七六九擔	四四、一七三、一一八兩	一八、九九八、九〇三擔	四一、九五九、一〇七兩
俄國由陸路	一〇八、三九九	一五一、七五八	三八、七二〇	五四、五一八	二七、五五〇	五〇、九六八	一九、六八五	二四、九四四
俄國黑龍江各口	九、四七三	一〇、六二〇	三、九三三	二、六一三	三三、〇一一	二六、四四二	一〇、二八六	一〇、一八三
俄國太平洋各口	三三八、一五七	三四五、三三八	五三六、四一八	七五四、九六四	四九八、六八六	三三九、一三三	七四、〇二八	六一、四四三
日本	二一、四三四、〇一一	二四、三六九、八七一	一五、一五〇、七〇六	二七、九八三、〇二六	一九、六三三、二八三	四二、六二七、二一七	一八、一四一、〇三六	四〇、一〇二、〇八〇
朝鮮	一四、〇九〇	二七、七三七	六三五、三六二	一、〇八三、一三〇	四七三、一四五	九七四、五四八	四六三、七八六	一、一一九、八二三
輪出港別出口總數	一六、九四九、四三七	三五、四五二、二二一	一九、八一一、六三三	三五、八一九、四八三	二四、二八二、一三五	五〇、五八五、四八九	二三、九一〇、〇五三	五一、七八五、五六〇
綏芬河	三三八、一四〇	三四五、三〇三	五三六、四一八	七五四、九六四	四九八、六八六	三三九、一三三	七四、〇二八	六一、四四三
琿春	一〇八、七一八	一五二、二〇五	四一、九四一	五九、〇五三	二九、六九四	五四、九三四	一〇、九一〇	二〇、一八七
安東	五四四、八三三	一、〇八四、二一八	一、四五五、七五七	二、四七四、七八七	一、八五八、三〇七	三、七一六、六一四	一、八〇二、二五〇	四、二四九、六八一
大連	八、四五九、四八四	一六、七四九、七七八	一四、六六三、〇八七	二六、九八〇、〇八〇	一五、九四二、三四五	三五、〇七三、一五九	一六、八五六、六六〇	三七、〇八四、六五三
牛莊	四、二三八、九〇五	一〇、八六八、二八四	一、七五八、七二七	三、五八七、八〇三	三、三一〇、七七二	七、〇五一、九四五	二、八〇五、六一八	五、六三九、二九二
煙臺	三三九、八六二	六六九、六二一	三一、三六九	五三、九五四	二一三、二〇五	三九四、四二八	八九、四九四	二〇二、二五六
膠州	一三〇、五〇九	二三八、六〇七	七六、一四二	一四九、二六五	三四五、八一一	六九一、六三三	二二六、四七五	二四九、一五六
漢口	二、三三五、〇〇三	四、二一三、三〇六	一、一八八、一三〇	一、六七五、二六三	一、八一八、三三七	二、七二七、四九一	一、五六五、三三三	二、九四二、八〇四
鎮江	五〇〇、〇三〇	九三六、五五七	三五、一六二	五六、九六二	八六、五一五	一三六、二八九	一二五、六四八	一九九、七八〇

上海	三七、九八七	七三、一七三	二八二	六七二	一三七、五八三	三四四、四七三	三三三、九〇〇	九五五、五三〇

交易狀況

大連豆油工廠最多。故豆餅出口。亦以大連爲最多。約占總額十分之七。牛莊、安東、漢口次之。豆餅有大小兩種。大者約四十六斤乃至四十八斤。小者約九斤。內外東三省所產。均屬大塊。漢口所產。則大小均有。大者外無包裝。小者則有光餅、毛餅兩種。毛餅層層相重。以繩縛之。運銷廣東、福建一帶。光餅盛以蔴袋。銷行日本。自日本於東三省施行假置場法以來。日商多購黃豆於假置場製油。運歸其國。據日本貿易統計。我國豆餅。運入日本之狀況如左。

地區	大正七年 數量	大正七年 價值	大正六年 數量	大正六年 價值
進口總數	一九、一二七、九一七擔	八五、八三六、八一三圓	一六、五二一、四一六擔	五一、〇四六、九二三圓
中國	二、六七七、六四一	一三、三九四、三五七	三、四八三、〇八五	一〇、九一五、〇六一
關東州	一三、七八九、八六二	五七、四五九、六〇九	九、七四九、〇三三	二九、一一四、四八五
露領亞細亞	八三、五三三	三九六、八九四	四八一、六二七	一、五七四、九〇〇
假置場	三、五七六、八九一	一五、五八五、九五三	二、八〇七、六六一	九、四四二、四七七

備考　俄屬亞細亞之部。概由海參崴等處運往。亦我國貨也。

二　菜子餅(Rape Seed-cake)

輸出額

菜子餅。多產於浙江、江蘇、安徽、湖南、湖北、河南等省及山西、直隸北部。由漢口、杭州、上海、蘇州、蕪湖等出口。海外銷路。完全運往日本。

地區	民國二年 數量	民國二年 價值	民國七年 數量	民國七年 價值	民國八年 數量	民國八年 價值	民國九年 數量	民國九年 價值
出口總數	三七〇、七七三擔	四一九、二四八兩	三九八、〇四七擔	五〇七、八二〇兩	五三六、六一三擔	七三七、六五〇兩	三一四、八九七擔	四七四、五九二兩
日本	三七〇、〇八五	四一八、四〇二	三九八、〇四七	五〇七、八二〇	五三六、六一三	七三七、六五〇	三一四、八九七	四七四、五九二

菜子餅、有毛餅、光餅兩種。有重十四斤者。有九斤、三斤者。各地製品不同。漢口、蕪湖、鎮江、等處所產。概係重十四斤及九斤之毛餅。上海市上之多係重三斤之光餅。據日本貿易統計所載。我國菜子餅輸入日本之狀況如左。

	大正四年	大正六年	大正七年
輸入總數	一、五九二、六七八擔	二、六三三、六二一擔	一、八六八、〇二八擔
中國	一、一一九、七七三	一、八三一、五四五	一、八三八、三三六

用途

日本以我國菜子餅爲肥料。小塊者、農家直接使用之。大塊、專供配合肥料製造之用。

用途
輸出額

三　芝麻餅(Sesamum Seed-cake)

芝麻餅、可爲家畜飼料。日本購以肥田。漢口、上海、大連、牛莊、天津間有出口。爲數無幾。以內地消費甚多故也。海外銷路。完全銷行日本。

地區	民國二年 數量	民國二年 價值	民國七年 數量	民國七年 價值	民國八年 數量	民國八年 價值	民國九年 數量	民國九年 價值
出口總數	五、二七三擔	五、六〇五兩	四四六擔	五五四兩	三〇八擔	三四五兩	三、七一五擔	一八、〇二八兩
日本	五、二七二	五、五八九	四四五	五五四	三〇八	三四五	三、五〇五	一七、七九七

用途
產地
輸出額

四　花生餅(Groundnut cake)

花生餅、可作肥料及飼料。多產於東三省、山東、河南、安徽、江蘇、廣西、湖北、直隸等省。由大連、天津、青島、漢口、上海、南寧、北海等處出口。其產額初不甚多。自花生油業發達以來。產額增加。出口漸多。如左表。

地區	民國二年 數量	民國二年 價值	民國七年 數量	民國七年 價值	民國八年 數量	民國八年 價值	民國九年 數量	民國九年 價值
出口總數	三九、五〇四擔	一三五、一六六兩	八三、七一二擔	一六〇、〇七九兩	三一一、三三二擔	四七九、四九〇兩	三〇一、三一九擔	四五八、一三三兩
香港	三七、四六八	一二一、七〇四	六、四八七	一八、六三六	一四、九三〇	三九、一六三	一〇、九七六	三〇、六〇七
日本	一、一一九	一、七五七	七七、三二四	一四一、四五三	二九四、五三六	四三八、三九一	二九〇、二七三	四二七、三三〇

向來往香港者、占大部分日本次之民國六年以後往日本者。占最大多數從前南寧北海出口最多今則上海居第一位矣。

五　棉子餅（Cotton Seed Cake）及他種子餅

產地　棉子餅、多產於長江沿岸地方江蘇、浙江、湖南、湖北最著名河南、山東、直隸產額亦不少內地油房全用舊法。不去棉實之子殼而壓榨之。其油餅專銷內地往外國者大部分爲新式棉油工廠所產概運銷日本。據日本貿易統計所載我國棉子餅輸入日本之數如左。

大正七年　七七三、五七一擔　三、七七九、八八五圓

大正六年　四八〇、四九三擔　一、七五五、七三五圓

用途　其中由上海運往者最多通州、漢口、寧波次之。上海大德、大有、同昌三廠所產。最爲日本所歡迎。其國購我國棉餅作肥料。尾州一宮、岐阜等處。以及大和、山城、和泉、備中、長門、三田尻、讚岐、高松、伊豫、松山附近地方行銷最多。

輸出額　棉子餅出口海關册向無專載而以之入於『他種子餅』項下。惟『他種子餅』出口數中棉子餅實占十分之九有奇。茲表示其輸出額於次。

地區	民國二年 數量	民國二年 價值	民國七年 數量	民國七年 價值	民國八年 數量	民國八年 價值	民國九年 數量	民國九年 價值
出口總數	九三七、〇〇〇擔	九八七、一六八兩	七七二、三七四擔	一、三一四、六六七兩	一、二六四、二三〇擔	二、〇九一、二七〇兩	八四〇、七六五擔	一、三五六、六二一兩
香港	五、〇九七	一六、二五三	二、三七一	四、四九二	二、三三一	四、三六八	二、三八七	四、九一三
日本	九三五、〇一〇	九六一、五五五	七六六、九〇四	一、三〇一、三二七	一、二五四、八三二	二、〇七四、九八四	八三一、一八六	一、三三九、九六二

第七章　各種油籽

各種油籽出口以芝麻爲最多棉子、胡麻子、菜子次之。

一　芝麻（Seed Sesamum）

輸出額　芝麻、爲出口大宗之一。平均每年爲二百萬擔價值一千萬兩內外。歐戰期內德荷兩國銷路斷絕出口略減。平和以後。又復增加。厥狀如左。

年份	數量	價值	年份	數量	價值
宣統元年	二、一五三、一七七擔	一一、六七三、七五九兩	民國四年	二、二九八、二〇八擔	九、五五五、九六五兩
宣統二年	二、七三〇、七六三	一四、三七七、三八六	民國五年	一、五五八、一〇〇	六、九九七、七五一
宣統三年	二、〇七三、〇七六	一一、七三八、八四九	民國六年	三三三、一〇〇	一、一〇〇、五三六
民國元年	一、九九九、七六一	一一、九六五、八四五	民國七年	三三四、一〇三	一、一七三、三八四
民國二年	二、〇三四、六四七	一三、三七二、一九四	民國八年	二、八三八、五〇四	一五、五七七、二六八
民國三年	一、二五一、一八〇	六、三五五、三一七	民國九年	二、〇五六、二四〇	一〇、八三〇、〇七〇

我國芝麻。向以德國、荷蘭爲最大市場。出口十分之七有奇。盡往德荷兩國。民國二年出口。荷國占十分之五。德國占十分之三。往荷國者。實由荷國轉口。復往德國。迨歐戰發生。銷路一變。往德國者。完全阻絕。英義兩國。銷數增多。法國、日本。亦大增加。

地區	民國二年		民國七年		民國八年		民國九年	
	數量	價值	數量	價值	數量	價值	數量	價值
出口總數	二、〇三四、六四七擔	一三、三七二、一九四兩	三三四、一〇三擔	一、一七三、三八四兩	二、八三八、五〇四擔	一五、五七七、二六八兩	二、〇五六、二四〇擔	一〇、八三〇、〇七〇兩
香港	一七、四三四	一〇六、三七五	一四、九三六	一〇四、〇七三	一三、五三三	九五、六九八	二六、八九七	一七四、三三三
英國	二五、〇八八	一四九、二三二	五	二三	七二、四五八	三九五、四九六	四六、三三二	二三四、二五九
丹國	—	—	—	—	一一三、二四六	六一二、四七〇	一九三、三六五	九八一、九一二
德國	六九三、一八五	四、二二六、七〇七	—	—	—	—	六三、八一七	三三六、七八二
荷國	一、〇一三、九五八	六、一四五、五五七	—	—	三五、九二三	一九六、一九七	六一六、五九四	三、二一九、五三五
比國	一四、一三四	八八、七八七	—	—	五二一、九五九	二、八三三、〇五〇	二三八、八〇六	一、二四八、九九七
法國	八	四八	六、七六二	二八、七八九	九七三、五四一	五、二九〇、一九七	八四、八二〇	四四四、三六二

輸出港別								
義國	一〇九、九一五	六七四、八四八	—	—	四九二、一九〇	二、六七九、七五五	二〇九、五九四	一、〇九三、一八六
日本	七一、一〇六	四五二、五七一	一九五、〇八四	九四〇、一九三	一九六、一九八	一、一六三、一四三	一四〇、九八六	八二五、四四一
美國	二〇四	一、二三八	一一、六九四	六〇、七七九	六、二〇三	三三、八九九	四〇、〇九五	二〇九、八六二
出口總數	一、九四一、五〇六	一一、〇七六、〇五三	三〇七、六三四	一、五〇五、九〇四	二、八四三、九三五	一五、六二一、五六〇	二、一五五、八四七	一一、三七八、五六一
大連	三二、九九四	二三六、二三七	七、四一七	三八、三四三	一六七、六二五	九六三、七八六	二四四、三七〇	一、四五一、五五七
漢口	一、三七四、六四五	八、二三四、一五二	一三七、八六一	六四三、八一〇	一、七六五、〇五〇	九、五三一、二七〇	九七八、五九一	五、〇八八、六七三
九江	三九、八五六	一七七、七五八	二〇、四三三	一一三、二〇〇	三七、五九七	二〇八、二八八	三〇、三四三	一七九、一七五
南京	三六、六二九	二四六、二五六	一三、三六一	五六、三八五	二〇、七七一	一一四、二四一	二〇、二四七	一〇一、二三五
鎮江	三三五、〇五三	二、六〇三、五三二	二三、三三六	一四二、三四九	二七、二六七	一五七、四二一	三八、七一九	二三六、九六〇
上海	四九、二五六	三二一、六五一	八二、一九五	三四六、八六三	七五三、八〇九	四、一四五、九四九	七七六、〇六四	三、八八〇、三二〇
瓊州	一四、四九三	九一、三〇一	一〇、五六六	七八、一八九	一〇、七九五	七七、七三三	七、二七九	六七、六九六

產地

芝麻主要產地。爲河南、山東、長江流域各省及東三省。其產額、以河南及長江一帶爲最多。長江一帶之集散場。爲漢口、鎮江、上海。河南、四川、湖南湖北所產。集於漢口。安徽、江蘇所產。集於鎮江。上海所聚。爲江蘇之一部及江西、四川之一部。漢口鎮江芝麻。亦多由上海轉口運往外洋。長江一帶芝麻上市。自舊歷九月起。至翌年二月。爲最盛時期。至六七月間。則常爲減少。

種類及品質

芝麻有白黃黑三種。大概白色者。外皮薄。富於油分。品質最佳。黑色者。外皮厚。品質較劣。然黑芝麻之油香氣較烈。內地多歡迎之。上海市場所聚者。以江西饒州、九江產品爲最佳。南京、四川次之。其中白者最多。黃黑較少。長江上流所產。多雜有土砂。品質不純。輸出歐洲者。更以精選機選之。鎮江、自光緒三十三年。瑞記洋行及美最時洋行。裝設精選機。開始輸出歐洲。芝麻來集者。大爲增加。其後津浦鐵路通車。亳州、徐州、宿州所產。取道鐵路。運輸益便。亳州多白芝麻。周家口多黃粒。其品質以周家口爲第一。徐州次之。亳州最劣。集於鎮江者。由上海轉口輸出外國。漢口所集之芝麻。河南產占十分之八。此外、則爲漢水流域及湖南、四川之貨。輸出外國者。概係黃粒。精選之後。運往上海出洋。

各國運銷狀況

東三省各處皆產芝麻。其中以鐵嶺、奉天、雙廟子、四平街爲最多。白芝麻占大部分。黑龍江及奉省北部、蒙古昭烏達盟地方多產黑芝麻。

河南年產一百十一萬九千餘擔。郾城、周家口、（二萬五千噸）駐馬店、（一萬噸）遂平、（三千噸）西平、（五千噸）臨潁、（五千噸）許州、（一千噸）漯灣河、（六萬噸）確山、（一萬噸）爲最大聚散場。其中漯灣河、周家口兩處尤盛。漯灣河每年集散額可達七八萬噸。德商瑞記、禮和、僖利、日商三井、三菱、大倉皆於此收買。日本政府特行還稅辦法。獎勵輸入。據日本貿易統計所載我國芝麻輸入日本者如左。

地區	民國六年 數量	民國六年 價值	民國七年 數量	民國七年 價值
進口總數	九一、三六二擔	九二三、六四二兩	一九五、〇〇九擔	二、三五六、六一三兩
中國	六四、二〇七	六六八、二七三	一八九、九六五	二、三三一、五〇二
關東州	二一、四九五	一八七、六五五	三、五六九	一四、一六一

戰前輸出歐洲者。多往漢堡。德、法、奧、比各國油廠。多與漢堡進口商訂立賣約。依照倫敦 The Incorporation Oil Seed Association 規定之交易規約。收用錢百分之一・二。法國馬耳塞。爲油業最盛之地。（大小工廠約七八十家）每年由中國、印度、非洲輸入芝麻五十餘萬公石。(Quintal) 民國八年進口共計六十五萬八千公石。中國占四十八萬六千公石。

二　棉子 (Cotton Seed)

產地種類

棉子出口。以天津、漢口、上海爲最多。湖北棉子產額。年約二百八十萬擔。上海及浦東附近約三百二十萬擔。內地油業發達。棉子出售甚少。從前北方油業未興。天津出口棉子最多。近以油業漸盛。出口亦漸見減少。惟上海輸出猶盛。棉子有黑白兩種。黑者油分較多。每百斤可得油九斤半。白者可得八斤半。出口往日本者最多。有時或佔全部。最近輸出額如左。

輸出額

地區	民國二年 數量	民國二年 價值	民國七年 數量	民國七年 價值	民國八年 數量	民國八年 價值	民國九年 數量	民國九年 價值
出口總數	一八二、四九四擔	三三一、三五〇兩	一六五、三〇三擔	三三九、一三七兩	六三三、二七〇擔	八九九、二七五兩	五二八、七九五擔	八三九、一九六兩
日本	一八一、九二八	三三一、五二五	一六五、三〇三	三三九、一二七	六三三、二三四	八九九、一八四	五二八、七八二	八三九、一六二

三 胡麻子(Linseed)

產地 用途 輸出額

胡麻、產於山西北部(歸化城附近)及蒙古奉天。其纖維、可以紡紗。西人多用爲衣服原料。以其實榨油。可製塗料、印刷油及油紙。我國胡麻油業、尚未發達。胡麻子、多由天津出口。大連、青島間有輸出。惟不常見。其輸出狀況如左。

地區	民國二年 數量	民國二年 價值	民國七年 數量	民國七年 價值	民國八年 數量	民國八年 價值	民國九年 數量	民國九年 價值
出口總數	一六六、三九三擔	四八五、四四一兩	八八、〇八四擔	二九六、七五二兩	二三三、一九五擔	八二三、五三三兩	一〇一、五三〇擔	三八八、一〇〇兩
香港	一、〇四二	二、九四三	八	四三	七五	二五五	—	—
英國	三五、八五八	一〇六、五三八	—	—	一三三、四四八	四一九、〇五七	一三、九九三	五一、四〇九
法國	七〇、五〇〇	二〇九、〇六一	六、七五六	二三、八八二	三、四六二	一一、七〇九	—	—
日本	一一、九二九	三三、七四二	五九、三一九	二〇一、八二五	九八、八七七	三五四、六〇二	五四、〇八六	二一三、九一五
美國	—	—	二四、〇〇一	七三、〇〇三	六、六〇三	一四、二三九	三四、二六八	一三三、〇六一
輸出港別								
出口總數	二〇四、四八九	五九七、六一四	九四、四二八	三三九、七七三	二四一、四五六	八八一、一〇六	九八、四四一	三八九、二三三
天津	二〇四、四八九	五九七、六一四	九四、三六一	三三九、五七二	二四一、四五六	八八一、一〇六	九八、四四一	三八九、二三三

四 菜子(Rape Seed)

產地

菜子、多產於浙江、江蘇、安徽、湖北、湖南、山西及直隸北部。浙江、江蘇、安徽三省共產九十萬擔。此三省菜油業最盛。油房使用之餘、輸出海外。山西菜子。向不出口。自京綏鐵路通車。於民國元年、運往天津出洋。出口遂多。

集散狀況

菜子主要輸出港。長江一帶。則爲蕪湖、杭州、蘇州、漢口、上海。北方則爲天津。杭州、蘇州、蕪湖。多由上海轉口。直接出洋者較少。由天津出口者。亦多運往上海。故上海、實爲一大集散場。

湖北菜子、多產於沔陽、沙市及長江沿岸地方。四川重慶、萬縣、湖南洞庭湖沿岸。江西鄱陽湖沿岸。亦產菜子。漢口所聚集者。大部分爲湖北產。湖南產品次之。四川江西產品各有若干。市場上通常分爲油子、臘子、黃菜子三種。油子色黑粒大。湖北產品屬於此種。每百斤可得三十六斤。臘子、色紅粒小。每百斤、可得油四十斤。品質最良。湖南產多屬此種。黃菜子色黃粒大。四川產品多屬此種。每百斤、可得三十八斤。惟中部各省所產混有土砂。輸出歐洲須經精選。

每年上市時期。自舊曆四月下旬起。至十一月止。五月至十一月。爲最盛時期。上海市場有黃、黑黃、黑三種。蘇州、崑山產、多黃粒。常熟產、色多黃黑。平湖、多黑粒。其含砂土少而油分多者。當以常熟、蘇州爲第一。平湖產次之。浦東產品質亦佳。

天津聚集之菜子。概屬直隸山西北部所產。其中芥菜子居多。與胡麻子常相混雜。(內地油房常以此兩種子混合製油。故農家多兩相混植之。)輸出時。須經選別。不免多所勞費。

交易習慣

上海菜子賣買期貨現貨兩種並行。洋商購貨。多經行棧、買辦之手。或貸以款項使往內地採辦。或貸與以精選機。使精選之。精選之後。貯藏堆棧。約一個月。俟其乾燥之後。裝船出洋。精選費及缺斤。概歸行棧及買辦負擔。其輸出額如左。

輸出額

地區	民國二年		民國七年		民國八年		民國九年	
	數量	價值	數量	價值	數量	價值	數量	價值
出口總數	六二六、六九二擔	一、九四一、九三四兩	六七〇、一三六擔	二、二七九、七一八兩	七三六、二一七擔	二、六九一、九五三兩	二三六、八九二擔	一、〇〇四、六〇八兩
香港	三、八〇五	三六、六二六	四、五六五	三一、七五三	一一、五七七	六三、〇〇五	五、二六五	三九、八五四
英國	七六、六四〇	二三一、八二六	—	—	四六、〇五六	一六九、二九〇	三三、四二三	一三一、七五〇
丹國	一、六六六	五、七六一	—	—	五、三九九	一九、八〇四	—	—
德國	二一、〇六三	三一、二七四	—	—	二、一〇一	八、二七三	—	—
比國	三三、五九六	一〇〇、八五八	—	—	四、四九〇	一七、七六一	一五、二三八	五三、六〇〇
法國	一五五、七一〇	四八七、三三八	—	—	五、〇四三	一七、〇三一	—	—
日本	二七六、三三八	八七七、六六〇	六六四、九五九	二、二四三、五六四	六〇六、〇六三	二、三三三、六〇一	二〇四、九四九	八五五、七一九

各國運銷概況

戰前運往日本法國者最多。歐戰期內。歐洲運輸艱難。日本需要大增加。據日本關册所載。我國菜子輸入日本者如左。

地區	大正六年		大正七年	
	數量	價值	數量	價值
輸入總數	五九二、九九六擔	四、二八二、三〇三圓	九六三、七二七擔	九、一四七、三八二圓
中國	四一五、〇五三	二、九五〇、八八三	六一一、一二七	五、八八八、一四三
關東州	六、七五一	四六、〇四三	三一	三六四

五 他類油籽

種類及產地

萆麻子（Castor Seed）多產於奉天北部及蒙古東部。由營口、天津出口。輸出額不詳。據法國馬耳塞貿易年報。民國九年、萆麻子由中國及爪哇運入馬耳賽者共有一萬一千六百九十公石。

紫蘇子（Basil Seed）多產於奉天。據日本關册所載。我國紫蘇子運入日本者。如左。

地區	大正二年		大正元年		明治四十四年		明治四十三年	
	數量	價值	數量	價值	數量	價值	數量	價值
中國	七、五三八擔	四六、五八一圓	一、三九四擔	七、四九六圓	三八七擔	三、三八四圓	—	—
關東州	六七、一八二	三八八、二四二	九三、五九六	五八五、五六三	七五、九一七	四六九、七八七	九、一三四	四七、六一六
共計	七四、七二〇	四三四、八二三	九四、九九〇	五九三、〇五九	七六、三〇四	四七三、一七一	九、一三四	四七、六一六

輸出額

此外、茶子、烏桕子及其他油籽。均有出口。以上各種關册從無專載。而以之入於『各種子仁』項下。其輸出額如左。

地區	民國二年		民國七年		民國八年		民國九年	
	數量	價值	數量	價值	數量	價值	數量	價值
出口總數	五八四、三一一擔	一、二八六、九〇八兩	二六五、九九四擔	九五九、八五八兩	五四一、二八六擔	一、九一四、四六五兩	六八八、〇五七擔	二、二〇一、一三二兩
香港	六、六七八	四四、四九三	七、八九一	五〇、八二七	一〇、〇一二	五六、三八二	六、〇四八	三九、九四二

地區	民國二年 數量	民國二年 價值	民國七年 數量	民國七年 價值	民國八年 數量	民國八年 價值	民國九年 數量	民國九年 價值
英國	一六、三五〇	三四、九三六	—	—	一、六八二	六、六二二	一、一五〇	三、一一八
法國	一八、八四一	四五、二七一	—	—	一五	三五	—	—
俄國 由陸路	一、五六六	六、四七七	六二二	九九四	一九	一、七五〇	三	三
俄國 黑龍江各口	六、七八九	三三、三三八	三六二	二、二九八	二六七	一、一六五	一一五	三六〇
俄國 太平洋各口	三三八、二四〇	六三五、二四八	二、〇九七	九、四七九	四、七四七	一四、二五九	九三	九〇
日本	一二三、五〇二	三一五、三五〇	二四六、四四九	八六五、六四七	四六二、〇一七	一、六一七、三四七	五九三、一五四	一、九四二、四六七
美國	四、四七二	一〇、一〇五	七、五〇九	三三、五二七	五三、七三八	一八八、九六〇	三四、四三四	八七、一七三
丹國	一〇、二〇五	二八、〇六四	—	—	三、三八六	七、八八九	四一、三一六	九三、三七四

第八章　花生

用途　花生、亦油籽之一。外人購之榨油。以爲食用及代阿列布油之用。並製肥皂。或以花生仁。碎成粉末。混合於查古聿、Chocolate 及菓餅之中。用途最廣。每年出口至少在百萬兩以上多至五、六百萬兩。

種類　出口花生。分有殼、無殼(花生仁)兩種。歐戰以前。有殼者出口最多。戰時以船隻缺乏。運費昂貴。有殼者輸出。經濟上頗不合算。於是花生仁盛行出口。而有殼者出口遂減。

輸出額　民國二年有殼者出口一、〇五四、三八七擔價值四、六〇九、九三七兩。往法國者占百分之三十二。往香港者占百分之二十九有奇。和國占百分之十七。德國占百分之十。最近輸出額。異常減少。往香港者最多。日本、美國次之。

花生(Groundnuts in Shell)

地區	民國二年 數量	民國二年 價值	民國七年 數量	民國七年 價值	民國八年 數量	民國八年 價值	民國九年 數量	民國九年 價值
出口總數	一、〇五四、三八七擔	四、六〇九、九三七兩	四三、四四〇擔	一六〇、五七一兩	一三七、三八九擔	五三七、二六四兩	一〇九、二九七擔	四三八、六三七兩
香港	二九九、五四三	一、一四八、一五三	三〇、四九二	一一三、三四五	一〇三、九〇九	三九七、三八三	六三、〇二九	二五〇、二〇〇

英國	三一、三四九	一三五、一七六	—	—	二二、七一八	四三、四二八	一一、三九三	四八、九一七
德國	一〇九、三〇七	五三七、七三六	—	—	—	—	—	—
荷國	一六九、七九六	七三七、七七八	—	—	二、四五〇	八、九一八	九、二一八	三九、七三三
法國	三四、四三三	一、五六九、二八二	—	—	一	四	一八	七八
俄國 由陸路	三、七三五	四八、五五五	—	—	一三五	四三九	—	—
俄國 黑龍江各口	一、〇三三	四、〇九二	四一三	四、一三四	四一三	二、四四七	一四	一三七
俄國 太平洋各口	一五、八二七	六二、五七三	三、七一八	三三、八二七	一、七九三	七、六九六	七、六九九	二九、九〇二
俄國 歐洲各口	八、七〇八	二九、六〇六	—	—	—	—	—	—
日本	三、一九三	三二、三五五	六、三四三	二一、七三六	三、八五二	一三、八一〇	一〇、四四三	三八、三七一
美國	四、六六八	一六、三三三	一、五〇〇	五、一〇〇	一一、一六一	四五、〇八三	二、八四二	一一、一七三
輸出港別								
出口總數	一、九七七、七五三	八、四九四、三六六	七一、五四五	二四八、三九三	一五八、五九五	六一六、一九三	一二五、五七四	四九六、五二六
大連	五七、一〇二	一五七、五九八	三、〇八八	八、六四六	六、一〇八	二〇、四〇一	一五、二七一	五一、〇〇五
天津	四五六、六二三	一、六六六、四八八	一一、九四〇	三九、四〇二	五九、一一七	二〇八、六八一	三五、一四三	一三六、七〇六
烟臺	五一、七四〇	二〇二、八二〇	一〇、四一一	三五、九一七	三〇、一一五	一三六、一一〇	三七、六八八	一五二、二五九
膠州	一、〇二五、四八六	五、一一六、四〇三	一三八	四八三	六三三	二、〇一五	一、二五四	三、二三五
漢口	二六、六四六	七六、二〇八	八、一一八	一九、六四五	—	—	八九五	二、四三五
鎮江	二三七、九七〇	七四三、四一九	六、三三七	二五、六三四	三、五四四	一三、四六七	七七〇	二、六七二
上海	八、六一九	二五、八五七	一〇、八六五	三七、九一九	二一、七四五	八九、三七二	一五、七五八	六三、〇三二
汕頭	二三、一八三	九七、五九八	九、四五八	四一、六一四	一〇、三五二	四五、〇二五	一三、四五五	五七、七九九

廣州	一七、四〇二	一三七、〇一二	二〇〇	九五〇	二四六	一、一四二	八四	四二〇
瓊州	四七三	一、八四三	八、三〇六	二一、六三三	一〇、七〇八	二六、七七〇	二、九五四	八、八六一

花生仁、民國二年出口。僅八七、〇五九擔。價值四二二、二二五兩。民國七年。增爲四八七、二二九擔。價值 二、一九二、五九二兩。從前主要銷路。爲香港、英國、德國、法國。今則日本、香港、美國居多。（往日本者實多轉往美國）

花生仁（Groundnuts, Kernels）

地區	民國二年 數量	民國二年 價值	民國七年 數量	民國七年 價值	民國八年 數量	民國八年 價值	民國九年 數量	民國九年 價值
出口總數	八七、〇五九擔	四二二、二二五兩	四八六、二二九擔	二、一九二、五九二兩	一、一六四、八八〇擔	五、三三三、〇七三兩	一、一五八、八四八擔	五、六一〇、五四八兩
香港	二二、三〇二	一〇九、六二三	一二三、五四六	五五二、三〇七	八五、四四二	四〇二、二三五	一三六、三八四	六七五、四〇〇
英國	三、三二九	一七、二二一	—	—	二八、六二九	一四五、五七四	三三、六三八	一〇八、二二二
德國	三、二九六	一六、五〇八	—	—	—	—	一〇	四六
荷國	八四一	四、二五九	—	—	一、五八四	八、五五七	二、八五四	一三、〇一四
法國	二五、八八六	一二三、九七三	三、九四四	二二、一四五	二四、四〇六	一一五、一〇〇	七、四八二	三四、一九〇
義國	九、五五九	三六、九七五	—	—	二七、一七六	一二四、五二五	六、八八八	三一、五四四
日本	六〇九	三、一二〇	三五一、五三〇	一、五七九、七八四	九四八、〇四三	四、二九一、一八八	八三八、八二六	四、〇七一、六九七
美國	二、六八八	一三、四七二	五、七三五	二六、二〇〇	四三、二九〇	二〇三、一四八	一二、八六六	五三九、八四四
輸出港別								
出口總數	三四三、八六九	一、七八六、五一〇	一、五四〇、〇三二	六、九四四、二八九	二、三四二、一〇五	一〇、八五〇、一八七	三、一七六、二一七	一五、三〇五、二二〇
大連	二、七九〇	一四、〇三三	二二、九七八	五四、五〇八	五四、〇五二	二三七、五五四	九八、二七五	四九二、三五八

產地								
天津	一三、五三三	七〇、八四八	三三、四三三	一八三、七三三	五九、五七一	三三七、三三五	九九、八六一	六九九、〇三七
烟臺	一四〇、七六八	七〇八、六九三	六七、八〇八	二九一、八六七	五八、八三七	三四五、九六一	六五、六八六	三三四、三四三
膠州	—	—	四九四、七三六	一、三三六、三一三	一、〇三〇、一〇七	四、六三五、四八一	一、三三六、八六六	五、九八六、四三一
漢口	七七、〇九一	四四二、一八四	八六、〇七九	三八七、四四三	二〇六、四四三	九七八、一三〇	一一七、三〇〇	六一九、三四四
蕪湖	五〇、三三七	二六九、五四九	一一、八〇〇	五六、九九四	四八、〇九四	二四四、五六三	四一、二九八	二〇〇、〇七〇
南京	一、六七六	一一、三六三	五一、三四九	二三二、九九九	三〇九、九五五	一、四〇二、九九一	七〇七、五三〇	三、二五四、六三八
鎮江	一、八四一	一一、四四一	四三六	一、八八六	四、八四〇	二二、八七五	二四四	一、一一〇
上海	五四、五三六	二四五、〇七一	七八〇、九五三	三、五〇〇、四四〇	五六八、二八六	二、六四七、一五三	八〇七、八五一	三、七一六、一一四

花生適於砂質壤土。山東、河南、江蘇三省產額最多。其中膠州、宿遷、徐州、豐縣等處。尤爲著名。此外安徽、湖南、湖北、廣東、江西、福建、廣西等省亦產之。

◎山東花生產額。冠於各省。據日人調查。平均每年約爲五百五十萬擔。（據青島稅司俄爾馬氏由出口數推算謂每年平均四百萬擔以現今出口情形推之似已不止此數若我國農商部調查山東產額一七八、九三二、五〇八石則又相去太遠）其集散徑路凡五。

一、由烟口出口者。爲文登、萊陽、福山一帶所產。每年集散額約二十萬擔內外。

二、由青島出口者。此中又分四路。(1)泗水、滕縣、萊蕪、新泰、蒙陰、泰安、大汶口所產。集於泰安。由津浦路運至濟南。然後改道膠濟鐵路運至青島。(2)齊東、博山、安邱、昌邑、諸城、王臺、平度所產。由膠濟鐵路運至青島。(3)日照一帶所產。由海路民船運至青島萊陽、海陽、卽墨所產。集於金家口由海路民船運至青島。由此四路聚集者年約百餘萬擔。

三、由上海出口者。爲曹州、濟寧、兗州一帶所產。由津浦鐵路經浦口運往。多屬花生仁。年約二十萬包。(卽二十四萬擔)

四、由天津出口者。爲德州、平原一帶所產。由津浦路及運河運往。多屬未去殼者。年約六十萬擔。

五、由青口運往上海者。爲沂州一帶所產。年約三萬擔。

青島花生出口最盛。歐戰以前。多由德商輸出。當時經理此業者。首推禪臣、捷成、美最時、禮和、瑞記、等洋行。每年經理輸出之額。各達數萬噸。日商經營此業者。僅三井湯淺兩家。民國三年以後。日商卽取德商而代之。三井、湯淺、峯村、東和、鈴木、岩城、新利、茂木、內外貿易、阿部幸、伊藤、吉澤、山田、久原、泰利、濱口、長瀨、福昌、三菱、中村、東洋製油、今枝、村井、中村各洋行。羣起經營。或假手買辦。或派員至產地收買。歐戰以前。多運銷漢堡、倫敦、馬耳塞、安德威伯(Antwerp)鹿特丹(Rotterdam)。戰時因歐洲航路之危險。與噸位之不足。故轉運美國。再由美國輸出歐洲。歐戰以後。運往美國者。仍不稍減。(由青島運至神戶轉口輸出美國。)故花生市價。視美國之需要如何。時有變動。(此外銀價之變動及豆油棉油各種油類生產之豐歉。亦有關係。)日商收買之後。或以原貨輸出。或分等級定價。每溫士四十二粒者爲普通品。(F. A. Q.)如普通品百斤值十元。則每溫士四十粒者值洋十一元。三十八粒者值洋十二元。由四十二粒至二十八粒。以次類推。大約每差二粒、多值一元之譜。此爲常例。然視訂貨者之出價與否。有時相差極遠。(四十二粒以下之貨。專供榨油之用。不在輸出之列。)要之、中仁粒大亮而且潤。富於油分。膜帶紅色者。爲最良之品。膜黃粒小者爲劣。青島華商經理花生業者有二十餘家。而每年批發之數。不及日商十之一。日商並設製油工廠二十餘所。華商則無注意及之者。

河南花生產地。以開封附近爲最著。開封之西。爲中牟、謝莊、鄭州等處。各有集市。已成商品。開封之東。爲曲興集、李礑集、蘭封縣等處。再東生產漸少。買賣時期。在十月至次年五六月之間。每斤價格。帶殼者、約制錢四十文。去殼者約制錢七十文。在數年前之價格。以開封爲最高。近來開封之東路反貴。因運費較廉、收買者多故也。收買情形。由行戶代收者。先交定錢。限期交貨。或自派人往四鄉收買。其行用、由賣主出二分。買主出一分。運銷上海漢口時。須先剝脫皮殼。有用手剝者。有用器具者。如用手剝脫。每人一日可剝四十斤上下。剝費、每斤制錢二文半。若用器具。有本地造之脫皮篩。每具價值約五元五角。一日可剝四千斤左右。花生一斤(十六兩秤)可出花生仁十兩。皮六兩。其皮售給農民。每斤約三文。近來使用脫皮篩者漸多。花生包裝。皆用麻袋。此項麻袋。由上海漢口購買。每個二錢左右。運至開封。脚費二分。開封秤量。每百斤(十六兩秤)加三斤或四五斤不等。每一麻袋重百四十斤。運袋重百四十二斤。以平稱十六兩計算。運袋重約百四十五六斤。每一貨車。(二十噸)可裝二百五十袋。共計大稱重三萬五千斤。運袋重三萬五千五百斤。此就裝運上海者而言。若裝運漢口。每一貨車。僅能裝載三萬三千斤。惟到上海及漢口出售時。每車約失二千斤之譜。因滬漢之秤。較開封稍大之故。近來轉運漢口者漸少。由開封運至上海。交轉運公司包運。合計運費及關稅等。每車共洋三百七十元。運到漢口。每車共洋四百四十元。如自行裝運。可節省十數元。自開封至徐州。每車(二十噸)運費百三十元五角。又報稅錢三十二千文。捐錢八串文。再自至徐州上海。每車運費及稅捐。共計洋百九十五元、近來運費及稅捐。又稍增加。漢口有廣莊收買。上海有廣莊及洋莊。而廣莊多收普通貨。洋莊多收上等貨。卽顆大而乾潔者。如普通貨價銀四兩。而上等貨可售五兩一二錢。近來約至六兩。上等貨每重一兩。約有三十六顆。普通者每重一兩。則有四十五顆左右。

第九章　棉花

產額

世界產棉花之國。以美國爲第一。印度次之。我國居第三位。我國棉花產額。說者不一。據外人精於斯業者推算。全國人口以四億計。每人每年應用棉花二斤有奇。則每年棉花產額。至少在八百萬擔以上。主要產地。爲直隸、山東、山西、河南、陝西、湖北、江蘇、浙江等省。而以上海、天津、漢口爲最大市場。

集散狀況

集於上海之棉花。爲江蘇、浙江所產。約計之。則有通州棉、常熟棉、太倉棉、嘉定棉、上海棉、寧波棉六種。通州棉。爲常陰沙（如皋縣之一部）通州、海門、崇明一帶所產。常熟棉。爲常熟、昭文一帶所產。太倉棉。爲太倉所產。嘉定棉。爲嘉定縣所產。上海棉。爲上海、南滙、奉賢、華亭、金山、川沙六縣及青浦、寶山、婁縣之一部所產。寧波棉。爲甯波紹興一帶所產。上海棉。更分南市、北市兩種。兩者產地全同。惟因軋棉方法不同。而爲之區別。蓋北市棉。爲機器所軋。南市棉則仍用舊式軋法也。南市棉、北通州棉。纖維短而觸手硬。色澤純白。是其特長。北市棉。以用機器軋棉。故較之南市棉。纖維萎縮。且軋棉之時。疎於剔出棉子。致多軋裂。混入棉中。色澤較南市棉爲遜。然而所含水分。則較少也。至棉花之品質。則以通州棉爲第一。上海棉、太倉棉次之。寧波棉最下。通州棉。略帶乳色。不甚純白。然其纖維最長。富於彈力。光澤甚佳。最適於紡紗。通常纖維長八分五釐。或至一寸。能紡出二十支之紗。蓋我國棉花中之最佳者也。上海棉。色雖純白。而纖維概較通州棉爲短。（普通七分）且觸手較硬。其品質稍次一等。太倉棉。纖維強韌。然較上海棉爲粗短。至寧波棉。纖維硬而短。不適於紡紗。多輸出日本。供紡織以外之用。所含水分。約十分之一。棉花攙水。爲一最大惡氣。棉花本含有水性。卽素稱無水之美國棉花。亦含有八·五％之水。而我國棉花。則攙水特多。或途中偷棉。借水以補斤重。或漫不留心。檢點高燥地方。任意放在溼處。甚或有心貪利。加重斤兩。致洋商販花出洋。每多霉爛。光緒二十七年五月。英商特在滬南設局檢查。翌年二月。鄉民憤其苛罰。起而毀之。花業公所。乃於是年八月。設立驗水局。官商合辦。經辛亥之役。該局解散。民國二年。復就南市。設局檢查。辦理至今未改。洋商方面。亦有檢查會之設。（宣統三年）每百斤。如含有十三斤水。買主卽不過問。迄今攙水之習雖未盡絕。然已不似舊日之多矣。

集於天津之棉花。約可分爲三種。（一）由南運河（御河）運來者。（二）由西河一帶運來者。（三）由楊村寶坻一帶運來者。南運河一帶之集散地。

爲直隸之桑園、廣平府、冀州。河南之武安、彰德。山東之臨清、德州。山西平陽一帶所產。亦多由南運河運至天津。西河一帶之集散地。爲正定、趙州、束鹿、保定。由南運河運出者。除某部分而外。概有纖維短而混入紅色汚點之弊。然而性質柔軟。是其特長。反是、西河棉。色雖純白。而纖維粗硬。楊村棉。雖纖維稍長、而產額不多。天津棉花驗水。起於民國元年。由海關通飭天津各鈔關。檢查棉花。凡含有水分百分之十二以上者。不許過關。須扣留於稅關堆棧。使乾燥之。一切費用。歸貨主負擔。或命其移至他處乾燥之亦可。

山東棉花產區。分南北西三部。南部爲菏澤、曹、鄆城、單城、武定、陶、鉅野各縣。北部爲蒲臺、濱、利津、霑化、樂陵、商河各縣。西部爲堂邑、冠、莘、高唐、淸平、夏津、武城、恩、平原各縣。其產額、西部地方約十五萬擔。北部地方約三萬擔。南部地方約二萬擔。從前由天津商人收買。多集於天津。自宣統二年濟南花行漸開。膠濟鐵路。運費低廉。遂運至青島出口。山東棉花。纖維概短。不適於紡紗。多運往德法等國。攙合羊毛。織成絨呢。或製棉花火藥。及爲醫療之用。色極純白。無須再漂。最合醫家之用也、往日本者。多供充塡衣服之用。

集於漢口之棉花。爲陝西、河南、(黃河以南)湖南、湖北所產。陝西棉。其色雖不純白。而纖維細長。能紡二十支之紗。惟其中常有黃色汚染之棉。是其缺點。河南棉。纖維短。僅能紡十支乃至十四支之紗。其色雖白。而稍帶暗色。光澤不佳。湖北棉。黃州所產。色白。纖維細長。能紡出二十支之紗。品質之佳。爲湖北第一。其次則品質優良者。爲孝感、雲夢、黃陂及揚子江南岸一帶。其中、武昌大冶所產及沙河棉。皆能紡十六支之紗。雲夢棉中。有足與黃州棉相匹敵者。漢水一帶所產。品質最下。纖維粗短。觸手較硬。在湖北棉花中居第三位。與他種棉花混合。僅能紡十支乃至十四支之紗。但蔡甸及襄陽一帶所產。品質佳良。足與黃州棉花比肩。惟其貨不多。僅五千包內外。湖南棉。產於常德一帶者。品質略與漢水一帶相似。集於漢口之棉花。所含水分。常在百分之十四內外。惟陝西棉花。不及百分之十。若漢水一帶運來者。則含有百分之十九云。

我國棉花之包裝。有鐵卷、大袋、中袋、小袋、蔴包五種。鐵卷者。用布包裹。而以鐵帶梱之。每重四百十斤內外。大袋、每重百八十斤內外。中袋、百二十五斤內外。小袋、六十斤內外。

出口棉花價値。每年至少必在千萬兩左右。多至二三千萬兩。往日本者最多。約占十分之九有奇。此外往美、德、英、俄、義各國各若干。(暹羅、新嘉坡、印度、和、比、奧、坎拿大、澳洲、紐絲綸等處。亦有銷路。惟爲數不多。)

地區	民國二年		民國七年		民國八年		民國九年	
	數量	價值	數量	價值	數量	價值	數量	價值

出口總數	七三八、八二三擔	一六、二三五、六〇四兩	一、二九二、〇九四擔	三七、八八七、三三七兩	一、〇七二、〇四〇擔	三〇、二五三、四四七兩	三七六、二三〇擔	九、三三四、五二二兩
香港	三七、三七八	八三九、七三五	五、九四六	一七四、三三六	三、〇〇八	八四、六〇四	三、四一四	七七、二八九
英國	二、八〇一	六三、四九四	一、八一一	五二、二四七	二五、九九六	六九〇、二九五	二、〇五三	四五〇、五〇四
德國	七三、四三五	一、六一八、九三〇	—	—	—	—	一、〇四八	二四、一一一
法國	一〇、〇六二	二三〇、〇五九	—	—	四、〇六二	一〇七、四六一	一、五一四	三三、二六九
義國	六、三八三	一三八、九五二	八、七一二	二五〇、九九六	三七三	九、八六一	二、六一三	五五、七五九
俄國 歐洲各口	四、五三三	一〇一、三一六	—	—	—	—	—	—
俄國 由陸路	—	—	—	—	一三	三五三	—	—
俄國 黑龍江各口	三	六六〇	四六	一、〇八六	一一三	三、一一七	七〇〇	三二、八六〇
俄國 太平洋各口	一、一五六	二三、一六六	—	—	—	—	九九	二、六五三
朝鮮	二、七八〇	五二、三八六	四、二一九	一〇九、四八五	一一、二一六	三二一、〇三五	三、六四三	九七、〇五五
日本	五二七、二八三	一一、五五三、三三一	一、二二二、五五四	三五、六〇三、二三〇	九二二、八九七	一六、〇〇五、八八四	二三〇、三一二	五、七九三、一四五
美國	六一、三八一	一、三六七、三一七	五八、三三一	一、六八二、八四九	一一三、〇五〇	二、九七九、九三〇	一一九、六四九	二、六〇九、三九九
輸出港別								
出口總數	九五三、三九二	二二、三三五、八三五	二、一八五、二八七	六三、九四一、〇八六	二、〇三三、〇九三	五七、〇七〇、八〇〇	八七一、五五六	二三、九五一、四一九
天津	三三六、三八四	八、一〇三、四九三	三三六、〇八二	一〇、五九六、一八一	五三〇、八八一	一六、七三二、七五〇	二五八、五六八	七、三六九、一八七
膠州	四八、二七五	一、〇〇八、九四五	三一、四三〇	九四二、九〇〇	二一、三四二	六二五、三三〇	一〇、七五二	二七二、三四八
宜昌	一、二七八	三一、〇五五	二三、〇六三	七三三、〇〇四	六、三五七	二一五、五三三	一、五七六	四五、七〇四
沙市	一四、九九四	二六二、八九四	六六、〇〇九	一、三三〇、一八〇	三七、九二八	九一〇、二七三	一四、〇五七	二五三、〇二六
岳州	一、三七七	二五、七六四	二三、一一五	七〇七、〇八八	六、四四三	一五五、三四一	一七六	三、九六七

漢口	二二三,二七〇	四,九八四,一二〇	九八五,八三〇	二六,八二四,四三四	一,一六一,九一九	三一,三三六,九五五	四一九,四三九	一〇,七七一,一九三
九江	七,一三三	二四一,一四三	四七,八三四	一,五三〇,五五八	三二,三八一	八八九,七〇四	四六六	一二,二四一
上海	三三八,七〇三	四,七七六,〇三三	五一四,三三七	一四,七五〇,八九八	一七七,〇三九	四,八六八,五七三	一三五,九九九	三,六〇三,九七四
寧波	八一,六三二	一,七九五,八八八	一五八,七四八	六,三三九,四八四	四四,二六六	一,二六〇,一八九	二八,九〇一	五七八,〇二〇

日本紡織業原料。完全仰給於美國、印度及我國。我國棉花。運往日本。逐年增加。據日本關册所載。我國棉花在日本進口棉花中之地位如左。

國別	大正五年		大正六年		大正七年	
	數量	價值	數量	價值	數量	價值
進口總數	八,一七九,四五二擔	二七四,四七七,七七七圓	六,九四六,五六八擔	三一九,九五三,五八八圓	六,七二九,五七六擔	五二三,七三八,四六三圓
中國	六二三,四八一	一九,三三六,七七八	六一三,七五七	三〇,二九六,九七三	一,二二五,四五九	八八,四七九,七七九

▲附各省棉產概況

直隸省

直隸產棉區域。多在西南一帶。其地勢平坦。土質輕鬆。氣候溫和。適於植棉。近年因紡織業發達。棉田歲有增加。所產棉。除本地自用外。多半運銷山東、山西及南方各省。由產地與品質上論之。可分三種。(一)西河棉。卽保定道屬之淸苑、正定、藁城、趙晉等縣所產。(二)運河棉。卽津海道屬之東光、吳橋、及大名道之南宮、冀縣一帶所產。(三)北河棉。卽京兆所屬之平谷、武淸、香河、寶坻等縣所產。三者之中。以產額而論。西河棉爲最多。運河棉次之。北河棉又次之。以品質而論。北河棉爲最優。運河棉次之。西河棉又次之。西河棉中。又有白花、紫花、長絨花各種名稱。然纖維之短。直經之粗。則無甚差異。僅能紡十支乃至十二支之粗紗。惟產額甚富。輸出日美兩國者。以此棉爲最多。蓋日美以之與羊毛混合。或與美棉合紡。其纖維雖粗。價格較廉也。就產棉區域而論。保定道屬。雖到處產棉。尤以欒城、藁城、正定、束鹿、高邑、元氏、趙晉等縣爲中心。卽以欒城一帶而論。其植棉面積。幾佔全縣耕地十之六七。所需五穀。多仰給外縣。棉業發達。可想而知。惟纖維短粗。是其缺點。運河棉亦分白棉、紫棉數種。產額之多。不及西河。然直徑稍細。纖維較長。可紡十二支至十六支之紗。此棉銷路。一則輸出海外。一則行銷他省。如彰德之廣益紗廠。天津之裕元、華新諸紗廠。多購用此棉。與西河棉混用。其輸出港爲青島天津。在運輸上。較之西河棉。尤爲便利。北河棉。在直隸棉花中。品質最佳。惟產額不多。其中以平谷所產。品質尤佳。然平谷棉亦有兩種。一爲小子花。一爲大子花。小子花係中國種。纖維甚長。可紡十六支至二十支之紗。大子花原爲美棉。品質稍次。亦係優良品種。惟因面積所限。產額不多。他如武清之長絨棉。亦係美國種。其品質與平谷之大子花相類。且產額甚富。由天津出口者。此棉頗占優勢。雖由交通便利。亦實品質優良所致。京兆所屬共二十縣。較之西河棉產區。氣候稍寒。且西北兩面。山岳連縣。東南一帶。河流縱橫。永定河屢年汎濫。爲患尤鉅。故京兆產棉縣分。僅占十之三四。就現在植棉面積而言。除永清、固安、順義、密雲等縣。不甚宜棉之外。他如武清、薊、涿等縣。面積遼闊。土質宜棉。均有推廣之餘地。

▲寶坻縣　共轄九百二十餘村。面積甚富。惟地勢異常窪下。河流最多。爲患甚鉅。僅西北一隅。地勢較高。故其棉產區域。亦多在辛集左右。年產子棉四十萬斤以上。近年紡織發達。棉花暢銷。即在新集鎮附近。每年可收花衣一萬三千餘擔。蓋其隣近各縣。皆係產棉之區。可收花衣之數量。劉宋鎮、（香河縣屬）二河屯、（香河屬）二十擔內外。大梁、（香河）二千餘擔。崔黃口、蔡村、大口屯、新開、（俱武清屬）各千餘擔。楊村、（武清）二千擔左右。平谷三千擔。

▲武清縣　爲京兆產棉最盛之區。有長絨、土棉兩種。長絨品質甚優。年產百七十萬斤。其產棉區域。多在南北蔡村及崔黃口一帶。全縣砂質壤土居多。頗宜植棉。且距天津甚近。易於銷售。故近年產額。日見增加。

▲香河縣　境內雖有河流。爲害較少。且地勢平坦。土質宜棉。所產棉花。係長絨繭花兩種。年產子棉二十萬斤上下。

▲平谷縣　產額雖不甚鉅。而品質優良。爲京兆棉花之冠。然平谷居盤山之陰。地勢高亢。僅西南稍爲平坦。其產棉之區。多在東北一帶。所轄僅七十餘村。年產淨棉六千萬斤。每畝產額。約淨棉二十餘斤。有大子花、小子花兩種。小子花品質最佳。可紡十六支以上之紗。

▲藁城縣　位於京漢路左。距正定車站七十里。棉田一萬一千六百餘頃。年產皮花五十餘萬擔。（一說一千二百餘頃年產子棉八百餘萬斤。）每畝收量平均百三十斤。有白花、紫花、長絨花三種。本地種。色純白。纖維短。本縣所用甚少。多運天津山東。通常用水井灌漑。勞費較多。獲利亦厚。花市共有八處。城內、美化鎮、（梅花鎮）賈市莊、崗山鎮、泥羊鎮、南董鎮、南孟鎮、趙莊。梅花鎮最盛。

▲欒城縣　距石家莊車站六十里。棉田約一千六百餘頃。年產皮花五萬四千擔。棉係本地種。色純白。纖維短。出口淨花五萬四百擔。多往天津。山西壽陽縣。間亦有之。或云棉田一千八百餘頃。年產子棉一千四五百萬斤。本縣消費一百萬斤左右。其餘十之七八。運往天津。十之二三。運往

山西。重要花市爲縣東關、冶河鋪、故意村、城郞村、西營村、竇嫗村、小枚村、趙村。英商仁記、平和等皆在此收買。

▲晉縣　由欒城東行。卽至趙縣。距石家莊車站一百里。產淨棉三十二萬餘擔。花之品質與欒城同。本地需用不及六千餘擔。多運售山西、山東。或云全縣棉田。一千三百餘頃。有白花、紫花、二種。年產七百八十餘萬斤。花市在東西兩關。及小樵鎮東卓宿等處。

▲束鹿縣　在晉縣欒縣之東。年產皮花四十六萬八千餘擔。每畝平均收量百二十斤。棉白絲短。本地衣被紡織土布之用、僅八千擔。餘均運銷天津、山東、棉田多在城北一帶。花市有舊城、位伯、南小陳、辛集四處。舊城位伯最盛。

▲深澤縣　距石家莊百四十里。產皮花五萬五千四百擔。色白。纖維短。運售漢口山東等處。或云棉田十一萬畝。均產子棉三萬六千擔。由滹沱河運銷天津。

▲博野縣　在深澤東。距定縣車站一百里。棉田三千二百四十餘頃。產皮花十一萬四千一百擔。以小店鎮一帶爲盛。色純白。纖維短。運銷北京、天津。多先售於蠡縣。然後轉運他處。或云棉田皆在東北一帶。境內南有豬龍。北有乾河。往往汎濫爲災。致近年棉產頗有減少之勢。平均每年產五十餘萬擔。本縣銷行十分之三。外運十分之七。

▲定縣　在博野西。京漢鐵路通焉。蠡縣、博野、深澤各縣棉花。皆由此出口。棉田僅八百餘頃。產皮花三萬二千擔。種類及品質。與野博縣同。

▲蠡縣　距定縣車站一百里。棉田以小陳鎮爲最多。全縣共五千四百八十餘頃。產額十七萬七千二百八十餘擔。棉分二種。一曰細長絨小黑子。一曰短絨。甚柔軟。最宜紡紗。運銷京津及張家口。或云年產子棉、一百三十餘萬斤。本縣農民織布者甚多。故本地約銷三十萬斤上下。餘運天津。

▲安國縣．距定縣車站六十里。多輕鬆之黃土及沙土。棉田二千一百餘頃。產皮花六萬七千二百擔。色純白。纖維短。多銷京津張家口。縣城及西北各鄉。皆以植棉爲主業。

▲永年縣　距臨洺關車站甚近。多黃土。棉田約三千七百頃。產皮花十萬餘擔。均中國種。色純白。西路所產。纖維細軟。東路所產則較粗。多運銷天津彰德漢口。本縣需用甚少。

▲邯鄲縣　距京漢車站三里。棉田約二千三百餘頃。每畝平均收棉七十斤。共計皮五萬六千擔。品質稍粗。子花百斤。可軋花衣三十五六斤。外運約皮花五萬擔。往漢口最多。

▲趙縣　距元氏車站四十八里。棉田約五千餘頃。產皮花二十萬九千擔。纖維柔軟而長。能紡二十六支之紗。本地用花甚少。均運天津、河南、山東。年達十七萬四千擔。英日商人在此購買者不少。或用全縣棉田。約佔耕地十之五六。年產子花四千四百餘萬斤。棉市有城內、范莊、大石橋、沙河店、北三相、六市莊、賈店、楊家郭等處。

▲元氏縣　距京漢車站六里。棉田一千一百頃。產皮花三萬八千餘擔。品質與趙縣相似。每年外運約花衣三萬二三千擔。多往天津。

▲高邑縣　在京漢路左。距車站三里。棉田五百八十頃。產皮花二萬六百擔。色純白。纖維稍粗短。每年外運約一萬八千擔。亦以天津爲大宗。往河南者約十之二三。

▲正定縣　距京漢車站七里。棉田約三千餘頃。產皮花十二萬擔。本地僅用一萬六千擔。餘運天津。惟品質稍劣。纖維粗短。

▲無極縣　距正定車站七十里。土質粗鬆。棉田八百十頃。產皮花二萬四千三百擔。品質與正定相同。多銷天津漢口。或云產棉區域皆在段固莊、北蘇鎮、郭莊一帶。棉田約八萬五千畝。植美棉者佔三百餘。成績甚優。

▲獲鹿縣　東距石家莊車站十里。棉田三百頃。產皮花一萬一千五百擔。有純白及紫花兩種。纖維短。日商英商多設店收買。蓋石家莊爲趙縣元氏等縣棉花出口必由之路。而獲鹿距石莊最近。故產量雖少。花市頗盛。拋盤買賣亦頗通行。或云棉田五萬畝。產棉最盛之區爲枕頭、休門崗等處。

▲完縣　在京漢路之右。距方順橋車站三十里。棉田七百餘頃。產皮花二萬四千擔。品質頗佳。多供本地之用。銷出者甚少。

▲滿城縣　在完縣北。距保定車站四十里。棉田二千一百餘頃。產皮花八萬四千四十擔。較完縣等處纖維長而細柔。銷行天津漢口最多。歸綏次之。附近徐水清苑等縣之棉。多聚於此。

▲豐潤縣　距京奉路河頭車站四十里。棉田二千七百七十餘頃。產皮花十一萬四千二百六十擔。纖維細長柔軟。有絲光。極上品也。產地以小集鎮爲最盛。多運天津奉天。日商多前收買。

▲玉田縣　在天津東北。距京奉路河頭車站六十里。產棉以窩洛沽爲最多。棉田一千二百五十餘頃。產皮花五萬二千五百五十擔。品質與豐潤同。多銷天津奉天。

▲冀縣　本縣物產以棉花爲大宗。縣城西南一帶與南宮毗連處。棉產尤盛。纖維雖短。色澤純白。年產約五十餘萬斤。

▲南宮縣　平均每年產棉五千萬斤上下。有白花白、大紫稭、玉樹桃三種。白花白品質最佳。其他兩種稍次。花市為尋寨、王道寨、垂陽、郝家屯、喬村、段盧樓、蘇村、陳白居、城關。其中城關最盛。彰德天津紗廠及洋商皆有專員在縣收買。

▲寧晉縣　平均每年產子花一百二三十萬斤。花市在換馬店、任城集、河渠鎮、東陳鎮、南蘇鎮、白侯鎮、北近鎮。

此外曲周、與橋、(于家集梁家集)東光、清河、威縣、深縣、肥鄉、雞澤、磁縣、隆平等縣。均為著名產地。

山東省

山東濱海。氣候寒冷。惟西北一帶。土多砂壤。氣候温和。地勢平坦。著名產棉。棉區共三十餘縣。

▲濱縣　在武定縣東。濱臨黃河。棉田二千五百餘頃。產皮花十萬五千擔。有白棉紫棉兩種。纖維長五分許。品質之良。產額之多。為武定區各縣冠。多運濟南、濰縣黃縣等處。青島日商紗廠。收買甚多。

▲利津縣　臨黃河北岸。棉田約二千頃。約產皮花五萬擔。品質與濱縣相若。多運銷龍口、煙臺、濟南。均由黃河輸出。

▲蒲臺縣　蒲臺濱黃河南岸。棉田一千餘頃。每畝約產子花一百斤左右。合淨花二十五六斤。纖維長約八分。色澤極白。　商河縣在其西。有棉田一千二百畝。纖維絕白。

▲惠民縣　土質宜棉。土布紡織。亦頗發達。　陽信縣、棉田以勞家集楊戶口一帶為最多。　章邱縣亦產棉。此三縣棉花品質。與蒲臺商河相似。子花百斤可軋淨花二十七斤乃至三十五斤。多供本地之用。外銷極少。

▲夏津縣　棉為絲光、小白花、大花、絨花四種。色白亮。纖維長。棉田約一千四百餘頃。產皮花五萬一千八百擔。運銷天津濟南。

▲邱縣　棉田三千五百餘頃。產皮花十萬六千擔。品質較夏津稍遜。子花百斤。可軋花衣三十八斤左右。

▲清平縣　距津浦路禹城車站一百里。城西南至臨清。純為產棉區域。面積四千五百餘頃。產皮花十二萬九千擔。有絲棉、紫棉、大棉、洋棉等種。洋棉最佳。子花百斤。可軋花衣三十八斤。多銷濟南、天津。辛集鎮花市最甚。

▲館陶縣　在清平西南。地多砂質壤土。棉田二千二百頃。產額四萬一千餘擔。品質不甚優良。色白稍帶青光。

▲堂邑縣　棉田一百六十餘頃。產花衣五萬一千八百四十擔。品質遜於夏津武城。纖維長三四分。

▲冠縣　在堂邑縣西。棉田約一千五百餘頃。產額四萬七千擔。品質劣。纖維長三分許。無光澤。日本收買頗多。

▲高唐縣　在平清東北。棉田二千餘頃。產額約三萬擔。本地需用甚少。多運隣縣如博平臨清等處。有小白花、大花、長毛花三種。顏色白。絲長二三分。

▲恩縣　在武城東。產皮花一萬餘擔。有小棉、絲棉二種。色白。柔軟。纖維細長。

▲博平縣　棉田二百八十餘頃。產皮花六千四百餘擔。多美國種。僅敷本地之用。地多壤土。宜棉。

▲臨清縣　在夏津西南。棉田二千四百餘頃。產子花二十萬擔。有絲光、獅子頭、硬毛兔及紫花四種。色白無光。子花百斤。最優者可軋花衣三十八斤至四十一斤。多往天津、濟南。

此外嘉祥縣棉田以郎山屯、董家樓、獨山莊、王家莊、柳家莊一帶為最多。鉅野縣棉田多在玉山集、六營集、章縫集、安興集一帶。此兩縣所產。僅敷本地之用。城武縣棉田多在天宮廟、九女集、汶上集、常村等處。約一萬五千畝。土質宜棉。單縣棉田概在西南兩鄉。其中以郭村為最多。共約七萬六千餘畝。產子棉二萬五千三百擔。多運往沂州、泗水、河南。曹縣為山東重要產區。縣內東南鄉。全係黃砂土質。棉田約八萬餘畝。產子棉二萬擔。多運往徐州、濟南。菏澤棉田四萬五千餘畝。以呂陵都、明義都、解元都一帶為最盛。產棉一萬五千擔。纖維長一寸。本地紡織業發達。棉花外銷者少。定陶縣棉田二萬七千畝。馬集、西台集兩處最盛。本地紡織發達。所織之布名曰陶布。最著名。濮縣棉田在崇興、五福等處。面積二萬餘畝。產子棉五千餘擔。品質尚佳。僅供本地之用。朝城縣棉田在西北鄉。約數百畝。產額不多。觀城縣棉田多在辛里、耿里一帶。土質宜棉。因草帽業發達。農民多不注意棉業。莘縣西北兩鄉皆係壤土。最宜植棉。棉田約七千餘畝。品質尚佳。僅敷本地之用。聊城縣棉田在西北鄉之趙官屯、小馬莊、三教堂等處。約三千餘畝。不敷本地之需。茌平縣棉田以徐家莊、十里堡、施屯等處為最多。約三百畝。

河南省

河南農民曩時多不注意棉業。近自政府提倡種棉以來。種者漸多。棉田面積。以偃師為最廣。約十二萬五千八百八十畝。次為靈寶、閿鄉二縣。各十一萬畝。再次汜水九萬九千畝。陝州八萬五千餘畝。新鄉七萬餘畝。臨漳、武安各六萬餘畝。陽武、澠池、原武、洛陽、獲嘉、新安各四萬餘畝。其餘內黃、涉縣、沁縣、輝縣、修武、商水二十餘縣。數千畝至二萬畝不等。產額亦以偃師、新鄉、武安為最多。近年美國棉種。漸見發達。彰德有廣益公司收買。故外銷無多。運銷地點。為天津、漢口、上海等處。以鄭州為最大市場。

安陽縣棉田多在曲溝、永治鎮、洪河屯、漁陽鎮、辛店集、侯家莊、五官鎮、閆宅、倫掌、觀臺一帶。武安縣棉田多在武安、徘徊鎮、牛鎮、龍泉村、張璨村、東周莊、溆村、莊晏村、和村一帶。鄧縣棉田多在魏集、鄭趙集、錢家集、侯橋、構林集、古村、李官橋一帶。新野縣棉田多在歷樓、新店鋪一帶。鞏縣棉田多在松山、迴郭鎮、芝田鎮、黑石關一帶。偃師縣棉田多在石橋鎮、義井鋪、蔡莊、溝市鎮一帶。洛陽縣棉田在李村、白沙鎮、彭玻鎮、金村寨、平樂、象床、潘寨等處。陝縣棉田在張茅鎮、磁鎮、温塘、大營一帶。靈寶縣棉田在下磑街、稠桑鎮、虢略鎮等處。閿鄉縣棉田在大字營、雷家營、陽平集、官莊、盤豆鎮等處。太康縣棉田在揚廟、遜母口、五里口、石榴村一帶。睢縣棉田在龍塘、劉家園、河陽集、孫聚寨、長崗寨等處。寧陵縣棉田在羅崗埠一帶。此外沘源、信陽、羅山、光山、虞城、汝縣、陳留等處皆產棉區也。

開封棉產甚富。紡織土布。亦甚發達。附近土布產地。爲滑縣、考城、杞縣、太康、鄢陵、許昌、氾水等縣。除本地自用外。並運銷山西一帶。

山西省

晉省多山。棉田以西南部爲最多。大半由黃河運至鄭州。向漢口銷售。天津市場之山西棉。以平遙棉爲主。多係由榆次遵正太京漢京奉鐵路運往。山西棉纖維細長。足與陝西相匹敵。洪洞附近所產。與直隸吳橋相似。而榮河產尤佳。最適於紡織。

▲虞鄉縣　多埴質壤土。棉田四萬三千七百畝。東北鄉最多。棉屬高原種。纖維長七分有奇。子花百斤可軋花衣三十三斤乃至三十四斤。多用馬車運至榆次。轉輸天津。

▲臨晉縣　多壤土埴土。四鄉皆植棉。約四萬四千二百畝。花色白。纖維長七分五釐。亦由榆次轉運天津。

▲猗氏縣　多埴土。棉田二萬一千四百餘頃。子花百斤可得淨棉三十斤左右。纖維長七分四釐。本地約用二千餘擔。餘運天津。

▲榮河縣　棉田四萬三千五百畝。亦高原種。色白。絲長七分四釐。子花百斤可得淨花三十二斤。多銷天津。

▲解縣　棉田三萬八千三百畝。多高原種。絲長七分五釐。亦由榆次轉運天津。

▲聞喜縣　棉田六千二百八十三畝。棉屬高原種及土種。色白。纖維長七分五釐。子花百斤可軋花衣三十三斤。

▲安邑縣　棉田二萬七千三百畝。產棉本地需用三分之一。餘銷天津。品質與解縣相同。

▲夏縣　四鄉皆產棉。約二萬二千五百七十畝。棉多土種。纖維長七分五釐。本地需用二分之一。子花百斤可軋花衣三十三斤。

▲河津縣　棉田四萬一千餘畝。棉多高原種。運銷天津者約占產額十分之八。纖維長七分六釐。子花百斤、可得淨棉三十斤左右。

▲稷山縣　棉田一萬四千五百餘畝。品種與前數縣同。纖維長七分二釐。

▲新絳縣　棉田三萬二千餘畝。運銷天津。占十分之八。纖維長七分。子棉百斤可軋淨棉二十九斤半。

▲曲沃縣　棉田三萬二千四百餘畝。運銷天津。占十之八九。多高原種及土種。纖維長六分九釐。子棉百斤可軋淨棉二十八斤。

▲永濟縣　棉田四萬餘畝。運銷天津。棉亦土種。纖維長七分六釐。

▲洪洞縣　土質與砂質壤土。宜於植棉。棉田四萬餘畝。亦銷天津。品質與永濟曲沃等縣同。

▲臨汾縣　東南鄉埴質壤土。西北多砂質壤土。棉田三萬七千餘畝。多高原種及土種。纖維長六分八釐至七分。運銷天津。

陝西省

陝西棉花之良。久爲世人所共知。產棉區域。以東路之臨潼、渭南、華縣、華陰、及河北之三原、高陵、富平各縣爲最盛。近數年來。西路之咸陽、醴泉、鄠縣、岐山、鳳翔、郿縣等處。植棉漸多。惟在試種期內。產額不多。全省產額共約六十萬擔。據陝省實業所調查。臨潼三萬九千擔。渭南十三萬擔。華縣五萬徐擔。華陰七萬三千餘擔。藍田二萬二千擔。咸陽二萬三千擔。醴泉六千餘擔。鄠縣一萬二千擔。合計三十六萬三千擔。三原高陵等縣。共約二十八萬擔。至棉花品質。因陝西民知未開。不知改良。以陝西土質而論。砂質壤土居多。最宜植棉。各縣棉種。多係土種。惟三原、渭南、高陵等處。多種美棉。華陰亦植外國棉種。故各縣棉花品質。優劣不等。土種色澤不良。稍帶黃褐。纖維粗短。惟韌力尚大。至美國棉種。其色較白。纖維細長。韌力尤大。最適於紡紗。總之陝西棉花色澤雖不如通州棉花之白。其韌力則無甚差異。由渭河運至河南。轉輸漢口最多。天津較少。

湖北省

湖北棉產之盛。次於江蘇直隸而居第三位。民國八年。產棉一百二十三萬擔。九年、一百五十七萬餘擔。

▲黃岡縣　棉田多在新洲陽邏、倉子埠、周山埠、筆家鋪、楊家廟、桃園店、普大集、孔家埠、新集街、陽裴廟、金臺岡、李家集、毛家集、街埠、施家崗一帶。棉屬家鄉種。黑子粗絨。略帶黃色。每百斤可軋淨棉三十五六斤。新洲在黃岡縣北。爲產棉最富之區。年產三十五萬擔。纖維長達八九分。色亦潔白。每百斤可軋淨棉三十八斤。在漢口市場。價格常比他處棉花爲高。陽邏約產二萬五千擔。

▲黃陂縣　棉田多在許家橋、六指店、蔡家集、祁家灣、方家集、張家岡、等處。

▲麻城縣　棉田多在岐亭、五桐河、陶家園、宋埠、大街、小街、白燕山、白臯、潘家塘、西谷、中館、驛、東嶽廟、臥中石、閔家集、浦新寨、干天岡、迎河集、黃土岡、閣家河等處。宋埠最多。民國九年產一萬五千餘擔。有黑子白子兩種。纖維長約六七分。亦家鄉種。

以上三縣之棉。俗稱家鄉棉。

▲黃安縣　棉田多在紫潭河一帶。

▲黃梅縣　棉田多在孔隴、黃泥塘、新開鎮、一帶。毗連江西九江。產棉甚富。

▲蘄春縣　棉田多在石牌崗、瀾泥灘、曹家塘一帶。

▲廣濟縣　棉田多在龍坪、武穴、田家鎮一帶。纖維稍粗。民國九年產棉二萬四千擔。

▲大冶縣　棉田多在陸家鋪、石灰窰、黃石港一帶。民國九年產棉一萬五千擔。棉係粗絨。

▲鄂城縣　棉田多在華容、長港、丁橋、陶唐、長嘴、葛店一帶。葛店產額最富。色白。衣量多。

▲蘄水縣　棉田多在巴河一帶。

▲陽新縣　棉田多在漳源口一帶。

▲嘉魚縣　棉田多在杜家洲、新灘口、簰洲一帶。

▲漢陽縣　棉田多在新溝、蔡甸一帶。蔡甸附近。棉田約二十四萬畝。每畝收淨花四十餘斤。棉係毛子粗絨及黑子細絨種。色澤甚白。日商三井、武林、日信、岩井、茂木皆在此收買。

▲沔陽縣　棉田多在彭家場、張家場、青山院、老灣、烏林磯、新堤、仙桃鎮、沙湖一帶。仙桃鎮附近約十四萬畝。產四萬三千餘擔。每百斤可軋淨棉三十七八斤。多爲日商收買。

▲監利縣　棉田多在朱河、汴火爐、太平橋等處。約產六萬五千擔。黑子棉最多。纖維長約八分。

▲石首縣　棉田多在新場、藕池、橫堤、新口、霧溪嘴、高家廠、茅草街、團山寺、曹家廠、老山嘴、管家埠、江家渡、天心洲等處。新場約產一萬八千擔。橫堤約二萬擔。藕池約一萬五千擔。有黑子白子兩種。纖維長約八分。惟韌力不及陝西之細絨棉。

▲公安縣　棉田多在陡湖堤、戴家場、吳達河、涂郭巷、沙廠、鹿毛口、清水泓、黃金口等處。約產四萬九千擔。多黑子洋棉。品質與石首相同。

▲江陵縣　棉田多在觀音寺、馬家寨、郝穴、彌陀市、沙市等處。約產二萬餘擔。黑子粗絨棉居多。色稍黃。遜於家鄉棉。洋商多在沙市收買。

▲松滋縣　棉田多在磨盤司、涴市、陳家灘、利子嘴、朱家場、朱家埠、木馬口、邱家墩、米磁台一帶。約產一萬八千擔。

▲枝江縣　棉田多在江口、董市、百里洲一帶。江口約產一萬擔。棉係黑子粗絨。多往四川。日商間亦收買。

▲宜都縣　棉田多在白洋、獅子口、古老背、雲池、紅花套一帶，

▲宜昌縣　棉田多在土門埡、白沙老、南津關、小溪塔、龍泉鋪、張家場、茶菴子、石板鋪、峯毋山、蔡店子一帶。

▲雲夢縣　棉田多在長江埠、胡金店、南河口、楊家河、義堂、陳家溝、劉家店、伍樂寺、隔蒲潭、洛陽河、黃河口、雷公橋一帶。

▲孝感縣　棉田多在趙士埠、陡崗埠、里林墩、涂家河、魯家埠、毛陎渡、三汊埠、界河、上新集、下新集、草店、道士店、五貴市、楊店、東陽崗、西陽崗、徐家巷、蕭家港、白沙埠、花園等處。

▲天門縣　棉田多在皂市、胡家場、趙家場、宋河、岳家口、橫林口、桃磯潭、毛家場、彭石河、麻陽潭、乾子鎮、劉家集、新堰口、黃家嶺等處。多爲日商收買。

▲漢川縣　棉田多在田二河、廻龍集、脈旺嘴、楊林溝、分水嘴、城隍港、坂河口、繫馬口等口。日商設有收買莊。

▲光化縣　棉田多在杜家岡、韓家樓、魯家寨、陳家營、薛家集等處。老河口距縣城十五里。花市最盛。附近棉田約三十八萬畝。產棉七萬八千餘擔。纖維潔白長絨。子花百斤。可軋三十五斤。日商武林日信在此收買。

▲穀城縣　棉田多在張家集一帶。

▲襄陽縣　棉田多在黑龍集、石橋鋪、李百戶、淨土寺、泰山廟、古城、下薛集、呂堰驛、鄧桃湖、李食店、馬家集、峪山、黃龍蕩、張家集、雙溝、楊家寨、歐家廟、東津灣等處。樊城花市最盛。附近棉田約六十餘萬畝。產棉二十萬擔。有毛籽粗絨、黑子絨兩種。潔白。纖維甚長。日商多在此收買。

▲棗陽縣　棉田多在蘆陂堰、隆興寺、劉家寨、七方崗、土橋鋪、璩家灣、蔡陽鋪、鹿頭鎮、新寺店、錢家崗、齊家集、太平鎮、寺莊店、湖河鎮、興隆集、隨陽店、石豬河、烏金店、王家城、吳家店、梁家集、熊家集、李家樓、槐樹崗、棗林店等處。民國八年棉田十八萬餘畝。產棉三萬擔。民國九年二十二萬畝。產棉七萬餘擔。毛籽細絨。色雪白。纖維長。多運京漢廣水站。轉赴漢口。多爲日商收買。棗陽織布業素盛。由駱駝隊商運銷陝西甘肅各省。自汴洛鐵路通至觀音堂後。洋布多由漢口天津遵鐵路轉往陝甘。棗布遂無銷路。僅供本地需用。

▲隨　縣　棉田多在安居、溵潭、淨明鋪、萬福店、唐縣鎮、厲山、淅河、萬河店等處。唐縣鎮花市最盛。多爲日商收買。

▲應山縣　棉田一萬八千畝。多黑子細絨種。色潔白。纖維長約六分。廣水花市最盛。蓋有京漢鐵路。可通漢口。隨棗一帶棉花。皆集中於此。

湖南省

湘省盛產米、茶。雖全省土質氣候皆宜植棉。而現在種棉區域。多見於洞庭湖沿岸。其主要產地。爲常德、桃源、漢壽、沅江、澧縣、石門、慈利、安鄉、大庸、攸縣、茶陵、湘鄉、益陽等縣。產額其說不一。據日本農商務省技師推定。僅三十萬擔。而據民國四年各道尹調查報告。則武陵道屬常德、桃源、石門、安鄉、臨澧、大庸、沅江、慈利、南縣、岳陽等十縣。產子棉百八十五萬一千擔。衡陽道屬安仁、耒陽、常寧、衡陽、零陵、郴縣、東安等七縣。產子棉六十五萬二千一百擔。湘江道屬湘潭、攸縣、武岡、茶陵、長沙、湘陰等六縣。產子棉四十二萬六千六百擔。辰沅道屬鳳凰、黔陽、通道、麻陽四縣。產四萬八千八百擔。二十七縣共計百四十九萬二百五十擔。與日人推定之數。相去甚遠。要之未經確實調查。不能遽下斷言也。

江西省

贛省氣候風土。均宜植棉。現在產棉最富之地。僅在長江附近。其他地方。不無棉田。然僅敷本地之需。產額不多。主要產地、爲潯陽道屬九江、湖口、彭澤、鄱陽、星子、都昌、瑞昌各縣。及豫章道屬臨川、東鄉等縣。九江附近。產棉最富。花市在封廓。(又名小池口)距九江八里許。產皮花約五萬擔。多用駁船送至九江。轉運南昌、上海、漢口。全省共產十餘萬擔。惟棉質不良。纖維無光澤。又不柔軟。是急須改良者也。

安徽省

皖省多山。中部長江流域。地稍平坦。土質輕鬆。氣候溫和。少風。適於植棉。民國八年約產二十餘萬擔。棉種除中棉外。間有美棉。惟農人對於植棉管理。極形粗放。故品質日劣。收量日減。近由實業廳設立棉作試驗場。於產棉之區。發給種子。提倡改良。以土質氣候適宜之地。稍加獎勵。將來不難發達也。

▲滁縣　四面環山。氣候乾燥。無雨水害。甚宜棉作。南鄉產額較多。全縣約產皮花百餘擔。多運河南、山東、廬州等處。

▲和縣　產額比滁縣爲多。約在二萬擔左右。洋棉、中棉均有之。除本地自用外。多運南京、浦口、上海。縣屬烏江地方。花市最盛。

▲東流縣　產皮花二十萬擔。本地自用甚少。多由安慶轉運上海、九江等處。張家灘花市最盛。

▲懷寧縣　產棉不多。僅足供本地衣被紡織之用。其運銷之棉。多自東流、望江等處集合轉運者。就花行同益、豐記、恒元泰三家計之。每歲銷滬皮花約二萬餘擔。此外零買小行八九家。每歲收棉亦在五六百擔左右。

另據一調查。全省棉產如左。

地名	繰棉年產額	地名	繰棉年產額
和縣	三萬擔	銅陵縣	四千擔
太和縣	二萬擔	合肥縣	四千擔
望江縣	一萬五千擔	英山縣	三千擔
東流縣	一萬二千擔	渦陽縣	一千擔
霍邱縣	一萬二千擔	其他	五萬擔

合計十五萬一千擔

皖省棉花品質。除東部以外。纖維概細軟。和縣棉花纖維粗硬色澤純白。東流棉花纖維軟。惟往往夾雜黃花。是其缺點。亟宜注意選別。合肥棉花。其纖維有粗硬與細軟兩種。前者為白子棉。後者為黑子棉。多混黃花。亦其缺點。皖棉著名集散地。為烏江、西梁山、安慶、大通、荻港、廬州等處。

江蘇省

江蘇為產棉素盛之區。其氣候風土。皆甚宜棉。故產額之多。恆甲於他省。然在數十年前。紡織工廠尚未發達。棉花銷路甚狹。種植方法。亦多不良。一般農民。對於棉作。概不注意。故當時植棉面積。殊屬寥寥。民國以來。紡織工廠日見發展。於是棉花之需要。為之驟增。加以種植得宜。品質改良。產額日多。銷路愈廣。而棉花市價。亦蒸蒸日上。一般農民。既目覩植棉之利益。植棉面積。遂漸次推廣。始有今日之盛況。其中棉質優良。首推南通。其次為崇海、常熟。再次為太倉、上海諸縣。至漣水、灌雲、清江、淮安等處。其植棉始自近年。且栽培粗放。棉質惡劣。幸而棉價騰貴。獲利較厚。農民植棉之觀念。稍見增進。苟能竭力提倡。不難發達。據最近調查。江蘇之植棉面積。以八九兩年為最多。九年產棉總額。共計三百萬擔內外。

▲南通縣　地勢平坦。土質肥沃。棉產之盛。向為江蘇各縣之冠。自大生紗廠創設以來。棉花之需要。異常旺盛。是以棉田之推廣。亦甚迅速。產棉最盛之區。為劉海沙、白蒲、平潮、劉橋、唐家閘等處。品質亦甚優良。九年風雨為災。收量大減。共產一百零三萬擔。棉種有青莖及雞脚兩種。而品質以雞脚為最良。纖維純白。長達一寸。除供給大生紗廠外。餘皆運銷上海。

▲海門縣　土壤多含砂質。亦頗適於植棉。在江蘇產棉各縣。除南通之外。其產額以海門為最多。九年棉田。共一百六十萬畝。然因秋季風雨過多。以致收量減少。每畝僅得子棉六十餘斤。共產三十八萬擔左右。棉種品質與南通相同。本縣紡織。需用數千擔。餘均輸出南通及上海。

▲崇明縣　崇明地屬沖積土。亦宜植棉。所屬之外沙、久隆、餘穀、北新等處。皆盛產棉。九年雖遭風雨之災。而產額猶多於八年。共產三十七萬餘擔。棉種與南通相同。品質尙佳。近來該縣已創設紡紗工廠兩處。棉花之需要旣多。則該縣棉業前途。必有發展之望。

▲如臯縣　在南通之北。其產棉之地。皆在東南一帶。九年棉田共八十六萬餘畝。約產二十一萬擔。棉種亦同南通。惟品質稍遜。本地需用甚少。大半輸出南通及上海兩處。

▲泰興縣　境內到處宜棉。惟因農民多不知植棉之利。以致棉產尙少。九年棉田計十九萬畝。共產二萬二千餘擔。棉種與南通相同。栽培粗放。品質較劣。除本地需用外。多輸出清江、無錫、江陰等處。

▲靖江縣　在泰興之南。棉田多在柏木鄉。共計十四萬餘畝。約產四萬擔左右。本地需用甚多。餘者則輸出無錫、上海等處。

▲東台縣　該縣自大豐大賚兩鹽墾公司成立以來。植棉面積。日見增加。九年棉田共三十二萬畝。年產七萬餘擔。因遭風雨之害。每畝僅產子棉四五十斤。棉種有沙花、白核花。纖維品質。皆劣於南通。

▲泰縣　自古爲產稻之區。近因棉價騰貴。植棉大盛。八年棉田。僅二萬畝。產額不過一萬餘擔。九年竟增至九萬畝之多。雖受風雨之害。而產額猶得三萬一千餘擔。棉種以黑子棉爲最多。色澤潔白。纖維長達七八分。繰棉率約得四十斤。大部分輸出於南通泰興兩處。

▲鹽城縣　棉田七萬五千畝。九年因遭風雨之害。產量大減。每畝僅得子棉二十斤。共產一萬餘擔。有沙花、洋花兩種。纖維長約五六分。境內氣候土質。皆適於棉作。惟交通不便。運輸上稍覺困難。

▲阜寧縣　東濱黃海。荒地甚多。該處鹽墾公司。有華盛、阜餘、大順、合德等十餘處之多。植棉面積。計有十二萬一千餘畝。因逼處海濱。土質多含鹽分。九年秋季。復爲風雨所摧殘。棉花產額。爲之頓減。僅產六千餘擔。品質與鹽城相同。多輸出南通。

▲興化縣　地勢窪下。多係粘質壤土。向產稻米。近年棉價日高。獲利較厚。植棉始見增加。棉田約二萬九千餘畝。共產七千六百擔。產棉最盛之區。爲合塔圍、永豐圍。而品質以永豐圍爲最優。該縣謂之圍花。

▲高郵縣　棉田二千六百畝。約產八百五十擔。品種同鹽城。該縣原非產棉之區。近於縣內設試驗場。竭力提倡。現今產額雖不甚多。將來或有發展之望。

▲寶應縣　九年棉田三千餘畝。產二百餘擔。品質尙佳。該縣向無棉產。自黎城鎭設植棉場。提倡植棉。農民植棉者。漸見旺盛。

▲淮安縣　原無棉產。自民國九年大茂墾植公司將新墾之土地二千餘畝。悉行植棉。共產二百餘擔。僅供本地所需。並無出口。

▲漣水縣　氣候溫和。適於棉作。九年棉田二萬三千餘畝。產棉五千餘擔。品種與鹽城相同。惟栽培管理。甚爲粗放。故收量較少。品質亦劣。

▲淮陰縣　向以豆、麥、玉蜀黍等爲主要產物。近年省立第一農事試驗場設立以來。竭力提倡棉作。一般農民。始知棉業之利益。九年棉田二千畝。約產三百二十擔。棉種爲青莖白子棉。纖維長約六分。色亦潔白。產額無幾。僅供本地需用。

▲江都縣　農民自民國九年始從事種棉。共計棉田二千九百畝。產額約七百擔。棉種同淮陰。

▲江陰縣　九年棉田十八萬畝。產額六萬三千二百擔。棉種有白子、黑子兩種。品質以黑子爲最優。與南通所產。無甚差異。所產之棉。除供本地需要。即輸送於無錫上海兩處。

▲常熟縣　九年棉田四十萬畝。產棉十五萬二千餘擔。較之八年。約增三倍。棉種僅黑子棉一種。纖維潔白。長達一寸。所屬之常陰一帶。棉產尤盛。其品質之美。實爲江蘇全省之冠。纖維細度。與陝西棉花相類。皆因該縣之土質輕鬆。氣候溫暖。栽培方法。亦極周到。故棉質甚佳。除供給本縣順記紗廠外。輸出於上海、無錫、蘇州等處者。約十二萬擔。

▲太倉縣　在常熟東。亦著名產棉之區。然地低土粘。較之常熟。稍有遜色。棉田三十五萬畝。惟九年夏季。尺蠖爲害。秋季又遭風雨之災。以致收量驟減。然較之去年產額。尙增加二倍有奇。每畝平均約產子棉七十斤。全縣共產十萬餘擔。棉種以白核爲最多。僅璜涇鄉一帶、有黑核棉而已。品質以黑核種爲最優。白核種次之。（太倉白籽棉纖維長而軟、遜於通花、）本縣沙溪之濟泰紗廠。每年約消費子棉二萬餘斤。其餘悉輸送上海、無錫。

▲嘉定縣　棉田約三十萬畝。九年共產七萬五千擔。棉種與太倉同。而品質較劣。故市價亦較太倉低廉。花市以婁塘爲最盛。

▲上海縣　紗廠林立。需花甚鉅。又爲海外輸出重要商埠。故不特蘇省所產。即他省棉花。亦多運來。本縣產棉。以閔行鎮爲最。其纖維長約七分。繰棉率約得三十六斤。全縣棉田共十萬畝。九年產棉二萬九千四百餘擔。

▲南匯縣　位黃浦江東岸。居川沙奉賢二縣之中。產棉之多。爲浦東三縣冠。九年棉田七十萬畝。夏季尺蠖爲害。全縣產額。僅得十九萬擔。棉種爲浦東白子種。纖維粗短。品質不佳。且有攙水之習慣。故棉花價格。常較他處爲廉。本地需用甚少。多運往上海。

▲奉賢縣　位南匯縣西南。地勢較高。土質亦頗宜棉。九年棉田四十萬畝。尺蠖爲害。收共產十萬餘擔。棉種同南滙。栽培管理。不求進步。故纖維

短而靭力弱。

▲川沙縣　東臨大海。土質多含鹽分。農民向不注意棉業。近經該縣農事試驗場竭力提倡。棉田始稍增加。九年棉田約十五萬畝。產四萬五千餘擔。棉種亦同南匯。色澤潔白。纖維長達七分。繰棉率三十六斤。

▲青浦縣　位於松江之西。地勢窪下。土性稍含粘質。向多產稻米。近因棉價騰貴。所有高地。多改植棉。然栽培方法。尚極粗放。九年棉田一萬餘畝。風雨爲災。每畝平均得子棉八十斤。共產二千七百擔。棉種爲本地種。纖維長約七分。繰棉率得百分之三十四。本地消費甚少。多輸出上海。

▲寶山縣　九年棉田十五萬畝。產額約五萬餘擔。棉種有浦東棉及閔行棉兩種。品質與上海相同。多銷上海。羅店花市最盛。

▲灌雲縣　在漣水縣北。氣候溫和。土壤多含粘質。惟淤黃河一帶。爲砂質壤土。適於棉作。八年由該縣運出之棉。至五千擔之多。皆爲青島日商所購買。運輸之時。先用民船。運至海岸。然後改裝輪船。送於青島。九年棉田約二萬畝。共產四千二百擔。因遭秋季風雨之害。較之八年。收量稍減。棉種爲白核、綠子兩種。纖維短粗。品質不良。雙港鄉已設立植棉場。成績尚佳。

浙江省

浙省棉花產地。以北半部爲最多。尤以紹與寧波一帶爲最著。茲將其重要產地之一部。列舉於左。

	產地	縣地距離	子棉產額
餘姚縣	郞廈	五〇里	五六千包(每包百二十斤)
	第四門	六〇	不詳
	周巷	四〇	四萬包(每包百五十斤)
	天元市	四五	一萬包
	臨山	七〇	五六千包
	許山	三五	四五千包
	坎鎭	四五	一萬五千包
	小路頭	六五	五六千包

	產地	縣城距離	子棉產額
慈谿縣	沈師橋	四五	一萬包
	松鋪		三四千包
	觀海衛	五〇	一萬四千包
	石頭山		五六千包
蕭山縣	安昌	五五	十萬包
	瓜瀝	四五	五萬包
	頭蓬		十五萬包
	西沙		五萬包

上虞縣　崧　厦　　二五　　二萬五千包乃至二萬包

以上各地產額合計約五十萬包左右。此僅一部分之產額而已。如合計全省產額。至少亦不下七八十萬包。即八九十萬擔。子棉百斤。平均可軋淨棉五十斤。即共約淨花三十萬擔左右。其三分之二供地方之需要。其餘十萬擔移往上海銷售。棉種有黑子、白子兩種。其中白子棉居多。纖維粗硬而短。上海市場之寧波棉花品質最劣。各紗廠使用者皆以之與印度美國棉花混用。

奉天省

奉省棉花產地。多在錦州、遼陽附近。其重要產地如左。

遼陽縣—馬眉莊、喩家溝、水峪、朱家莊、安平、南北雩梅、小屯子、杏花村、耿家屯、雙朝子、早飯屯、大麥窩、高甲山、望寶台、高力村、

錦　縣—石山站、石廠、淩河沿岸、

錦西縣—虹螺峴、暖地塘、撫民廳、江家屯、餘家屯、

義　縣—義州、稍戶營子、札木林子、閭陽驛、

奉省棉種。亦有黑子、白子兩種。黑子棉、纖維細長。觸手柔軟。白子棉、纖維較爲粗硬。長短不一。遼陽附近。多屬黑子棉。纖維細軟。能紡二十支之紗。

錦州一帶。多白子棉。纖維粗硬。不適於紡紗。

第十章　棉貨類

我國棉貨出口。向不甚多。近年紡織發達。輸出漸增。其種類可分爲棉布、棉紗兩種。棉布中又細分本色市布、粗布、粗斜紋布、土布、花土布、五種。茲將歷年出口貨價表示如左。（單位兩）

種類／輸出額	本色市布	粗布	粗斜紋布	土布	花土布	棉紗
民國二年	—	二、一一九	一、七九〇	二、三五八、五五一	二三五、一一九	一六、七二二
民國三年	一〇〇	三四八	八五五	一、八一四、〇一三	一四九、八三三	四六、九七九
民國四年	一、〇四〇	一〇、〇二三	一三、九七六	二、二七〇、四六〇	六六〇、五四五	二〇三、九九三

民國五年	四五〇	一四六、四四一	八三、五一七	二、八八八、四五四	五三八、六六六	一八一、〇一六
民國六年	九九、六八六	一九三、二九二	一八一、二一七	二、九一二、三七一	一、〇七九、三八〇	四五〇、二〇四
民國七年	八五、四八六	二〇〇、七九七	一一五、二六八	二、七一四、七〇五	一、二六八、六八六	一、〇〇〇、四九七
民國八年	一〇一、六六一	一三三、五五〇	一四六、〇一三	二、九六五、三七二	一、六二五、八五〇	二、六九五、八六三
民國九年	九八、二三三	三三三、八一九	六七、七七九	四、二二七、一四六	二四三、七六七	二、九〇一、八七六

右表所列。足徵棉貨出口已漸發達。民國二年本色市布。尚無出口。八年出口。竟達十萬兩之多。此外粗布、粗斜紋布、土布、花土布。概有增加。棉紗一項增加尤多。民國二年出口僅一萬六千餘兩。九年竟增至二百九十萬一千餘兩。再將出口地區、表示於左。

本色市布(Shirtings, Grey)

地區	民國二年		民國七年		民國八年		民國九年	
	數量	價值	數量	價值	數量	價值	數量	價值
出口總數	—疋	—兩	一五、五四七疋	八五、四八六兩	一四、七九〇疋	一〇一、六六一兩	一五、〇一〇疋	九八、二三三兩
香港	—	—	四、七〇九	二五、三五八	六、八〇〇	四五、〇三二	五、〇四五	三〇、六八五
爪哇等處	—	—	一、五〇〇	七、九八〇	二、五〇〇	一八、八七五	七、三〇〇	五二、七五五
俄國 由陸路	—	—	五九〇	五、三三六	六八	五五八	—	—
俄國 黑龍江各口	—	—	—	—	一六七	一、二三七	—	—
俄國 太平洋各口	—	—	八、五八二	四五、九五八	四、九〇四	三四、〇五七	一〇〇	七二五
朝鮮	—	—	一六	六六	三五〇	一、九〇四	五	三〇
輸出港別出口總數	七〇、四三八	三三一、三〇八	一〇七、一一八	五六三、六九二	一二五、七七三	八五七、五五八	一六一、二七二	一、〇三七、五三三

地區	民國二年 數量	民國二年 價值	民國七年 數量	民國七年 價值	民國八年 數量	民國八年 價值	民國九年 數量	民國九年 價值
漢口	六九、七三五	三三九、八四七	四三、四八四	二五三、五一二	六四、一九五	四〇五、〇七〇	一三九、八八〇	八九五、二三二
上海	七〇三	二、四六一	五二、六五六	二八〇、三八四	六〇、九四六	四四七、九八三	二一、二九八	一四一、七五七

粗布(Sheetings)

地區	民國二年 數量	民國二年 價值	民國七年 數量	民國七年 價值	民國八年 數量	民國八年 價值	民國九年 數量	民國九年 價值
出口總數	六〇五疋	三、一一九両	二八、二一二疋	二〇〇、七九七両	一六、八七〇疋	一三三、五五〇両	四三、〇一六疋	三三二、八一九両
香港	—	—	一、八〇四	一三、九八九	二、七五〇	二〇、二一三	五、一〇〇	三八、八五六
俄國 由陸路	—	—	七一一	六、三九九	—	—	—	—
俄國 太平洋各口	四四〇	一、五四〇	二、四〇四	一七、二九七	一〇、二四〇	七五、二五四	四、七四三	三五、四二八
朝鮮	一〇〇	三五〇	三、二四三	一九、七五三	三、五四四	二五、五九〇	一、九六九	一五、二六五
印度	六〇	二一〇	—	—	—	—	一八、〇〇〇	一三五、〇〇〇
非律濱	—	—	六、五二〇	四六、九四四	一〇〇	七三五	九、二二〇	六九、一五〇
新嘉坡	—	—	三六〇	二、五九二	二二〇	一、六一七	五四〇	四、〇五〇
輸出港別								
出口總數	四六一、四四四	一、六一五、〇五六	一、二三七、一〇四	八、八二五、七四六	一、二九二、〇五六	一〇、一七〇、七一六	一、五三八、八三三	一一、四八四、五九六
漢口	一、〇三二	三、六一二	三、七八五	一九、一九〇	三七、七四五	二一八、九一二	四一、一七〇	二三二、八一七
上海	四六〇、四〇九	一、六一一、四三二	一、二三一、一九四	八、七九二、五九七	一、二五二、一四五	九、九三八、二六六	一、四九五、七〇八	一一、二二七、八一〇

粗斜紋布(Drills)

地區	民國二年 數量	民國二年 價值	民國七年 數量	民國七年 價值	民國八年 數量	民國八年 價值	民國九年 數量	民國九年 價值

出口總數	五二一疋	一、七九〇兩	一七、四三三疋	一二五、二六八兩	二〇、三三八疋	一四六、〇一三兩	九、三二一疋	六七、七七九兩
香港	三〇	一〇五	二、七〇五	一四、六〇七	二、五八三	一九、二八一	八、一二九	五八、一四九
新嘉坡等處	一五〇	五二五	一一八	六三七	—	—	三五	二九七
印度	一六五	五七八	三七五	二、〇二五	—	—	—	—
俄國 由陸路	—	—	四、七六九	四五、五〇〇	八、二七〇	五二、四一一	六〇	三六〇
俄國 黑龍江各口	—	—	—	—	一三八	一、〇九四	二〇	一六〇
俄國 太平洋各口	一六五	五七八	三、〇二四	一七、一九七	八、九五一	七一、二四五	三一〇	二、四六〇
爪哇等處	—	—	五、四九四	三〇、四二五	六〇	四八〇	一五〇	一、二七五
朝鮮	—	—	一九九	八二七	一三六	八九四	三七	三三三
非律濱	—	—	—	—	一五〇	一、二〇〇	五一〇	四、三三五
輸出港別								
出口總數	一三七、〇四六	四七九、六六三	四三一、四四七	二、三四七、一五八	三〇八、六二七	二、四四六、八〇二	四二八、〇八七	三、六四〇、五九七
上海	一三七、〇四五	四七九、六五九	四二一、八〇二	二、二七九、二一六	二九九、四四〇	二、三九〇、三六九	四二六、三二七	三、六二七、八八〇

土布(Nankeens)

地區	民國二年		民國七年		民國八年		民國九年	
	數量	價值	數量	價值	數量	價值	數量	價值
出口總數	四八、〇五六擔	二、三五八、五三一兩	四六、八二六擔	二、七一四、七〇五兩	四五、一三三擔	二、九六五、三七三兩	六七、七三六擔	四、二一七、一四六兩
香港	三三、一二四	一、六六三、八一三	三〇、一一七	一、七八五、四七一	二七、五二三	一、七九七、七二七	四四、三六七	二、七〇四、四四三
澳門	五三八	四〇、七〇一	九七六	六九、八〇六	六四三	四三、六〇七	五一五	二六、八一九
安南	一〇五	五、九六〇	一一七	六、八八一	四五	二、六三六	七四	四、一六七

暹羅	二二〇	一〇、六五七	九一八	六二、〇四九	一三	八六三	二	一、二二五
新嘉坡等處	九、九四五	四四九、五一四	三、一三九	六五二、二三〇	一一、三七八	七五八、四九三	一六、四一〇	一、〇六六、五一二
爪哇等處	七	三七八	三六	一、九二四	二八九	一九、二六五	四、四〇六	二八六、四〇八
印度	一六八	六、四六六	四七九	二六、三六七	八五四	五七、六〇七	三五一	二六、〇一三
俄國　由陸路	—	—	一四六	七、〇〇八	八七	六、三六五	—	—
俄國　黑龍江各口	八三	五、四一二	三〇〇	一六、〇五五	六〇二	三八、四一六	一〇二	七、一三〇
俄國　太平洋各口	二、六九九	一三三、五二五	二四八	一三、九六七	三、一五六	二〇九、一七八	四〇九	二六、四六七
朝鮮	七二六	三三、〇二七	三一六	一七、四四六	三一一	一五、九九八	二二三	一二、〇七六
日本臺灣	一八二	八、九九四	一二五	六、九二四	七九	六、〇一八	三五	二、七二九
菲律濱	二六六	一一、九五九	九〇九	四八、五七七	一四四	九、五九九	八〇三	五二、五一九
輸出港別								
出口總數	一三六、二六三	六、三八〇、三六五	一三三、八一三	六、九四六、三三〇	一三四、〇一三	八、七三八、四九七	一六七、六六〇	一〇、四七三、二三八
天津	四、六五五	二三四、七二六	七、二六五	四四二、八〇二	三、九四六	二五一、七五四	二、二三五	一四五、二七五
沙市	四四四	二九、三〇四	五〇六	四〇、四八〇	六二八	四一、〇〇〇	一、三一九	六七、六八〇
岳州	二、三三五	一〇七、四一〇	一、二六八	六〇、一五四	一、五八三	七八、五一七	一、六八九	八三、七七四
漢口	六、〇二〇	三〇七、九二三	三、三一五	一一七、六七五	三、〇八二	一六三、四六九	三、五一四	一七六、五〇〇
九江	四〇五	三三、四七六	三、四九四	一八四、五三九	四、五五五	二五七、九〇三	三、七二八	二一五、〇六六
上海	九五、八四八	四、三一三、一八〇	八〇、一五二	四、二八三、七一八	九一、九四九	六、一二九、三三二	一〇五、一〇四	六、八三一、七六〇
汕頭	二、五二九	一二八、二四二	二、二九五	一五五、一一五	一、二九四	八三、一一九	六、八五二	三九四、一四五
廣州	四、〇七二	二七四、九九〇	五、四五四	三四〇、七〇八	五、七八五	三七〇、八〇七	一四、五一五	八七五、五一五

地區	民國二年 數量	民國二年 價值	民國七年 數量	民國七年 價值	民國八年 數量	民國八年 價值	民國九年 數量	民國九年 價值
九龍	二、二八三	一五二、九五四	八、四三九	五七〇、四七〇	八、八八一	五七〇、五一五	一三、一七三	七五七、六五三
三水	一四、四一五	六三一、二一三	七、四六二	五〇四、四三二	八、六四六	五五二、八五四	一〇、三八二	六〇三、九一八
拱北	五六七	四三、〇五二	九六四	六九、〇三二	六三六	四二、一七六	四三九	二二、六五五

花土布(Cloth Native Fancy)

地區	民國二年 數量	民國二年 價值	民國七年 數量	民國七年 價值	民國八年 數量	民國八年 價值	民國九年 數量	民國九年 價值
出口總數	九六、九九九疋	二二五、一一九兩	五二一、四八三疋	一、二六八、六八六兩	五〇七、六六七疋	一、六二五、八五〇兩	一三、九五一擔	二四三、七六七兩
香港	七四、三九九	一六五、六三五	六九、六〇〇	一四三、八五七	七、五三〇	二三、二三九	六、二〇五	二五、六九三
安南	一二〇	二七〇	二六五	三七四	七八	一八三	六三三	一、一九〇
暹羅	七三三	一、四五一	三一七	六四二	九五	四一八	四、一五三	九、七九九
新嘉坡等處	一九、九八八	四四、〇八四	六九、六五四	一五四、三三二	二一、〇五八	四五、六〇二	二八、〇五七	六四、八九八
爪哇等處	五〇〇	八八〇	一六、七五〇	四一、七一八	二七、九五八	四二、一五五	九、七二一	三六、八三九
俄國 歐洲各口	—	—	—	—	二、六三〇	八、七一九	—	—
俄國 由陸路	—	—	二二四、二二五	四二四、五七五	三三八、三九六	一、二八八、六八八	—	—
俄國 黑龍江各口	—	—	九四、三九八	一六三、三〇八	二七、二四八	五七、九七〇	一、二八〇	二、六九二
俄國 太平洋各口	五三〇	一、一八三	一一三、三六二	二六九、八八一	七三、七〇六	一九七、五三九	六一三	三、一五〇
朝鮮	七二五	一、五八二	一〇、二三三	二五、八三九	六、三九〇	一五、八七〇	三一四	八二〇
日本臺灣	—	—	三、九〇五	九、四九八	三八〇	二四三	二八〇	八五七
菲律濱	—	—	八、七一五	三四、三七七	六八〇	三、六七二	四、八九四	二八、〇七五

輸出港別								
出口總數	四一八、七〇三	九一五、二一七	八一二、二一二	二、一一三、〇一一	七六八、四〇三	二、四九〇、〇一〇	二三六、五四三	七七三、八一四
滿洲里	—	—	一二四、二一五	四二四、五七五	三三八、一一三	一、二三八、〇五一	—	—
天津	五三一	六一八	六二、八〇八	一五九、六九八	三九、八四七	一〇三、七一四	一八、四七四	六一、一一二
漢口	—	—	三三、二七〇	七六、八六三	二六、四一三	一〇三、一一三	二三、四三三	四八、〇七七
南京	三一、六九三	六〇、六六七	二四、八五三	二八、四一八	三、四〇一	一七、二四三	一、一六七	二、六〇〇
上海	三六四、〇一七	八二三、九七〇	四六〇、〇九六	一、一五五、四〇七	三三一、九三三	九八四、九〇〇	九一、六九三	四六七、〇八九
汕頭	四、九五三	八、七八九	四、七四七	八、三三三	二〇、九二九	三八、四八七	四四、九八二	九七、七四三
三水	二三、九九四	一五、四四三	一〇六、三七三	六二、四一三	三、二六九	六、五七九	六、九五四	一五、九五四

棉紗（Cotton yarn）

地區	民國二年		民國七年		民國八年		民國九年	
	數量	價值	數量	價值	數量	價值	數量	價值
出口總數	一、二七七擔	一六、七三二兩	二七、七四五擔	一、〇〇〇、四九七兩	六七、二〇三擔	二、六九五、八六三兩	六九、六五四擔	二、九〇一、八七六兩
香港	八三	一、六九一	一一、七一五	五三五、四一六	六、〇四七	三〇一、一六九	三四、一七三	一、七〇八、三三三
英國	三三四	四、四六四	二、〇七五	二五、八九五	二、九五〇	一五四、七三〇	八、五六三	九九、七六二
印度	—	—	三、七一六	一九二、〇〇九	—	—	一一、一八一	六二八、九三一
日本	二八八	二、八二一	九、一五四	二〇一、七七九	四四、一三一	二、一四五、七六三	八、七六六	三四〇、五一九
輸出港別								
出口總數	五〇三、七六二	一四、七〇二、四六〇	一、一〇二、三四九	五五、七五九、〇五五	一、一九九、二九二	六七、九九五、二〇五	一、三四七、七二三	七二、〇五五、〇一〇
天津	—	—	三二一	一、五三六	一、九八九	一〇二、四三四	二三九	一一、四七三

膠州	—	—	—	—	一七、九六六	八三九、〇一二	一三、七四五	六〇七、六六六
漢口	一、五〇九	五六、八八九	六、一三三	二六四、七七〇	二七、九三一	一、五三七、五四六	五一、六四一	二、八三八、七〇六
上海	四四九、二七〇	一三、四五五、三三一	一、〇〇八、六一三	五一、七七四、八六〇	九九四、五六五	五八、四五四、四七〇	一、一〇七、四三四	六一、五三三、五一九
蘇州	—	—	三七、三三四	二、六二一、八四〇	六〇、三三五	二、六四八、二八九	六三、〇七六	二、七六九、〇四六
杭州	二、三三三	七三、三五九	一八、七九三	八二六、八九三	三四、六〇四	一、七三〇、二〇〇	三九、六六三	一、九三三、六五五
寧波	五〇、七三六	一、一一六、〇三一	三一、四〇四	一、三五六、一四〇	六一、八七六	二、六九一、六〇六	七一、一三八	二、三五一、八四四

綜觀以上各表。棉紗、多往英日兩國。各項棉布。概運銷臺灣、朝鮮、安南、暹羅、英屬海峽殖民地（新嘉坡等處）和屬東印度（爪哇等處）菲律濱、俄國、印度等處。蓋此等地方。或以華僑較多。或以機業未盛。故我國棉布因之暢銷。至如英、法、和、比、義、美、日本等國。機業夙極發達。華布銷數甚微。僅爲華僑所需。故尚未能爲華布得意之銷場也。以下就各國市場情形。約略述之。

各國市場情形

一、俄國。機業繁盛之區。在莫斯科、烏拉的米爾一帶。每年棉布出口。約值三千萬盧布。多銷波斯（約占全數百分之三十六）芬蘭（約占百分之三十三）及中國。（約占百分之二十八）然其國人所用棉布。仍多由外國輸入。自一八九六年至一八九八年。三年平均進口棉布價值四百六十二萬八千盧布。其中由中國運往者。占全數百分之五十一。芬蘭占百分之二十二。波斯占百分之十二。德國占百分之八。英國占百分之五。一九〇八年進口棉布三十五萬二千普得。價值千六百八十七萬八千盧布。其國別如左。（數量單位爲百普得。價値單位爲千盧布）

進口總數		中國	德國	日本	芬蘭	美國	英國	墺國	法國
數量	三五二·〇	一五三·〇	七〇·九	四九·四	四一·〇	二四·六	五·九	二·六	三·〇
價值	一六、八六	四、五五七	七、一七八	二、〇三七	一、〇九七	七六	三六七	二三〇	二四一

觀此。則德國日本棉布。在俄國市場勢力。進步極速。我國棉布。日即退縮矣。溯厥原因。蓋因我國棉布。不求改良。而德日等國。則技術日進。其棉布價格高於我國。故以是年進口數量比較之。德國七萬九百普得。價值則爲七百十七萬八千盧布。中國十五萬三千普得。僅值四百五十五萬七千盧布。是誠不能不歸咎於棉布品質之差等也。

二、印度。所用棉布。日英兩國最多。據日人調查。印度進口棉貨（棉紗在內）國別如左。（單位千圓）

國名	民國三年	民國六年	國名	民國三年	民國六年
英國	三九八、三四〇（千圓）	三〇六、七一〇（千圓）	法國	二五〇（千圓）	七〇（千圓）
日本	八、〇三〇	三〇、四二〇	德國	九、四五〇	八〇
義國	六、六一〇	七、四九〇	奧國	二、二五〇	二〇
和國	七、〇七〇	四、三七〇	比國	五、〇二〇	三〇
美國	一、七四〇	二、一二〇	中國及其他	二、八八〇	二、一一〇
海峽殖民地	三五〇	三四〇	合計	四四一、九九〇	三五三、七六〇

至最近各國棉布進口成數。則英國占七成七分三釐日本占二成一分二釐美國占一分義國和國各占一釐中國棉布尙不及一釐云。

三、暹羅布疋業殆全操在華僑之手。然運進棉布。仍以英日兩國爲最多。據該國貿易年報。最近數年棉貨進口地區如左。（單位銖）

地區	民國二年度	民國六年度	民國七年度	民國八年度	備考
進口總數	一八、二三八、五七六	二四、二六八、七〇二	二五、〇二三、二八五	二五、一〇八、二三一	每年度。係自四月一日至翌年三月末日。民國七年度。中國爲七十萬銖。較之戰前民國二年度之八萬八千銖。約增加九倍。是年日本爲四百九十六萬銖。較之民國二年度之六十三萬銖。約增八倍。然新嘉坡十分之五(卽百七十四萬銖)及香港之十分之七。(卽百十五萬銖)純屬日貨。則日本棉布實占七百八十五萬銖也。
中國	八八、七五六	五二五、六三六	七〇八、四七六	四六四、九八七	
新嘉坡	四、一三〇、〇一九	四、七〇五、三一四	三、四九八、四五五	九、〇三〇、八六六	
香港	四八〇、九二四	二、四二五、六五九	一、[illegible]五五、一〇五	一、五二一、五二三	
日本	六三三、八一五	二、七三一、〇六二	四、九六六、一一六	一、〇五四、七一二	
英國	八、六九四、四六六	一〇、九七六、八四三	一三、二七七、〇五七	九、四〇八、八六七	
美國	三、二三八	三二、四一〇	五六、〇五〇	一〇四、四六四	
印度	一、二八四、七二九	二、四二一、二七九	一、四三三、五二三	二、九〇一、〇二六	
德國	一、〇三五、六三八	—	—	二二、七二八	

瑞士	二六九、八七〇	二六、八二八	三〇、三四九	二二四、二〇四
義國	二五五、二四六	三〇、一一三	—	一、一二五
和國	一、〇五三、九九五	四九八、六九七	三四五、三六八	二二六、七八八
法國	一四九、三〇三	三〇、二五九	一七、九四七	三一、五一三
比國	一一〇、三三五	—	—	—

德瑞義和法比各國。戰時頗形退縮。歐戰告終。除和比義三國外。均漸次恢復原狀矣。

四、和屬東印度分內領、外領。內領指爪哇馬都拉而言。外領指蘇門答臘、婆羅洲、西里伯、摩鹿加、地木爾、巴里、琅玻克、新幾內亞（東經一四一度以西）及其他各島而言。全屬所用棉布年值一億一千六百餘萬盾。其種類有本色、漂白、色布三種。本色布分粗布、細布、粗斜紋布、細斜紋布（包含 Twills 在內）及其他本色布五種。民國八年進口共值一千七百五十五萬餘盾。其中由日本、英、新嘉坡、和國運往者最多。

▲本色布進口地區比較表（單位盾）

進口地區領別		民國四年	民國五年	民國六年	民國七年	民國八年
進口總數	內領	二、五一三、一四一	一、六九五、二三一	一、六一〇、四三三	一、六三七、九六八	二、五四三、三一八
	外領	七、六〇六、〇六〇	六、一一三、一九八	五、五九三、七八二	九、五三八、四一五	一五、〇一一、二五一
中國	內領	—	—	—	—	—
	外領	—	三、六九四	—	四〇、三三一	—
香港	內領	—	—	—	—	三、一九三
	外領	—	—	—	一六、一四二	一三、八二八
日本	內領	—	三、七七五	七、五三三	五五、九〇八	一七一、一六二
	外領	三三、二〇四	九二、三九二	四三五、五〇八	四、九一〇、二六四	九、三〇一、四八〇

進口地區	領別	民國四年	民國五年	民國六年	民國七年	民國八年
和國	內領	八九三、九四八	四七〇、九五七	二五五、五三二	九九、五八一	三九五、九五一
	外領	二、九八一、四九五	二、一六二、〇二八	一、〇八三、六七八	一五七、五三七	一、五一九、〇三六
英國	內領	五九六、〇六五	四八二、三七〇	三五四、一〇一	四五三、七〇七	三四四、四六八
	外領	四、五五一、〇九七	三、八二二、二一八	三、七七二、三三三	四、〇二〇、二五一	三、四三五、三七八
新嘉坡	內領	七六三、三四八	五六三、九三七	八〇二、一六〇	八三三、三四八	一、三三五、三三三
	外領	—	二八、〇〇九	二九二、六三六	三二八、四四九	一、六八四、六〇六

漂白布。漂白布分 Cambrics 粗斜紋布、細斜紋布、Elefantes（市布之一種）Jaconets（薄棉布）Madapollans 漂白市布等數種。民國八年進口共值三千四百七十八萬餘兩。有逐年增加之勢。其中由和、英、新嘉坡、日本運往最多。由中國運往者。亦漸次加多。

▲漂白布進口地區比較表（單位兩）

進口地區	領別	民國四年	民國五年	民國六年	民國七年	民國八年
進口總數	內領	四、三六九、一三九	三、五五六、二八一	五、〇二四、〇〇四	五、六一九、八四一	五、八八〇、六九四
	外領	二三、七〇三、五六八	二四、三六七、七四八	二五、〇一三、八七六	二六、四九七、三九九	二八、九〇三、四五九
中國	內領	三、八〇九	一三、四〇一	七七、七八七	四、四三五	—
	外領	—	二〇、三〇二	二八、二〇一	九、八一八	七三、七一八
香港	內領	二四、三三七	四八、六〇七	八二、〇六六	五四、九三七	一六一、四六八
	外領	九、五〇八	八四、五六七	一〇六、六五三	二六三、〇一五	七七六、二九八
日本	內領	一一三、七四四	二四四、七五六	六五七、四〇二	一、〇四三、〇九四	八八九、四四三
	外領	七、三七六	二三四、五〇四	一、九二五、四六六	五、八四九、五五八	三、一七九、三一八
和國	內領	一、八二四、九〇〇	九六八、九七三	八七八、三三六	一七二、八〇三	六九三、〇三一
	外領	三、五一二、五六九	一、八八九、五三二	八、一四二、一四九	一、六九二、九一〇	八、四五〇、〇七三

英國	內領	一、一六九、一八九	一、〇六〇、七五九	一、五〇八、八三七	二、二二五、三四一	一、四三三、〇三七
	外領	一〇、五一九、六〇四	一一、三五五、三六一	一四、〇六八、三三七	一六、九七三、三九九	一三、八三五、一四一
新嘉坡	內領	八四〇、三五八	八二七、五一七	一、三七六、三八一	一、六八五、四七一	一、九二四、六七〇
	外領	二七、四八四	六九、〇四九	四一六、七三三	一、二九五、三一六	一、七六三、三〇四

色布。色布種類繁多。大別之爲兩種。一專供 Salons,（裙）Kains (Cloth), Slendungs（土人婦女用之一種 Shawl）及頭被用。一供其他雜用。民國八年進口共値六千三百七十三萬餘盾。其中由英、和、新嘉坡輸入最多。由中國輸入者。大都供華僑需用。年値十萬乃至二十萬盾。

▲色布進口地區比較表（單位盾）

一、專供 Salons, Kain, Slendungs 及頭被用之色布

進口地區	領別	民國四年	民國五年	民國六年	民國七年	民國八年
進口總數	內領	四、四八一、七〇八	四、〇三九、五五二	四、三二一、六五八	五、三八八、五七二	九、六四五、一二八
	外領	四、四二四、一九九	四、六七四、五三三	四、一四八、二三〇	三、八一二、一七六	七、七四七、七五二
中國	內領	三、二九五	—	—	—	—
	外領	—	—	—	—	—
香港	內領	—	一、四八〇	—	—	—
	外領	—	—	—	八、三八六	七、六一五
和國	內領	六五二、九七三	五〇四、二〇二	二八七、一九三	一〇四、二三三	六九五、五八七
	外領	二、二三一、七三三	二、一三三、五四八	一、四二七、四三〇	三三六、三五一	二、〇六二、七一六
英國	內領	三〇一、三三三	一五八、四一四	一六三、二五七	四八三、五五三	一、一三三、六三〇
	外領	七〇四、五九一	六一四、八一一	四八五、九三三	五一三、〇九〇	一、二三七、〇四三

	民國四年	民國五年	民國六年	民國七年	民國八年
檳榔嶼 內領	一、九五二、〇二六	一、七三七、七九四	二、一五四、八一六	二、五四八、五五三	三、八七九、六六四
檳榔嶼 外領	—	—	一〇、一一八	一四、五九六	一三、一八七
新嘉坡 內領	一、三七五、三四五	一、四八七、六八七	一、五六三、四一四	二、〇八五、九五四	三、八五一、七三四
新嘉坡 外領	一、三五七、四三二	一、八一〇、六九六	二、〇九三、八六三	二、八七九、四八三	四、三三八、一九三

二、專供其他雜用之色布（此項色布多供華僑之用）

進口地區	領別	民國四年	民國五年	民國六年	民國七年	民國八年
進口總數	內領	七、一六五、一三五	七、九二〇、六八二	八、八〇七、九一五	一〇、七九一、七〇四	一三、二八〇、九四六
	外領	二〇、四五四、三六四	二九、二八八、五七九	三四、二三四、六一三	四一、七三六、八五三	三四、〇六七、八九七
中國	內領	一五一、五八二	六五、〇九九	二一、八一四	一五、一三四	二九、七一七
	外領	—	三七、〇九五	二三九、四九九	八三、八〇八	一八一、八〇〇
香港	內領	九、八六二	四〇、〇八一	六九、五七七	八五、五九八	六三、〇三〇
	外領	一三一、三七四	三二四、六七五	二八八、六一〇	二七三、二三八	四五四、一一七
日本	內領	七三、九二九	一五五、七二一	四〇八、四八〇	一、一二七、七六六	一、三三二、三三四
	外領	三二一、一八九	二、八二七、五七五	七、〇五一、四二六	一七、七七七、六二〇	九、二三二、四二七
和國	內領	一、九〇一、八五三	一、九四五、七七八	一、一九四、〇八六	三六八、〇三〇	一、三三四、八四四
	外領	三、三三三、二〇八	三、〇九八、〇〇〇	一、八五八、〇二三	四〇四、七〇九	二、〇五〇、七一九
英國	內領	二、三三七、八五六	二、六二九、〇五七	三、二〇〇、六〇〇	三、三二四、〇五一	三、四四一、九九〇
	外領	一三、五七三、二七九	一九、七九二、三三六	二二、三二六、八七六	二〇、八六三、八一九	一九、〇五三、〇五二
美國	內領	三、五二五	四、九二七	五二、三六〇	一〇〇、六三四	一四一、二七六
	外領	—	一二九、六二八	三九五、九〇六	一、〇六二、〇八六	一、六五〇、七七六

新嘉坡	內領	二、〇〇一、六〇九	二、一五四、九二六	二、七八二、五一七	四、二八九、七六六	四、七九八、二四〇
	外領	一七四、六九二	四五三、八五九	五五三、八四五	七五六、〇九九	一、〇二二、六三〇

五、英屬海峽殖民地所用棉布。亦分本色布色布花布數種。多由英、日本和、美輸入。民國五年新嘉坡進口本色布價值七百餘萬元。由香港運往者約十餘萬元。色布價值二百餘萬元。由香港中國輸入者各約二十餘萬元。是年檳榔嶼進口本色布價值一百六十餘萬元。由香港輸入者七萬餘元。由中國輸入者八萬餘元。色布價值一百八十餘萬元。由香港輸入者二十九萬餘元。花布價值六十五萬餘元。由中國輸入者二萬二千餘元。

六、菲律濱進口棉貨。占進口貨總數百分之二十三。民國九年棉貨進口價值六八、七九五、七五六比沙。其中美國占六成五分弱。日本占一成七分弱。中國占九分弱。其餘英、瑞、印、西、德、法、義、和比各若干。茲將最近五年棉貨輸入國別表示於左。(單位比沙)

進口國別	民國九年	民國八年	民國七年	民國六年	民國五年
中國	六、一〇三、一一四	五二一、二四一	一、二三〇、八九三	七七四、五〇七	一九八、七〇四
日本	一一、六〇五、七三五	六、一四六、五五三	一一、〇四二、一〇一	五、八九六、四一七	三、一一一、五七五
美國	四四、六四九、八〇三	二七、九三一、二九〇	四一、一〇六、八〇一	二六、四四三、六四五	一三、三四六、三三二
英國	四、七一〇、二六六	二、五九一、二四九	三、七一八、二四七	三、三八〇、七四三	一、九三一、五三三
瑞士	一、〇三七、六八六	五二一、二四一	五五八、七八〇	五五〇、三〇五	六三三、一七一
印度	三七七、〇九九	一七五、三九七	二六〇、五九七	二〇五、五〇二	一三三、六三九
西班牙	一〇四、〇五〇	一〇五、六六三	一七、二〇三	八三、二七三	一八七、六三三
法國	六一、七一五	五三〇、二三七	一六、三七一	三一、〇一三	一三、九五八
德國	五九、五六一	二二七	五、二六二	三三、二九四	二八、四五〇
義國	五四、四八八	三五、〇五〇	八、六八〇	三三、四九三	五四、八一四

和國	二三、〇三〇	三三、一三八	六、四一三	二三、六三	六、八九七
比國	一三	三	—	—	九六
其他	一〇、一〇八	一七、一二五	一二五、四九四	一三九、二〇一	二、九七一
計	六八、七九五、七五六	三六、六四四、一七三	五六、〇一六、八四四	三七、五七四、〇〇五	一八、六四九、七七二

更就九年棉貨輸入額細別之。則如左表。（單位比沙）

本色布	五、二五九、六七七	編結製品	五、四六四、二三〇
漂白布	二六、四七三、七一三	棉紗	四、一三八、八三〇
色布	一四、七二五、一五三	其他	八、五〇二、三九四
花布	三、六八三、八一三	計	六八、七九五、七五六
毛布	五四七、八三七		

七、澳洲　澳洲所用棉布。英日美三國最占多數。民國八年進口價值一千三百三十萬磅。中國僅占六千八百八十七磅。

中國	六、八八七磅	印度	一五、八〇二磅	海峽殖民地	二、二三六磅
英國	一〇、四九五、二〇一	瑞士	一四、六七九	坎拿大	一、一九九
日本	一、三四二、四三四	法國	一三、九三六	和國	一六七
美國	一、二二五、四四四	義國	六、一七七	比國	九〇

第十一章　羊毛

概況

中國年產羊毛約五千萬磅。爲東洋重要產地之一。北方各省及蒙古地方。皆產羊毛。其中以陝西、甘肅、山西、蒙古爲第一。直隸、山東、東三省、河南、青海、西藏、四川、湖北等省次之。江蘇、浙江。亦有相當之產額。現今世界重要羊毛產地之澳洲、南非、南美等處。皆積極改良。日有進步。獨中國仍舊守舊法。致產額品質。均無向上之希望。茲將近十二年來海外輸出額表示於左。

年份	山羊毛 數量（擔）	山羊毛 價值（兩）	綿羊毛 數量（擔）	綿羊毛 價值（兩）
宣統元年	一三、八二三	四六〇、一一三	三三九、三一三	六、七三二、六三二
宣統二年	一一、四四九	三八〇、七一四	一九七、五二六	四、一三〇、三四二
宣統三年	九、四二八	三〇八、四七八	三一七、五六九	六、五八九、七八四
民國元年	一九、九四六	四四三、六七四	二六四、七三三	五、六六二、八八五
民國二年	一一、六八五	三七二、三三五	二八〇、二六二	五、四八七、五四三
民國三年	九、七八七	三三〇、一〇八	三〇一、三五八	六、六五八、九六二
民國四年	一〇、二六四	三一三、二六四	三七七、七一五	一一、一二八、六五二
民國五年	一三、〇三〇	四二五、一一七	三三四、五三六	一〇、六九八、六六一
民國六年	一三、六四一	四六九、四三〇	三三九、三五四	一〇、五三三、〇三〇
民國七年	一三、六〇六	四一九、一一〇	三一八、〇三六	一〇、二七六、七七二
民國八年	一九、六八六	六五八、七三六	三六五、八二六	一一、六〇九、九七九
民國九年	八、三五一	二二三、九五二	一〇三、七一三	三、〇九一、〇八一

我國羊毛。有套毛、抓毛、寒羊毛、剪毛、脫毛等區別。套毛爲夏季所抓取者。長五六寸。剛硬而有彈力。品質較抓毛爲劣。其集散地爲歸化城、西寧、涼州、張家口、庫倫等處。抓毛乃春季所抓取者。雖其中多混有泥糞。而毛質柔輭。富於光澤。纖維亦長。品質甚良。其集散地爲張家口、歸化城、彰德、赤峯、（俗名哈達）多倫諾爾、（俗名喇嘛廟）辛集鎮、（直隸）寧夏等處。寒羊毛。爲春初所抓取者。毛質柔輭、纖維細長。色雪白。有光輝。在羊毛中。居最上等。套毛約分十餘種。其品質以聚於西寧者爲第一。抓毛有散抓毛、小抓毛、白抓毛、黑抓毛等區別。品質以辛集鎮所聚爲第一。寒羊毛、直隸產居首位。冀北最有名。山東（周村所出）次之。河南最劣。

山羊毛

出口羊毛。分山羊毛、綿羊毛兩種。

山羊毛（Wool, (Hair), Goats）

山羊、各省皆有之。江蘇、浙江兩省所產。品質較爲優良。毛多白色。間有黑者。農家以飼羊爲副業。一家有飼數頭者。北方各省所產。體格稍大。毛多黑白相雜。每混飼之於綿羊羣中。山羊毛、天津出口最多。歐戰以前。專銷英國。戰後日美銷數。頗形增加。如左表。

地區	民國二年 數量	民國二年 價值	民國七年 數量	民國七年 價值	民國八年 數量	民國八年 價值	民國九年 數量	民國九年 價值
出口總數	一一、六八五擔	三七二、三三五兩	一三、六〇二擔	四一九、一一〇兩	一九、六八六擔	六五八、七三六兩	八、三五一擔	三三三、九五二兩
英國	一一、一六五	三五四、八九七	三、二八二	一一五、〇九九	一三、七九一	四五六、〇二七	六、六三五	一七一、五一六
法國	二八一	九、四八三	二三〇	八、一八五	—	—	—	—
日本	八	二九〇	七、三一五	二三一、八〇〇	二、六九三	七一、九八三	九九八	三六、六七〇
美國	—	—	一、二三六	四四、四七九	四、二〇二	一三〇、七二六	六八一	二四、四二三
輸出港別								
出口總數	一六、〇二三	四一五、六八五	一四、九二九	四七七、三七三	二〇、〇六二	六一七、六三三	九、〇六一	三二九、九九四
天津	一五、二八五	四〇二、〇三六	一四、五八九	四六九、七五〇	一九、六四〇	六〇七、一三一	八、八四〇	三二五、五六六

綿羊毛

綿羊毛（Wool, Sheep's）

綿羊多產於蒙古、西藏、青海、及中部以北各省。南方則浙江江蘇亦有之。出口綿羊毛。年在千萬兩以上。其輸出港、以天津爲第一。出口羊毛十八九。皆經由於此。此外則大連、膠州、漢口、上海、重慶等埠。亦有相當之集散額。海外銷路。以美國爲第一。約占全數十之七八。次則日本。銷數亦英、法、德、俄、坎拿大等處。亦頗行銷。

地區	民國二年 數量	民國二年 價值	民國七年 數量	民國七年 價值	民國八年 數量	民國八年 價值	民國九年 數量	民國九年 價值

	擔	兩	擔	兩	擔	兩	擔	兩
出口總數	二八〇、二六二	五、四八七、五四三	三一八、〇三六	一〇、二七六、七七二	三六五、八二六	一一、六〇九、九七九	一〇三、七二三	三、〇九一、〇八一
英國	五、八六九	一〇九、八三〇	二、七八一	八六、三一三	五、九一二	一八一、五五七	一、八七四	五三、三四七
德國	一、一〇五	二三、六九四	—	—	一三一	四、一一一	三、八四六	一〇八、〇八八
法國	五〇七	一〇、〇二一	一、三七七	四四、五三三	三、〇一一	九四、四八五	三五一	一〇、〇三〇
俄國由陸路	一〇、三六四	一五五、四六〇	—	—	—	—	二三九	三、五八五
俄國黑龍江各口	一〇九	九八一	一〇四	一、〇九二	三	九〇	七三四	二三、七五四
俄國太平洋各口	—	—	一、一〇七	一三、四六五	一、八六七	二〇、二〇一	一、二三一	四〇、六二〇
日本	一〇、三三一	二六二、七二〇	一五七、〇五四	五、一五九、九四六	一一五、五三五	三、七四六、七四八	三九、〇八〇	一、二二〇、三一九
坎拿大	—	—	九、〇一三	二八七、八五三	五二〇	一六、三一八	二八五	八、一七四
美國	二五一、〇三八	四、九〇六、六六〇	一四六、五六四	四、六八二、四〇八	二三八、八四二	七、五四六、一七七	五四、三一三	一、五八五、八五〇
輸出港別								
出口總數	二八〇、〇五五	七、〇九八、二二九	三三七、一四五	一〇、九五五、三七一	三五三、三九五	一一、一九九、五六九	一一五、四一〇	三、三八六、六七五
滿洲里	一〇、三六四	一五五、四六〇	—	—	—	—	二三九	三、五八五
大連	一〇四	一、二五八	一三、五三六	三一三、一五〇	二六、〇七五	八四八、二三〇	九、九七五	二八、九五一
天津	二三一、五一三	六、〇二〇、五二九	二七六、九二一	九、三一七、二四〇	二七九、三七四	九、三五九、〇三八	八一、八〇一	二、六二七、四四七
膠州	三、〇九九	七五、〇〇四	四、七八三	一二〇、五〇六	一、七三〇	四三、五五四	三、四五二	八四、五七四
重慶	三一、九八五	六六七、五二七	一四、九七〇	五七一、一〇六	二一、五三六	四三七、六三三	一三、八七五	二七五、六五四
漢口	七五五	七、九五〇	一〇、三六五	一八二、四二四	一一、七九一	二二八、八四一	一、五〇八	二七、八八三
上海	一〇、五七〇	一四七、九七四	九、八六三	二九四、〇一六	四、一九八	一〇四、九五〇	三、七八三	九四、五七五

品質

我國羊毛品質。遠不及澳洲、南非、歐、美羊毛之優美。蓋由牧羊者專以得皮肉爲目的。而一般商人。又復不注意精選。塵砂夾雜。毛質惡劣。不能織精巧之呢絨。外人購之。多以織造毛布、粗呢及軍隊服裝。惟寒羊毛品質優良。混合少量之澳洲羊毛。可以織普通之大企呢、哆囉呢、哈喇呢。其價格、較澳非歐美之羊毛爲廉。故各國頗歡迎之。

羊毛貿易。始於光緒七年。匯豐銀行設支行於奉天。開始從事於緜羊毛之輸出。次年、外國商人。遂往來於蒙古各地。收買羊毛。營業頗稱繁盛。乃設商行於張家口。光緒九年。更設商行於包頭。我國商人。亦漸經營是業。光緒十一年。包頭洋商更移至寧遠。當時匯豐銀行實執斯業之牛耳。其後洋商赴包頭者漸衆。德國商人。亦投袂而起。營業範圍。逐漸次擴大。然而使此事業愈趨於發達者。實美國商人之力也。內地羊毛每年翦毛二三次。實不及蒙古西藏地方所翦之毛之佳。西藏之緜毛羊因其產於高出海面一萬尺內外之高原。品質最佳。此項羊毛。由各地轉運至重慶。運費殊昂。價値因之不廉。吾國緜羊毛之最大缺點。在多雜入汚物。所含不潔之物。甚至有占原重量百分之三十者。因此於光緒二十九年。外人設一羊毛洗滌所於天津。盡力於羊毛之洗滌。其後出口之數量。以是大增。從前美商於重慶西藏間。收買羊毛。並設洗滌所於重慶。奈重慶氣候潮溼。日光稀薄。不利作業。若以人工加熱。補此缺點。則雖佳質之羊毛。亦不免於損傷。故其苦心經營之羊毛洗滌所。遂不得不停工矣。蓋羊毛於長途轉運中。自然常受塵土之滲入。此項不潔之塵土。亦足損傷佳毛之品質。故若能於產毛區域。設一洗滌所。最爲得策。惜重慶地勢高原。氣候潮溼。經營此種事業。頗爲困難也。

集散狀況

以下就主要各市場情形述之。

奉天◎ 羊毛貿易。從前並不發達。近數年來。日漸興盛。蓋以交通便利。南滿、安奉、朝鮮三線。實行聯運。日本商人。羣趨於此。謀設立一選毛廠。滿蒙畜牧會社。並擬以中日合辦名義。創一大公司。收買羊毛。將以奉天爲中心。與天津遙相對抗。現在奉天收買羊毛之商人。有萬祐店（每年收買羊毛約五六萬斤）慶祥店（六萬斤）天成店（六七萬斤）公合店（五萬斤）順和店（五萬斤）永合店。（四萬斤）是皆代天津洋商爲之收買者。而所收買之大部分。皆就近轉賣於日商三井、安藤及滿蒙山貨公司。至日商自行收買者。則三井物產奉天出張所。每年約五十萬斤。滿蒙山貨公司。約十萬斤。

大抵滿蒙一帶。多有代理洋商收買羊毛之商店。設立數十年之久。不易搖動其根柢。現在日商着手競爭。利用蒙漢人民樸直之素性。對於一般小商人。極力籠絡。使爲之効力。近又擬於二三年間。提高買價。俾至某種程度。以對抗外商。並對於其生產者。廣放墊款。徐謀鞏固地盤。以驅逐外商之勢力。惟以追逐蠅利之個人及資本微少之會社。不能決行此策。故現下又有設立滿蒙產業經營會社之計畫。以爲一網打盡之計。

錦州羊毛。由阜新、朝陽、凌源、建平、赤峯、綏東及錦縣、錦西、義縣、興城等處膽集而來。加以天津通過（經錦州商人運往天津者）之毛。約在七十萬乃至百萬斤之間。品質不佳。惟錦州套毛在天津市場頗有名。日商有營口三井洋行及盛京商行之出張員及小寺洋行等在此收買。華商有萬德店（每年收買羊毛約五十萬斤）萬益店（四萬斤）益發店（七八萬斤）廣發店。（三四萬斤）錦州、爲東三省最大羊毛市場。發達最早。惟地位爲中繼市場。故無大資本之羊毛商。其貨向多運往天津。現雖往奉天者漸多。而大部分仍由鐵路直達天津。將來連山灣築港告竣。往奉天者。必日愈減少。可斷言也。

鄭家屯當四鄭線之終點。人口約三萬餘。達爾罕、東西札魯特、阿爾科爾沁、巴林博王等處之羊毛聚集於此。本地有毡毯局七所。每年約消費羊毛六七萬斤。餘則經四平街運往奉天等處。近來日商在此收買。每年約購去十四五萬斤。羊毛百斤。約值十二元內外。

朝陽亦羊毛重要市場。怡和洋行、美豐洋行等。多委託本地商號代爲收買。此等商號。於春秋二季。派店員攜帶各種雜貨及現銀。分赴各處收買羊毛。怡和洋行所委託之商號。曰義成皮局。每季派出二十人左右。每年平均春秋二季。約收買七八萬斤。合之其他商號所收買者。每年必在十萬斤以上。每百斤約值十五兩內外。

多倫諾爾在張家口東北四百六十三里。（俗名喇嘛廟）人口一萬六千內外。察哈勒及錫林郭勒盟、經棚之羊毛來集者。年約百餘萬斤。近數年來。減爲五十萬斤。則以蒙亂之影響也。收買羊毛之商店。有美豐（成記洋行）平和洋行、玄興洋行、福山洋行、及慶昌餘等。多係天津外商所經營。貿易最盛之期。爲四月乃至九月。九十月間。僅有少數之秋毛交易。本地羊毛。概由駱駝運送。一部分經古北口。至豐臺。由鐵路達天津。一部分則運往張家口。此兩路。胥視駱駝有無回馱之貨及洋行之關係如何。每年向無一定。

經棚在多倫諾爾北四百里。人口約三千。嘉慶以來。此地久爲繁盛之羊毛市場。近自林西設治。漸趨衰微。無復昔日之盛。從前每年聚集之羊毛。約三四十萬斤。近漸減爲二十萬斤內外。有代理外商之慶泉昌（年利）慶德興（福山）公興祜（福山）三家。大部分經古北口送至天津。一部分運往赤峯。一部分運往多倫。

林西在赤峰西北四百六十里。人口八千。羊毛集散額。約三四十萬斤。有禮和洋行、義記、慶長榮、慶記、和記、三順成、洪盛號收買。交易時期。春毛在六七月間。秋毛在十月間。一部分運往張家口。一部分經赤峯運天津。每百斤綿羊春毛值銀二十七兩。秋毛值銀二十二三兩。羊絨值銀三十兩內外。

烏丹城在赤峯北百八十里。一人口三千之小市街也。有魯麟洋行、禮和洋行、仁記洋行、福山洋行、瑞記洋行。在此收買經赤峯逕至天津。每年集散額約四五十萬斤。

赤峯爲東蒙最大之羊毛市場。外商有德和、永興（法商）魯麟、禮和、瑞記、福山（均德商）華泰、平和、怡和、瑞和、高林（均英商）美隆（美商）立興（法商）及興隆、克立等十五洋行。每年集散額約百三十萬乃二百萬斤。

張家口羊毛貿易最盛。由天津出口之羊毛。其中來自張家口者。約佔十分之八。自京綏鐵路開通後。張家口各商號。又設分號於豐鎭。收買範圍益廣。市場羊毛以甘肅皆爲第一。內外蒙古次之。山西北部又次之。每年集散額。約一千八九百萬斤。專辦羊毛之商號。約有十二三家。均與歐美洋行相聯絡。

歸化城羊毛、駱駝毛、貿易總額。多至八千萬斤。少亦有三千萬斤。歐戰以前。貿易最盛。嗣以德商歇業。匪亂頻發。稍受影響。現在天津洋商。在此收買者。有新泰興、聚立、平和、仁記、（均英商）隆昌（俄商）高林、魯麟（均德商）益昌（美商）及同泰永記等九家。均假手於買辦。惟此買辦之制。與上海不同。大抵皆本地牙行。與天津洋行。訂立特約。給以某某洋行買辦名義。利用三聯單。（據中英商約。外人於內地採辦土貨。准雇用華人。以三聯單運貨。只納子口半稅一道。沿途不完釐金。故洋行多有領取三聯單。以重價售諸華人者。）收買羊毛。逕至天津洋行交割。英商新泰興。收買最多。有買辦四十餘家。收買總額。約占洋商全部三分之一以上。然近亦有不依買辦之制、而直接前往收買者。如英商仁記洋行。每屆羊毛上市之期。常攜帶富有經驗之華人多名。親入內地收買。

羊毛市價（以每百斤計算）

毛種	價格	摘要
淨絨	二四、五兩	緜羊經冬嚴寒。毛質柔輭。至三月春漸暖。抓取之毛。曰淨絨。
土絨	二四、五兩	淨絨中混有泥土者。
抓毛	三〇兩內外	亦三月中翦取者。品質最良。
套毛	二七、八兩	每年經過牧草豐潤之季節。營養良好。富於光澤。八九月間翦取之。毛量豐富。亦良品也。

打箭爐

秋毛	白二二四、五兩 黃二一、二兩	與套毛同時翦取品質稍劣。
羔毛	二七、八兩	三月間所翦之小羊毛品質良好。惟毛量不多。
熱毛	一八、九兩	以夏季翦取得名。品質中等。
嘴毛	一四、五兩	三月間翦取者。品質不良。
沙毛	三、四兩	混有泥沙。毛色灰白。品質不良。價最廉。

西寧爲甘肅第一羊毛市場。每年集散額。約五百六十五萬斤。其中、青海產最多。西寧附近產居少數。今舉其出產地及數量如左。

丹噶原二百七十萬斤、十五莊六十萬斤、脅河原八十萬斤、貴德一百五十萬斤、(以上青海產)西寧附近五十萬斤、

西寧以外之羊毛市場。其聚散額均不及西寧之多。例如拉布楞六十萬斤。永安六十萬斤。(以上均青海產)永昌三十萬斤。俄博四十萬斤。洮州二十萬斤。手畚三十萬斤。循化五十萬斤。河州四十萬斤。寧安堡二十七萬斤。海城四十五萬斤。中衛二十萬斤。花馬池九十萬斤。金程堡二十萬斤。惠安堡四十五萬斤。以上均甘肅產。

西寧羊毛。順黃河上流。水陸兩路。均經過石嘴子。(在黃河右岸)抵包頭鎮。由京綏鐵路送至天津。故石嘴子爲必由之路。洋商多設貨物整理廠於此。廠中備有手選機。房屋寬敞。羊毛至此上陸。加以乾燥。詳爲類別。施以完全之包裝。然後送至包頭。每年通過此地之羊毛。不下千萬斤。西寧套毛。悉來自青海。本地所產。大半供地方需用。洋商購買者少。西寧縣羊毛。在天津市場價值最昂。在西寧之市價則縣羊毛每斤值銀二錢乃至二錢五分。山羊毛(一名猺猲絨色黑者多)每斤值四錢乃至五錢。番羊毛(青海及甘肅西部一帶所產)蒙羊毛(甘肅北邊及阿拉善一帶所產)每百斤值銀十兩內外。(番蒙羊毛價廉則八兩價昂則在十三兩以上。歐戰時需要陡增。洋商爭購價昂至二十兩)

打箭爐爲四川羊毛集散之重要市場。川省產羊毛之區。皆在西北一帶。先由西藏及內地之商人。向各處收買。用牛馬運至打箭爐出售。每年貿易最盛之期。爲七月、十月、十一月之間。包裝方法。因市場距離遠近。稍有區別。西藏商人。多用長繩束之。如距離較遠。防其遺失。有用生皮包裝者。羊毛有長短之別。因而有優劣之差。細分之。約有六種之多。然通常分爲優等、普通、下等三種。西藏商人。多不分等次。不拘品質之優劣。色澤之美惡。混合販賣。此種羊毛。購買之後。分別等次。甚爲困難。以致洋商直接由西藏商人購買者甚少。翦毛時期。皆在一二月之交。俟羊毛生長遂於最長之時。依次翦取。所用器具及翦取方法。皆極幼稚。不僅工作緩慢。所翦羊毛。長短亦不均勻。此亦羊毛貿易所宜注意之事項也。打箭爐羊毛行

棧甚多。西藏商人多將所有之羊毛。委託於所住之行棧。代爲售賣。抽用錢四分。不另收宿膳等費。內地商人與此稍異。皆在市場以重量爲交易。惟其貨價。向有折扣百分之五之習慣。而重量則又多加十分之一。打箭爐至雅州。有專營輸送之商店三家。用人力或牛馬力運搬。人力每次所運。不過八十斤。牛馬可至一百二十斤。人力需十二日。牛馬則僅需八日。途中如有損失。概歸運送商店負責。（但重量之減少每包公認以三斤爲限。無須賠償。如至五斤。卽由運費內扣償）打箭爐至雅州之運費。每擔三兩。八十斤之包每包六千四百文。運到雅州後。由水路送至嘉定。復改乘貨船。移至重慶。自打箭爐至重慶。運費、每百斤。需銀八兩。打箭爐羊毛。進出皆有釐稅。惟進口稅頗有差異。內地羊毛商之進口稅。每百斤徵收三百三十六文。西藏商人。則每十馱羊毛。徵收一馱。出口稅。八十斤之包。每包徵銀四錢。現今外國商人。在打箭爐經營羊毛貿易者。僅有一家。打箭爐市場。雖日見繁盛。而金融機關。尚不完備。故在該地收買羊毛及他種物產者。其所需之現款。須用匯票。由上海匯至重慶或成都之分號及其他代理商號。經過雅州轉到打箭爐。以供收買貨物之用。

◉重慶◉爲川省羊毛出口之地。打箭爐、松潘、雅州、會理、理番、雙流等處之羊毛。咸聚於此。品質甚佳。有黑毛白毛兩種。惟黑毛甚少。不過十分之一。交易時。不分黑白。混合爲一。內地運來者。大包三百餘斤。小包二百餘斤。於此加以改裝。每包均爲二百包。羊毛市價。大約每百斤、十九兩乃至二十兩。有瑞記、隆茂、聚福、新利（日商）及山貨幫數家辦理出口。包裝費。每百斤一兩內外。運至宜昌、運費每百斤一兩。本地製絨業有恆祥毛呢廠（廠址在距重慶三十里之枳鄉。民國二年創辦。資本十萬兩。）及羅紗織造公司。（民國二年創辦。資本三十萬元。）

◉漢口◉爲湖北唯一羊毛市場。甘肅、四川、陝西、河南、湖北、湖南之羊毛聚集於此。甘肅毛、色純白。纖維細。富於緊縮性。品質最佳。每擔値銀三十八兩。（下等貨値銀二十兩）四川毛次之。絨細。而間或雜有黃灰色絨。每擔値銀三十七兩有奇。陝西毛與四川毛相似。而品位略遜。每擔値銀三十五兩。湖北、河南羊毛。混有塵砂。品質最下。每擔三十兩乃至三十五兩。每年集散額。約百五十萬斤。散抓毛最多。約占六成。抓毛約爲四成。內外織毯業有賽家、民義、天昌三公司。武昌有氈呢廠。收買羊毛之商人。有英商平和、美隆、德商瑞記、捷成、日商高田及華商同盛祥、德興祥、鼎興、天順祥、王正興、彭長泰、裕森等。多運往上海。英商平和洋行收買最多。

◉上海◉羊毛。皆由山東、天津、四川、浙江等處運來。全部輸出外洋。本地消費絕少。銷路以美國爲第一。日本、英國次之。本地無洗毛廠。洋行各備有堆棧。略爲選別。除去夾雜物。改裝輸出。買賣均經由山貨幫之手。各原產地。派員常川駐滬。現貨一到。通知山貨幫。與洋行講定交易。取佣錢二分。著名辦理出口洋行。有左列數家。

商號	國籍	所在地
新利洋行	日本	英租界江西路八號
高田商會	同	同　博物院路八號
怡和洋行(Jardine, Matheson & Co., Ltd.)	英國	同　黃浦灘路二十七號
隆茂洋行(Mackenzie & Co., Ltd.)	同	同　四川路十四號及廣東路七號
平和洋行(Liddell Bros. & Co.)	同	同　四川路四十七號
連納洋行(Rayner, Heusser & Co.)	同	同　英租界黃浦灘四號三樓

平和洋行有打包廠。在英租界福州路十二號及十四號。浙江羊毛多由該行收買每年春秋二季。派人至嘉興、峽石、杭州、寧波、新市鎮、湖州、南潯、烏鎮、石門等處收買加工精選。運至英國。

◎青島羊毛貿易最盛時期。爲陽歷五六月至十一月。內地最大集散市場爲周村、濟南、德州臨清等處。周村集散範圍最廣。沂州、蒙陰、沂水一帶所產。遠至直隸順德所屬之辛集悉聚於此。濟南所吸收者。爲泰安、曲阜、寧陽、東平及直隸順德之產。德州臨清所吸收者。爲其附近及直隸順德辛集、大營一帶之產。此等市場之羊毛。悉運至天津、青島出口。青島有膠濟鐵路之便。而選毛捆包乾燥等設備。不及天津之完備。故輸出港之地位。不及天津。歐戰以前。辦理出口者。捷成、怡和兩行勢力最大。和記(英商)禮和、禪臣次之。華商有同泰和、協成春、立誠、大有恆、德源盛、同益恆、元誠七家。(同泰和、德源盛在日本大阪神戶皆設有分號。)戰時日商山口商店、鈴木商店、三崎組等。崛起經營。輸出額較戰前增加數倍。山口商店收買最多。此等商店。與千住製絨所、東洋麼士林會社、日本毛織物會社、日本毛布紡織會社、大阪毛織物會社及東京大阪等氈呢業。約定供給原料。他國洋行均被擠。中止營業。惟華商尚能維持勢力。現在青島羊毛輸出額。由華商辦理者十之七。日商所辦者約十之三。其輸出羊毛之種類。則綿羊毛占百分之九十五。山羊毛占百分之五。

◎天津爲全國第一大羊毛輸出港。北起內外蒙古。西連陝西甘肅、山西。南至河南山東。各省羊毛皆聚於此。種類繁多。不一而足。然大體上可分爲綿羊春毛、秋毛及山羊絨三種。

一、春毛。又分數種。

甲、套毛(Rope wool) 蓋經冬羊毛被蓋全體，如著外套。春季翦取之，名曰套毛。依產地區分爲左列數種。每年集散額約二千萬斤內外。

A、西寧套毛　青海產及西寧附近產，羊毛中之最佳者。

B、西路套毛　歸化城以西各地之總稱。又各依地名附以別名。如平番套毛（甘肅平番附近產）、永昌套毛（甘肅永昌附近產）、鎮番套毛（甘肅鎮番附近產）、涼州套毛（涼州附近產）、肅字套毛（肅州附近產）、甘字套毛（甘州附近產）、中衛套毛（中衛附近產）、包字套毛（包頭附近產）等是。

C、錦州套毛　由錦州方面來集者之總稱。

D、庫倫套毛　由外蒙庫倫運來。多往美國，爲織造絨氈之用。

E、寒羊毛　直隸河南一帶所產。品質優美，產額不多。

乙、抓毛(Bool wool) 乃清明節前後抓取之毛（鐵抓形如熊手）。每年集散額約二百五六十萬斤。依其產地分爲四種。

A、豐字抓毛　由豐鎮運來者之總稱。細別之又有五種。後山抓毛（豐鎮附近後山一帶所產）、明安抓毛（內蒙明安附近產）、大市抓毛（上等抓毛之別名）、家生抓毛（由家內飼羊抓取之毛）、大廠抓毛（由牧場飼羊抓取之毛）。

B、西口抓毛　歸化城一帶所產。品質次於豐字抓毛。

C、包字抓毛　內蒙古包頭一帶所產。次於西口抓毛。

D、東口抓毛　蒙古及張家口運來之總稱。

丙、散抓毛　春季抓毛與脫毛相混者。適於紡織毛布，多往日本。每年集散額約二百五十萬斤。依其產地分爲五種。交城散抓毛（山西交城一帶所產）、壽陽散抓毛（山西壽陽一帶所產）、蔚州散抓毛（直隸蔚州一帶所產）、周村散抓毛（由山東周村運來）皆上品也。順德散抓毛（直隸山西所產由順德運來）品質較劣。

二、秋毛　八九月所翦者。纖維短粗，品質劣於春毛。產額亦較少。其中山西、陝西、直隸、河南各省皆有。每年集散額約六十萬斤內外。

三、山羊絨　春季翦取山羊之長毛。羊體遍被細絨如綿。以鐵抓搔取之。纖維細長，適於織絨之用。價最昂。

收買羊毛之洋行，不下四十家。英商仁記、新泰興、平和、隆茂、聚立、怡和、德商禪臣、瑞記、禮和等，均備有精選廠及捆包機器。新泰興洋行機器最爲新式。此外高林(英)鴦麟(美)德泰(法)華順發(德)捷成(德)康利、德隆(英)永福、德義(德)華泰(英)隆昌(俄)美最時(德)美豐、興隆、(德)協隆(美)信記(英)愼昌(美)振興(英)阜康、永興(英)門憂、福山(德)等洋行。亦各有精選設備。日商三井、武齋、大倉、茂記。概無此項設備。(日商各洋行。非其政府及毛織各會社有訂貨之約。則所收買之羊毛。不運回本國)洗毛工廠。有武齋洋行、先農公司及怡和、仁記、美豐、瑞記、高林、隆茂等數家。

第十二章　雞蛋

出口雞蛋。分(一)蛋白蛋黄(蛋粉)(二)鮮蛋、皮蛋、鹹蛋及(三)冰凍蛋三項。

一　蛋白蛋黄(Egg, Albumen and Yolk)

概況

中國之有蛋粉業。始於三十年前。英人史米司氏設蛋粉廠於蕪湖。厥後外人之經營斯業者。接踵而起。德人於此。經營尤力。大利所在。華商亦爭相效法。製造既日益發達。此項貿易。遂蒸蒸日上。茲將最近十年輸出額表示於左。

年份	數量	價值	年份	數量	價值
宣統三年	一二九、〇二六擔	一、六三九、〇三四兩	民國五年	二八八、三四六擔	七、七〇二、四〇三兩
民國元年	一三五、一六〇	一、九八四、五七八	民國六年	四〇五、〇一九	一一、九九九、六八四
民國二年	一五五、九七三	二、九四三、九五六	民國七年	二八九、三五七	九、三〇七、二二七
民國三年	一三二、一五八	二、八七〇、〇八七	民國八年	六〇六、一八二	一九、八二五、〇九八
民國四年	一九九、九六七	四、八六四、九二五	民國九年	四二三、二〇三	一一、九二八、一四三

歐戰以前。蛋粉出口。已有逐年增加之勢。民國三年。歐戰開始。德人所經營之工廠。概行歇業。而蛋粉主要銷路之德國。又以交通斷絕。無由運輸。其輸出額遂大減。嗣以英美兩國新闢銷路。各工廠漸次恢復。民國四年出口。乃達二十二萬八千餘擔。其後且續有增加。民國六年竟至四十萬擔。較之開戰之初。已增加二倍有奇矣。且其出口價値。海關評價係按每擔三十兩計算。爲一千二百萬兩。實則當時市價。蛋白在一百三

十兩左右。蛋黃亦達六十五兩。則其實際之出口價值。當在三千萬兩以上。六年九月。美國禁止含有亞鉛之蛋粉入境。七年四月。又將蛋黃列入禁止輸入品中。其輸出頓減。及民國八年春。美國解除蛋黃進口之禁。蛋粉業者又改良製法。銷路復興。以至今日爲出口一大宗。

蛋粉工業

雞蛋既易破壞。又易腐敗。不能運遠。故蛋粉工廠。僅可於產地附近經營之。惟長江以南。多屬水鄉。飼鴨者多於養雞。且生活程度較高。所產雞蛋。悉供本地人食饌之用。故蛋粉工業。先起於長江以北江蘇湖北安徽等省。漸次北進。遍於河南山東直隸各省。現在全國蛋粉工廠。無慮數百。茲列舉其所在地於下。

江蘇省　上海　興化　南京　常熟　樓川　上岡　泰州　高郵　豐縣　大李集　窰灣　夏鎮　睢甯　徐州　泰興　揚州　宿遷
　清江浦　鎮江
安徽省　南宿　雙清　亳州　蕪湖　巢縣　懷遠　蚌埠　潁州
河南省　歸德　許州　彰德　新鄉　漯河　獲嘉　郾城　鄭州　洛陽　道口鎮　清化鎮　開封　駐馬店　三和店　周家口
山東省　沙滸　濟寧　兗州　濟南　濼口　張店　青島　德州　桑園　台兒莊　滕縣
直隸省　天津　保定　邯鄲　唐山　楊村　琉璃河　石家莊
湖北省　漢口
山西省　大谷
福建省　福州

種類及品質

同一蛋粉。而以舊法製造者。與用新法製造者。其精粗大有差別。從前西人欲販運雞蛋歸國。防途中有腐敗及破損之弊。則以之製成乾蛋白(Crystal albumen) 乾蛋黃 (Granulated yolk) 乾全蛋 (Granulated whole egg) 水黃 (Liquid yolk) 四種。乾蛋白及乾蛋黃。乃以鮮蛋去其外皮。分別其蛋白蛋黃而乾燥之者。乾全蛋則僅去其外皮。不復分別蛋白蛋黃而乾燥之者。水黃。係加食鹽及硼酸等防腐劑。勿庸乾燥。儘可保存至四五月之久。但此數法。均極幼稚。仍不損壞雞蛋之品質。現在德美商人。發明新式機器。製成蛋白粉 (Spray albumen) 蛋黃粉 (Spray yolk) 及全蛋粉 (Spray whole egg)。不特蛋中水分可完全提出。不致損壞蛋質。且製品售價之利益。尤形增加。如舊法所製乾蛋黃。每擔售價至多不過五十五兩。而蛋黃粉則售價在六十兩以上。且製粉費用。亦並不較舊法昂貴。現在採用新式機器者。已有二十餘處。

現在新式機器有美國式飛粉乾燥法及德國式眞空乾燥法兩種。德國式將蛋黃在眞空器內製乾之。十五秒鐘即能使之乾燥。然後在機器中磨之成粉。此法現在採用者少。美國飛粉乾燥機器。分乾燥室 (Drying chamber) 旋風機 Spray catcher, Spray corrector, 熱氣爐 Spray machine 混合桶 Feed pump 等部分。熱氣爐置之樓下。其餘機器置之樓上。製蛋黃粉之法。先打破雞蛋。使蛋白液通過手指間。餘下之蛋黃。置之別器。用竹篦戳破蛋黃膜。濾過二耗之篩。攪拌之。兩小時後。更加三分之一之淨水。而混合之。用 Feed pump 送於 Spray machine。使變成粉霧。此粉霧狀之液。噴出乾燥室。遂成既乾且美之粉末。此時 Feed pump 之壓力。約重千磅。乾燥室之溫度。爲華氏百六十度。蛋白粉製法。以打蛋分離之蛋白液。稍攪拌之。使其醱酵。或不攪拌。即通過於二耗之細篩。約三十分鐘。送至機器室。勿庸加水。在機器中。以千二百磅之壓力。使爲霧狀而乾燥之。全蛋粉製法。係打蛋後。不分離蛋白蛋黃。即投諸一容器。以篦攪拌之。用 Pump 送至 Spray machine。其壓力爲千磅。其餘作業。與前二者同。

雞蛋一個。平均重一兩一錢四分三釐。除去皮殼一錢六分五釐。淨重九錢七分八釐。此內有蛋白約四成。即三錢九分一釐二毫。蛋黃約六成。即五錢八分六釐八毫。乾蛋白之重量。約爲蛋白液十分之九。故製乾蛋白一擔。需用雞蛋四千六百個。此就漢口之雞蛋計算者。據日人駒井德三氏所計算。則雞蛋一個。假定平均重量一兩一錢五分。其所含蛋白粉爲四·六一%。蛋黃粉爲一七·〇〇%。故一蛋可製 $11.5\times\frac{4.61}{100}=0.53$ 即五分三釐之蛋白粉。若雞蛋千個。則可製五十三兩之蛋白粉。一蛋可製 $11.5\times\frac{17}{100}=1.955$ 即一錢九分五釐五毫之蛋黃粉。故用雞蛋千個。可製蛋黃粉一百九十五兩五錢。茲將蛋粉市價列表於下。

民國八年上海蛋粉市價（以一擔計算、單位爲上海兩）

品名	正月	二月	三月	四月	五月	六月	七月	八月	九月	十月	十一月
全蛋粉	八五	八六	八四	八三	八二	八二	八二	八〇	—	—	—
蛋白粉	一一〇	一一七	一二〇	一二〇	一二〇	一二〇	一二五	—	—	一二〇	—
蛋黃粉	六七	六五	六二	六〇	五八	五六	六五	六三	五九	六〇	五六
乾蛋白	一二五	一二〇	一二〇	一二〇	一二五	一二五	一四〇	一五〇	一四五	一四〇	一三五
乾蛋黃	四九	四五	四五	四五	四五	四九	五〇	五五	—	—	—
水黃	—	一八	—	—	一七	二〇	—	三〇	三〇	三三	—

歐美人視蛋白粉爲小兒唯一之滋養料。如嬰兒患消化病不能飲牛乳時。即專以此粉代之。戰時行軍。亦多隨身攜帶。以備不時之需。至蛋黃粉。則用爲製造西洋點心之原料。此專就食用而言。至工藝方面。則用途尤宏。蛋白粉除去其中之脂肪。便爲純蛋白。在化學工藝上。有用以充染色之媒介劑者。有作爲製造假象牙之原料者。應用浩繁。不勝枚舉。總之蛋粉之可貴。在水分既已提淨。他種成分。並不起何等變化。苟能嚴閉瓶中。對於濕氣。完全隔絕。則儘可保存至數年之久。毫無變質變色之慮。此其特長也。

輸出額

海外銷路。從前限於德、比、法、美等國。近年英國、日本亦頗行銷。其輸出情形如左。

國別	民國二年		民國七年		民國八年		民國九年	
	數量	價值	數量	價值	數量	價值	數量	價值
出口總數	一五五、九七三擔	二、九四三、九五六兩	二八九、三五七擔	九、三〇七、三三七兩	六〇六、一八三擔	一九、八二五、〇九八兩	四三三、二〇三擔	二一、九二八、一四三兩
英國	四、九五二	七四、一八二	一四八、一一四	四、八四五、三八五	三八五、〇五七	一〇、六三八、五三九	二六、四四六	五、六五八、四九一
德國	八四、七〇九	一、五五六、二八二	—	—	九〇	三、〇三七	一〇、八九六	二九五、一八九
和國	五、九五四	一二三、三三四	—	—	八、二四三	二一一、四九三	一一、四一七	三七四、三七三
比國	二三、四〇八	三八一、五〇五	—	—	八、六六九	二三一、一九一	七、九二九	一六九、六〇五
法國	二四、三七四	四二三、〇三五	一三、九一〇	五〇四、〇三七	一九、九〇三	六四三、六四八	一六、一七五	四七七、七四六
義國	一、七八三	三三、七三三	二、九一二	七三、五三六	一、九五〇	三六八、二七四	四、九五六	九〇、一〇九
日本	一八	七一六	三一、三三七	七一五、一四三	三、九二七	一七七、二〇七	四、一四一	一三八、八三八
坎拿大	—	—	四八、四三五	一、一三七、七六八	一八、三六〇	五七三、八一九	六、〇三〇	二二三、〇四六
美國	九、一五〇	三五二、六〇八	四八、三五二	一、六四六、一一六	一四八、二六七	七、一八二、八二五	一二六、九二五	三、九七七、二七〇
輸出港別								
出口總數	一六一、五三二	二、八八三、二八四	二九六、〇五三	九、七八五、六一七	六一七、四三二	二〇、三三七、一七四	四二三、一五九	二一、五六四、六四七
綏芬河	—	—	—	—	七、八四三	五三二、四七四	二四、二九〇	四二三、三六八

天津	五、二六七	四六、三五八	一六、六二九	七六〇、二〇〇	七六、一四七	二、三六七、〇五〇	二六、四二三	八七〇、三三九
膠州	一〇、八九一	五七七、三七五	四、六八五	二三九、九二三	一四、八三六	六九五、八四三	五、六〇七	二二四、九七四
漢口	七六、三四一	一、〇五九、九二二	一三二、〇八五	四、七五三、〇七八	一八一、七九八	七、四七五、〇〇五	八七、一九五	二、八二六、七九七
蕪湖	一、五三二	三三、四〇一	四一七	七、七〇九	一、一九二	二三、七一九	二	一〇四
南京	—	—	一七、九四九	三二三、四九〇	三〇、四四二	八九一、二三一	九、九七九	三五三、一三七
鎮江	一三、四二七	二六六、五六三	二、二〇七	七一、四三九	九、五三三	二五〇、九〇三	六、三〇二	一五五、七七〇
上海	五二、一二三	八六九、九四五	一三三、〇六九	三、六四〇、六一八	二九五、六二三	八、四七〇、三七二	二五一、三六三	六、七二二、〇三八

蕪湖蛋廠。以蛋價昂貴。收貨之多寡。難有把握。故漸見衰微。出口日少。

二　鮮蛋皮蛋鹹蛋等（Eggs, Fresh and Preserved）

種類・集散狀況

鮮蛋、概屬雞蛋。皮蛋及鹹蛋多屬鴨蛋。蓋長江以南多飼鴨。長江以北多養雞。故廣州汕頭等埠。皮蛋鹹蛋出口最多。而上海天津等埠。鮮蛋出口最多。上海市場之雞蛋分地玉（又名白玉）船玉赤玉三種。地玉者。上海附近所產。最爲新鮮。船玉、係江蘇、浙江、安徽、江西等省所產。由水路運來。其上等者。轉運出洋。下等者供上海地方消費。赤玉、係由漢口輪船運來。時日既久。蛋殼概帶光澤。現因漢口蛋粉業發達。消費甚多。運滬者少。天津雞蛋分御河貨、西河貨、車貨、挑貨四種。御河貨係河南北部（衛輝府道口鎮等處）及山東西部（運鎮寺上南廣頭桑園等處）所產。以由御河運來得名。西河貨係直隸北部（小西河、保定府、小範子牙、張橋、盧行等處）所產。以由西河運來得名。車貨、係天津附近之通州、永清、霸州、固安、新鎮（舊保定縣）等處所產。由車運而來。挑貨、即天津附近各集村所產。由挑擔而來者。其比例、大約御河貨占五成。西河貨占三成。車貨及挑貨占二成。挑貨最新鮮。車貨次之。此二種、俗謂之地玉。至西河貨及御河貨。則謂之船玉。其運送時日既久。品質較遜。價格低廉。而冬季凍河時。船玉亦不能運到。

輸出額

出口蛋之價值。光緒二十八年。已有一百二十五萬兩之多。然運至歐美者。爲數甚微。售於香港澳門者。則居其半也。當時日本、俄屬亞細亞及新嘉坡等處。爲此項貨物之大主顧。至民國三年。是項貿易之貨價。已增加一倍。英美銷路之興旺。亦以民國三年爲始。是年往美國者。值二十七萬二千兩。往英國者值十一萬四千兩。然自蛋粉及冰凍蛋發達以後。英美貿易。已漸不振。惟日本仍爲一大主顧也。茲將輸出額表列於左。

地區	民國二年 數量（千個）	民國二年 價值（兩）	民國七年 數量（千個）	民國七年 價值（兩）	民國八年 數量（千個）	民國八年 價值（兩）	民國九年 數量（千個）	民國九年 價值（兩）
出口總數	三六三、二〇三	二、七六八、〇六一	二〇九、八六七	一、五五五、七二七	三四六、二一二	二、五六一、二八一	六四六、七〇〇	四、九九四、九四六
香港	九九、七三三	七九九、〇二三	七三、九三三	五六四、二三四	八三、三四九	六六二、二六五	九五、七九八	七八三、六八五
澳門	九、四九二	七三、二三七	一一、四二八	一〇四、三一六	一一、六〇二	一〇七、三四四	一一、九七五	一一五、九〇三
暹羅	六三二	五、三八四	一六	二三七	六五	八一四	七二	八三五
新嘉坡等處	三二、四〇三	一七〇、六九六	三〇五	二、三六八	四三四	三、五六二	四、六七三	三七、四七七
英國	九〇〇	五、四〇四	三九八	二、六八七	四八、七七八	三三八、三八〇	八四、五七七	六二一、八六一
俄國 由陸路	一七、七六二	一六〇、二一七	九一三	九、二一九	三、六六二	三一、一四九	二三六	三、四〇三
俄國 黑龍江各口	四九、二六七	五〇二、六二四	三、三五二	四三、〇九八	三、四七一	三四、二九二	一四三	一、五一五
俄國 太平洋各口	三九、二五三	二八五、四二六	九、四五七	九七、五六〇	一七、三四〇	二三四、八九五	一三、四一七	一九九、三五一
朝鮮	四四三	三、九九四	二三四	二、〇三三	二三八	一、九四三	八二八	九、二二七
日本	一三一、三五三	七六五、二六六	一〇三、九四五	六八二、七四八	一六二、八九七	一、一五四、三四〇	四一八、一六五	三、一二二、八二二
菲律濱	一〇	六〇	二六一	一、八四七	一、一七八	一〇、〇九四	四〇四	三、九九三
坎拿大	—	五	三、二〇九	二一、六六一	八、二九九	五八、〇九二	四、一四八	二八、二二三
美國	二、一八六	一三六、一一二	三、三一六	二三、三四九	四、六八五	三二、三〇五	一一、三〇八	七八、八一三

輸出港、以上海爲第一。天津、廣州、汕頭次之。漢口、九江、蕪湖、鎭江、九龍、拱北、瓊州又次之。

三　冰凍蛋（Eggs, Frozen）

冰凍蛋工業。始於宣統二年。英國設工廠於漢口。民國元年。始自漢口大宗輸出於英國。約値三十三萬七千兩。民國三年。南京亦爲冰凍蛋之輸

輸出額

出港。是年出口價值共計一百三十四萬六千兩。幾全運往英國也。民國五年。增至一百六十五萬八千兩。九年、遂增至四百五十三萬四千兩。輸出港、以漢口爲第一。南京、上海次之。銷路以英國爲第一。美國次之。法國、坎拿大、日本時有銷路。爲數無幾。

國別	民國二年 數量	民國二年 價值	民國七年 數量	民國七年 價值	民國八年 數量	民國八年 價值	民國九年 數量	民國九年 價值
出口總數	七六、六九五擔	六〇六、六五四兩	一三、〇七四擔	一九〇、二六一兩	一八八、二〇六擔	二、五四六、一一五兩	三二二、六一三擔	四、五三四、三一二兩
英國	六三、三〇二	五〇〇、七一一	九、一七七	一三〇、一一三	一六四、六七四	二、一八五、二四七	二九三、一〇八	三、九九三、六二六
美國	五八五	四、六三二	三、一五九	五六、八六三	二三、四四八	三五七、九三三	二九、五〇五	五四〇、六八六
輸出港別								
出口總數	七六、六九五	六〇五、六五四	二九、五八八	三五三、〇〇二	一八〇、二九九	二、五三八、六四九	三五二、九七三	四、九六五、二八六
漢口	七六、六九五	六〇五、六五四	一六、四六八	一五八、〇九三	八七、二八一	一、二七〇、九〇六	一四〇、一四四	二、〇八三、八二一
南京	—	—	九、〇四三	一一八、六八六	七五、一五四	九三〇、八八[illegible]	一八一、九三七	二、三二五、六六三
上海	—	—	三、八九七	七〇、一四八	一七、五三六	三一五、四六二	三〇、九〇一	五六五、八一二

外國需要狀況

中國產蛋豐富。價格尤廉。平均鮮蛋一枚。祇值制錢十文左右。較之英國市價每十打在三十三先令以上者。僅當其六分一。卽衡以市價較廉之美國、每打在五十仙內外者。亦祇當其四分一。且此價乃按銀價暴騰時之滙兌市價而計算者。若以銀價低落時之價計之。則中國之雞蛋價值。僅當英美之十二分一乃至十五分一也。故以乾燥或防腐之法。輸出歐美。雖加入運費、製造費。並扣除因乾燥防腐所減少之營養價值。而較諸歐美各國所用之鮮蛋。尙低廉數倍。利之所在。無怪乎出口商人之踴躍也。

第十三章　草帽緶

概況

草帽緶出口。始於同治八、九年。其質強韌。價格低廉。頗受歐美歡迎。以致輸出貨價。年有增加。宣統元年。遂達十三萬八千六百三十擔。價值八百十六萬五千六百五十一兩。迨民國初元。以歐美草帽流行改變。出口稍減。中經歐戰。德美英法等國銷路。大受影響。出口尤形銳減。然自和平成立以後。次第恢復原狀。以今至日仍不失爲一種大宗出口貨也。茲將其輸出額表示於左。

年份	數量	價值	年份	數量	價值
宣統元年	一三八、六三〇擔	八、一六五、六五一兩	民國五年	五七、〇八〇擔	三、一四三、一七五兩
宣統三年	一三〇、七五八	一〇、二九三、四四六	民國六年	四〇、五二四	二、四〇六、六八三
民國元年	一二七、一四三	七、六四三、五五九	民國七年	五三、三三八	四、一六七、六五九
民國二年	一〇一、〇三七	五、〇七四、〇四三	民國八年	一〇二、六〇四	七、七一七、五八七
民國三年	四九、二八五	三、〇七九、八〇九	民國九年	五五、〇六五	四、四八七、四九〇
民國四年	四五、一二六	二、八六三、三八七			

輸出額

從前德、美、英、法、日本等國。俱爲草帽緶之好銷場。歐戰以前。法美兩國。銷數特多。戰時英美限制輸入。法國亦以運船不敷。銷數大減。惟往日本者。頗有增加。現時英美限制輸入之令已廢。日美兩國。最爲我國草帽緶之大主顧。其輸出狀況如下。

國別	民國二年		民國七年		民國八年		民國九年	
	數量	價值	數量	價值	數量	價值	數量	價值
出口總數	一〇一、〇三七擔	五、〇七四、〇四三兩	五三、三三八擔	四、一六七、六五九兩	一〇二、六〇四擔	七、七一七、五八七兩	五五、〇六五擔	四、四八七、四九〇兩
英國	四、三五一	一九七、八八五	一、一五四	九七、九三六	二〇、一四三	一、四一七、四一八	九、五四〇	八四四、七一三
德國	一〇、六七〇	四九八、五六六	—	—	—	—	三四五	三一、三三〇
比國	八、三〇九	四四五、〇一九	—	—	五六〇	三六、一五三	一、〇〇九	七七、四七六
法國	四二、五〇四	二、〇三五、二四三	三、七〇二	二六〇、四五六	一〇、九三五	八三六、一一五	三、九一四	三二七、八九〇
義國	四、〇八〇	一九四、九五六	五九	六、八四〇	一、一八四	九六、一八五	六九二	五六、一一〇
日本	一三、〇六二	七一八、〇四三	二九、三六五	二、一八一、八五七	二六、九一五	二、二五六、六七〇	二二、〇〇八	一、八三四、二二六
坎拿大	九〇六	三〇、〇七三	一、三三一	九八、九四四	六八六	五六、六四六	一九九	一八、九五七

美國	一六、九〇二	九〇八、四六三	一七、一七六	一、四八〇、九八七	四一、七七二	三、九九九、一三七	一八、八三三	一、三五四、〇三九
輸出港別								
出口總數	一〇三、三八六	五、一三三、一五一	五七、〇〇九	四、六一七、五五〇	一〇六、三八六	八、一二五、六九三	五五、一八九	四、七〇六、九六六
天津	七、六七七	四六七、三二〇	四〇、二一七	二、二二四、三九六	八〇、七八七	四、七六六、六一〇	三八、三三五	二、四一三、二三〇
煙臺	—	—	四、九五七	一、〇五九、一〇五	五、二五七	一、二二三、八二四	三、一〇五	五七二、七七五
膠州	八七、二八八	四、一八四、七一四	一一、〇八七	一、二六二、〇一九	一六、七三〇	二、〇二一、八八〇	一二、二三〇	一、五七四、五七八
上海	五、四九七	四三〇、八三三	六七三	五八、六〇三	三、四三三	一〇八、四〇五	一、四九二	一五〇、二二三

從前日本祇購買下等草帽緶。供製造下等草帽之用。且其草帽業。不甚發達。故草帽緶往日本者不多。近則購回之後。加以漂白。製作上等草帽。銷行各國。獲利甚鉅。故我國草帽緶往日本者。亦與年俱增。

外國市場情形

美國進口草帽緶年値八百萬美金以上。其中日本貨最多。中國、義大利次之。最近兩年華貨輸入。非常增加。日貨質劣價廉。尙能維持其原有之銷路。然不若華貨之樣式時常翻新。能博一般人之歡迎也。今後欲增進華貨之地位。當更運往上等之貨。必須麥稈精良。編法巧妙。出品劃一。三者具備。然後能與日貨相抗衡。而美人之嗜好及流行之趨勢。尤宜時常注意也。

每一製品。其寬狹品質樣式宜劃一。以便勿庸看貨。卽可約交易。美國市場流行之趨勢。毎三年必有一變。大抵每一流行之起。其第二年。卽達於絕頂。例如民國八年。美國時尙麻製帽緶。民國十年。麻製帽緶竟全無銷路。而草帽緶風行一世矣。又其人嗜好時常翻新之花樣。我國緶業。宜常派人遊歷考察。熟悉其嗜好及流行之趨勢。以便投其所好。左列各雜誌。可以爲緶業參考之資料。

Millinery Trade Review, 1182 Broadway, New York City.　定價美金七元

Milliner, Milliner Co., 200 Fifth Ave., New York City.　定價美金四元

Illustrated Milliner, 655 Broadway, New York City.　定價美金八元

產地

我國草帽緶產地甚廣。南起閩浙。北至豫直魯晉。無地不產。然南省以氣候地質之關係。麥稈粗大。皮亦堅硬。製品劣惡。尙少出洋。北方土多含砂。麥稈柔韌。色澤鮮明。外皮較薄。易於編製。價廉物美。而山東、直隸兩省。實爲輸出草帽緶之主要原產地。山東產額之多。當推第一。全省無處不生

產之。其產額最多者。爲舊萊州、登州、青州、濟南、武定、兗州府所屬各縣。萊州所屬之濰縣及沙河鎮。所產尤多。約占全省總產額三分之一。膠濟鐵路未通以前。濰縣以西地方所產。悉集於沙河萊陽及黃縣。由水路或陸路送至煙臺。濰縣以東各地所產。亦概由民船送至烟臺。故煙臺實爲山東草帽緶集中之地。迨後鐵路開通。沿線各地及沙河鎮之商人。概改由鐵路送至青島。膠濟鐵路。爲之特減運費。以廣招徠。德國輪船公司。自光緒三十二年起。亦大減運費。使由青島輸出於歐洲之運費。與由上海輸出者相等。於是煙臺貿易。遂爲青島所奪。膠濟鐵路沿線所產。悉送往其附近之各車站。轉運青島。（例如寧陽、浮邱、新城、新泰等處所產。則送往周村轉運青島。章邱、泰安、禹城臨邑。則送往濟南。諸城、沂州。則送往高密。）黃河流域及武定一帶所產。則由民船送至濼口。小清河沿岸所產亦然。至濼口後。由濼濟鐵路、或小車。送至濟南。再由濟南商人。轉運青島。

從前煙臺草帽緶貿易最盛之時。其輸出額在三萬五六千擔以上。爾時青島輸出額。不過一千擔左右。且其品質頗劣。聲價甚低。其後經緶業研究歐美銷場之嗜好。勉爲適合之製品。對於尺碼。尤注意改良。從前長短無定。尺碼各不相同者。一概定爲百二十碼。地方官廳。亦從事提倡。出品遂大改良。一方面因海外需要增加。生產額暴增。輸出額亦因之大爲增加。民國二年、遂達八萬七千擔。煙臺輸出額。在光緒二十七年。尚有三萬三千四百八十一擔。其後逐年遞減。至民國二年。遂完全斷絕。然及民國三年。青島戰事起。鎖港數月。煙臺貿易。因之復活。是年、輸出五百零九擔。翌年一躍而爲六千六百六十二擔。民國五年。遂達七千九百八十擔。然是固非煙臺港盡力奮鬬之結果。完全屬於青島戰事一時之現象。青島貿易。旋經再開原狀。民國五年。已兩倍於煙臺之輸出額。而爲一萬五千百九十四擔矣。蓋煙臺不若青島有完全之鐵路與港灣。由產地運至煙臺。所需時日甚多。運費極昂。且貨物有損傷及危險之虞。經濟上立於不利之地位。故大勢終復歸於青島。然青島經戰爭以後。德商歇業。至今輸出額未能恢復原狀。

直隸草帽緶產地。爲青縣、滄縣、鹽山、慶雲、大城、武清、安次、河間、獻縣、肅寧、景縣、唐縣、徐水（故安肅縣）、獲鹿、平山、藁城、威縣、大名、南樂、清河、玉田、遵化、濮陽等縣。悉經天津輸出。山西東部及河南北部所產。亦由天津輸出。從前天津之輸出額。較之青島。不及遠甚。自歐戰以後。天津方面。遂凌駕青島而上之。以至今日。爲草帽緶第一大輸出港。此外廣西富川縣所產。質自堅實。足與北方各省所產相比肩。惟出口不出。

附草帽緶業之現狀

一、編製及整理　大麥小麥裸麥燕麥等各種麥稈。皆爲草帽緶之原料。直隸山東一帶。概用小麥稈。（山東壽光樂安新城地方有用大麥稈者）其刈麥時期之遲早。頗有關係。如失之過早。則不唯減少麥實之收量。麥稈亦起小皺。又易生黴。編製帽緶。最不適宜。若失之過遲。則麥稈必生斑點。亦不合用。最適當之期。宜在全熟期前四五日。以麥穗呈黃色、麥實固結時爲度。山東農民多不注意於此。惟沙河鎮一帶。以編製草帽緶爲主業。刈麥比普通收穫時期稍早。刈取之麥稈。曬乾後。將根部從第三節以下、上部從穗首二三寸處截去。惟須十分乾燥。使其光澤之變褪較遲。又少生黴。能久貯藏。編製帽緶。多出於農家婦女之手。每年九十月至翌年三月。農暇無事。多從事於此。編製之法。第一『選稈』。先將頭節及二節之葉鞘除去。各以一握舉齊。麥稈頭部向上。逆而握之。從暗處向明處透視。其有斑點及纖維與色之不良者。加以剔除。更區分其粗細。以同一粗大者爲一起。然後將精選之稈。頭節與二節。剪取爲二。頭節、葉鞘略少。日光直射。呈黃色。二節、多有葉鞘被覆。呈白色。所謂頭節與二節者。以蓋稈之色不同故也。精選既畢。將麥稈浸於粟糠汁或麪粉汁之中。約一小時。取出陰乾。始着手編製。有就圓稈用之者。（稱爲原草緶）有分開用之者。（稱爲披草緶）麥稈之分開。係於普通金屬製小管之底部。裝置十字或丁字形之小刀。將麥稈插入管內。使當其刃而破裂之。其編法、有花緶、平緶、翅、鋸條、染色花緶等類。不下數百種。不據實物。實難備述。出口商店。常苦心研究。以投需要者之嗜好。年年從歐美之需要者。受取嶄新之樣式。通知地方之緶莊。使農家如式編製。故樣式種類。年年增加。從開始輸出。以至今日。已不下數百種。然大別之。可分爲原草平緶（只用麥稈之二節卽白色之部分、以圓稈扁平編之者、多以七條編之）原草花緶（以麥稈之一節卽黃色之部分與二節白色圓稈。混合而交編之。故表面上呈黃白之斑色）披草平緶（以分開之麥稈扁平編之者）披草勉緶（以分開之麥稈扁平編之。而兩邊之緣邊有寬狹者）四種。編製時最注意者。爲結合處無隙。緶寬廣狹相等。緣邊整齊。編成之緶。普通以十碼爲一捲。（最長二十碼）由販買人收買。轉售於緶莊。緶莊分類選別。再加整理。整理時。有漂白、插換、補換、捲把、漂白、結束等手續。先將挑選分類之草緶。加以漂白。（用硫磺燻蒸）檢視緶中有混入不良者。以他之良稈插入交換之。有寬窄不同及編法不良之處。則切去而補綴之。然後以之捲成一把。每把約長六十碼或一百二十碼。再加以漂白。卽將每把從兩端稍向內之部分。以白線或麻線。緊拴三四處。貼用緶莊之牌號於其一端。經過以上各種手續。始成爲輸出之商品。故帽緶編製之業。實由農家各戶。而其整理。則在集散市場之緶莊。

二、品質及用途　草帽緶之佳者。爲麥稈精良。編接緊密。寬窄一定。有菱角者。菱角聳立。平緶者。異常平滑。而以細條麥稈編成。幅員最狹者爲上選。披草緶比原草緶價高。因披草緶原料。概用良好者。且麥稈開裂爲數條。以其細薄。因之手工亦困難。較之原草緶爲輕。體裁亦佳。然而強健耐久。亦原草緶之特長也。現在輸出歐美者。多屬山東沙河鎮一帶之披草緶。輸出德國者。多屬直隸大名一帶之原草花緶。數年前。曾有人將華貨與外國貨在歐美市場之聲價比較之如左。

種類	意匠優劣	編法	耐久力	光澤	染色	需要者之廣狹	價格之低廉
中國貨	下	下	中	下	下	上	上
日本貨	下	中	下	上	下	上	中
義瑞等國貨	上	上	上	下	上	中	下

觀此、則我國意匠、編法、染色、不及義瑞等國。而需要之比例。居其上位。價格低廉。尤冠各國。茲再卽各產地之品質言之。山東沙河鎭所產。均為披草緶。品質優良。手工精巧。非他處所能及。蓋其地土質。概為砂質之深壤土。所產麥稈。柔韌良好。且斯業流行最早。故編製技術。亦較他處有優異之點。產披草緶者。唯此沙河鎭一帶而已。其餘各產地概以原草緶為多。蓋以麥稈不若沙河鎭之佳也。平度一帶所產。多屬四草一類。(以四條編之者曰四條。六條編成者曰六花)品質不良。壽光、廣饒、桓台所產。亦以四草為多。然較平度為良。此等地方。有用大麥稈編製四草者。品質亦佳。浮邱、寧陽、玉台(膠州屬)所產。多原草平緶。品質優劣不等。優者運往歐美。劣者輸出日本。昌邑所產品質不佳。馬頭一帶。多產原草黃緶。品質亦不良。陽信及直隸興濟所產。多原草白緶。品質較優者。運往歐美最多。直隸大名一帶所產。多原草花緶。品質佳良。最為德國所歡迎。河南鹿邑(柘城太康朱橋歸德及安徽亳州所產)及惠濟橋(河南黃河沿岸所產)之貨。多寬邊原草緶。品質不佳。至草帽緶之用途。製作草帽者最多。間有製箱盒及花盆之容器及玩具類者。然為數無幾。歐美人購去者。大都用以製造草帽。故尺碼短欠。或寬狹不同。或有中斷。以及漂白過度者。皆不適用。而我國草帽緶。以編法及整理之技術不甚優良。至今猶不能供製作歐美婦人上等冠帽之用。誠可惜也。

三、交易習慣　交易機關。有收買人、緶莊、緶行、輸出商四種。

(1)收買人　俗名販子。產地附近之集市。每定期開草帽緶之市。販子由此買出。或直到農家各戶收買。送至緶莊。收買時皆劃有勢力範圍。甲之範圍。不准乙羼入。亦一陋習也。

(2)緶莊　係在集散市場為買賣業。由販子之手。收買草帽緶。加以整理及包裝。送由輸出港之緶行。售與輸出商。緶莊對於緶行之關係有兩種。(一)納多少酬勞金於緶行。託其向輸出商售出製品。(二)受緶行之定貨。由其媒介。將製品向輸出商販賣。但無論何種。均照輸出商所示之樣式而行也。

(3)緶行　係在輸出港。立於輸出商與內地緶莊之中間。以介紹買賣爲專業。然青島緶行。有兼營輸出業者。緶行常與緶行聯絡。關於價格之變動及存貨數量等。通信不斷。一面與輸出商相往來。外國若有書信或電報定貨。則爲之承辦。並將樣式送至緶莊。預先通知其數量價格及期限。得緶莊之回信後。即回覆外商。結買賣契約。交貨期限。大都以定貨後兩月乃至三月爲常。

(4)輸出商　係在輸出港。以受歐美市場進口商之定貨。由緶行取齊貨物而輸出之爲業。此等輸出商。皆雇用買辦。使專與緶行交涉。

以上爲交易機關之大要。輸出商接受歐美市場進口商以書信或電報定貨時。則以期限種類數量價格等條項。使買辦與緶行交涉。緶行更通知緶莊。緶莊將貨物陸續運至緶行。由買辦與輸出商到行。共同檢查。檢查最嚴者。爲幅員之整齊均一。以緶子尺(黃銅製密里米達尺)量之。合格後始收現貨。貨款有預交若干者。然多現貨收入後二星期內始交清。外商所交之款。多外國銀行支票。緶行更以本行或錢莊之滙票。交付緶莊。鮮有現銀者。買賣成立時。緶行之介紹費及買辦之回扣。均爲百分之二。由賣主支付。故緶莊售出千兩之貨。除去緶行之介紹費二十兩、買辦之回扣二十兩。實得九百六十兩。

草帽緶。原屬於婦女之手工的工業。欲幅員之整齊均一。勢所難能。如嚴格相求。勢必至惹起紛爭。甚或大蒙損失。故從事此項貿易者。議定一種辦法。彼此遵守。輸出歐美之草帽緶。其幅員通常爲五密里米達、五密里米達半、六密里米達、六密里米達半、七密里米達等。各以半密里米達遞差。交易時。例如云最狹寸法。五密里米達者幾箱。由五密里米達至五密里米達半者幾箱。由五密里米達半至六密里米達者幾箱。適當配合而行之。通常與歐美商店豫約。定爲『由幾密里米達至幾密里米達者幾百箱。但平均寸法。不得超過幾密里米達』。對於各寸法之箱數比例。於不超過指定之平均寸法範圍內。由賣主自由配合之。例如云『由五密里米達至八密里米達者百箱。平均寸法。不得超過七密里米達』者。則可如左配合之

五密里米達者	三箱	由六密里米達半至七密里米達者	二十一箱
由五密里米達至五密里米達半者	三箱	由七密里米達至七密里米達半者	二十五箱
由五密里米達半至六密里米達者	五箱	由七密里米達半至八密里米達者	三十二箱
由六密里米達至六密里米達半者	十一箱	合計	百箱

如此配合。則其平均寸法。不超過七密里米達而爲六密里米達九九二五。蓋計算平均寸法。係以各組之箱數乘其組之平均寸法。得其全體

之合計。再以全箱數除之。即得平均寸法。試以前述之例計算之。蓋如左。

M.M		Case		M.M.
5	×	3	=	15
5.25	×	3	=	15.75
5.75	×	5	=	28.75
6.25	×	11	=	68.75
6.75	×	21	=	141.75
7.25	×	25	=	181.25
7.75	×	32	=	248.00
				699.25

699.25÷100 = 6.9925

前例五密里米達之三箱。乃全部爲五密里米達。由五密里米達半至六密里米達之三箱。則由賣主在此兩者寸法之內。斟酌適當配合之。以下準此。此外又有必要條件。即每條草緶。必須無論量至何部分。皆寬狹相等。又配合寸法。由最狹寸法至最寬寸法。中間必須連續配合是也。

第十四章 牲畜

出口牲畜。有牛、山羊、緜羊、馬、猪、家禽、及他種牲畜。(驢騾在內)山羊、緜羊、馬、及他種牲畜。皆不及百萬兩。玆僅就猪、牛、禽家述之。

一 猪

產地 我國自古盛行飼猪。各省無地不有。而以廣東、湖北、湖南、四川、江蘇、浙江、河南、山東及東三省爲最多。四川、湖北、廣東等省所產。品質最良。

品質 我國猪肉優美。煮之易熟。夙爲歐美各國所讚賞。現今歐美各國有名之猪種。皆曾以我國猪種爲之改良。此人所共知也。

種類 猪以毛色之不同。分爲白猪、黑猪、花猪三種。又以氣候土質及其他之關係。體格品質。因地而異。長江以南。氣候温暖。物產豐饒。人口稠密。因之飼猪資料。亦形豐富。猪之品質。概爲優良。而河南以北直隸山東等省。則氣候較寒。人口較稀。其飼養方法。半恃放牧。故品質稍劣。長江以南。花猪居多。江蘇南部多白猪。他處不多見也。黑猪之生長及肉質。雖不盡皆完美。而體格健康。易於飼養。故黑猪最多。花猪及白猪。體質概弱。河南以北。寒氣較烈。故殆無飼育者。

輸出額 出口之猪。多往香港、澳門、西伯利亞等處。其輸出額。年在二百萬兩以上。其中往香港者最多。約佔總數十分之八。梧州、瓊州、拱北、九龍、北海等口。出口最多。其餘各口。除綏芬河而外。爲數無幾。皆不足道。最近輸出額如左。

輸出地區	民國二年 數量	民國二年 價值	民國七年 數量	民國七年 價值	民國八年 數量	民國八年 價值	民國九年 數量	民國九年 價值
出口總數	二七七、八四八擔	二、七三〇、五四四兩	二五九、五二三擔	二、一四三、五四〇兩	三〇二、七一四擔	二、二六九、四五〇兩	二九七、五四九擔	二、三二三、五七六兩
香港	一八九、五三二	一、五九〇、七六九	二二四、〇〇二	一、五三一、四六九	二四七、九三三	一、六二八、四九八	二四九、八八五	一、五九一、六二九
澳門	三五、七一一	七五三、〇九九	三三、八四五	二九〇、二四〇	三三、一四六	三九三、七七四	三六、一〇三	四〇九、三六八
印度	一、四一九	五、二九二	四三六	一、七六五	一、一一三	一、九二六	一、五七四	二、一五七
俄國 由陸路	四、〇六一	二四、三六六	四、二八六	二五、七一六	五、〇八〇	三〇、四八〇	一、〇一五	六、二九四
俄國 黑龍江各口	三、二九四	三七、九六七	三、九二三	二八、〇七六	三、四一八	一九、八八七	一、〇四八	二一、八一四
俄國 太平洋各口	三三、三一九	三〇四、七〇六	一〇、五〇八	二七三、五三九	一一、三七八	一九二、二九四	七、三二三	一七八、一三〇

俄國近年內亂。自民國六年起輸出額逐漸減少。迄於今日猶未恢復原狀。

二　牛

種類　牛有黃牛、水牛、毛牛、犛牛及雜種牛。黃牛、係別於水牛等而言。有黑黃、褐雜色等種。各省皆產之。

產地　水牛、多產於湖南湖北等多沼澤之區。毛牛、產於四川西北及西藏。犛牛、產於蒙古西北及青海。現時出口者概屬黃牛。外人購爲食牛之用。蓋不特牛肉可作食用。且牛皮、脂肪、牛骨及臟腑等。用途甚廣。無一廢物。故每年收買出口者多至三百萬兩。最少亦在百萬兩內外。

牛體各部分之用途

牛體各部分之用途

牛肉	食用
牛皮	製革、廢物製膠、
牛毛	塡充用、尾毛製篩、其餘製肥料、
脂肪	食用、製肥皂、下等油製肥料、
蹄	製櫛牙籤等。又製膠、
血液	滋養飲用品、藥用、及乾血肥料、
肺心腎	食用、
縱橫膈膜筋	食用製罐頭、

腱靭帶
- 脊部臀部之長腱　製彈棉弓弦等
- 其他　食用、製罐頭、並製膠、

骨
- 四肢骨　製各類骨器、骨粉爲藥用及肥料、
- 刨蠟（由骨髓所製者）、秣蠟（由關節部所製者）、骨蠟（由骨所製者）　製肥皂
- 脫脂骨　製肥料
- 骨炭　製糖時爲濾過之用

頭
- 頭肉及舌　食用、製罐頭、
- 腦及脊髓　食用、又腐敗後、用以鞣鹿毛、
- 眼　肥料
- 角　製櫛及各類角器、
- 齒　作假牙、

臟腑
- 膵　肝　食用及藥用、
- 胆汁　藥用、製肥皂、絲織物洗滌用、又爲細菌培養基、
- 胃
  - 肉部　食用、
  - 膜部　製皮、
- 腸
  - 直腸　製囊、
  - 其他　肥皂原料、廢物製肥料、
- 食道
  - 肉部　食用、製罐頭、
  - 膜部　製囊、又盛火藥爲沈沒船之炸破用、
- 大動脈　食用、又製膠、
- 睪丸　陽莖　食用、
- 膀胱　製囊、
- 脾　肥料、
- 內臟脂肪　肥皂原料、

輸出額

海外銷路。向以俄國爲第一。香港次之。俄亂以來。往俄國者漸減。日本近年缺乏食料。又以青島商業之關係。銷數漸增。往香港者。大都轉往英國。故英國亦間接之重要銷場也。最近輸出額如左。

地區	民國二年 數量	民國二年 價值	民國七年 數量	民國七年 價值	民國八年 數量	民國八年 價值	民國九年 數量	民國九年 價值
出口總數	八六、五六五擔	三、〇七八、四九七兩	二八、八五三擔	八六四、三八九兩	三四、五五三擔	八七八、〇八二兩	五七、四〇七擔	二、一三四、一九二兩
香港	三三、三四二	五五六、四〇八	一五、四四一	四〇二、四六四	二三、三八二	六〇四、四〇一	二七、七七三	七八、一八四
由陸路	七四二	二五、〇五七	八三	一、七三二	九	二七〇	八一〇	二七、六四〇

俄國（黑龍江各口）	三一、三七三	一、二〇七、二八〇	八、六〇七	二七八、六五六	三、五六五	一三一、五〇五	九、〇五八	六一五、一四七
俄國（太平洋各口）	三一、九八三	一、二六五、三四三	四、三四八	一七二、一七九	五、四八七	六五、〇三三	四、六八八	二四六、〇九七
日本	五	二〇〇	一〇四	四、四〇一	一、七二七	六九、六七〇	三、〇四三	四三三、三四九

主要輸出港爲綏芬河、膠州、九龍、梧州、瓊州。俄亂以前。哈爾濱、滿洲里。俱有大宗輸出。今已衰減。天津、烟台。向爲重要輸出港。自膠州口（青島）發達以後。此項貿易。已若有若無矣。

由綏芬河出口者。多運往俄屬東海濱省。九龍、梧州、瓊州等口。概往香港。由膠州出口者。多往日本及海參崴。

山東牛肉質肥美。自俄商於租借旅大時。由烟台販至大連。出口漸多。德人於青島設立屠宰場。購入西洋種牛。獎勵改良。成效大著。（當時青島屠宰場飼養種牛。使與中國牛交尾。其子牛之牡者。由屠宰場收買。牝者悉掛銅牌於耳上。記明號數。每年陰歷八月。集此等牝牛。開一共進會。有生育良好者。給予獎金。得獎金之牝牛。准與種牛交尾。概不徵費。）此項貿易。漸次由烟台趨於青島。日人佔青島時。營牛及牛肉出口業者。有義生公司、青島罐頭公司。日商也。世多洋行、滋美洋行、海茂洋行、華順洋行。俄商也。此外美商開治洋行、英商和記洋行。皆經營斯業。民國七年以來。日人湊集資本。組織出口公司者。時有所聞。大都以運往大連、日本爲目的。

三　家禽

種類　輸出額

家禽、係雞鴨兩種。在出口牲畜中。次於猪牛而居第三位。輸出額雖不及百萬兩。然亦一出口大宗也。往香港者最多。約占總數十分之九。澳門、俄國、日本次之。梧州、拱北、九龍、三水、瓊州、北海、綏芬河、琿春、大連、蕪湖等口。出口最多。最近輸出額如左。

地區	民國二年 數量	民國二年 價值	民國七年 數量	民國七年 價值	民國八年 數量	民國八年 價值	民國九年 數量	民國九年 價值
出口總數	二、七七九、五四三隻	六三二、七七〇兩	二、八七五、五〇五隻	六六三、二五五兩	二、九七〇、四三五隻	六六三、八〇三兩	三、二九〇、六一三隻	七〇五、四九六兩
香港	一、九三四、八六九	四〇〇、四八三	二、三二一、九八〇	五一四、一九八	二、四三〇、一五四	五三〇、九四六	二、七七六、八二一	六一四、八九八
澳門	三六二、九六三	一三八、三三八	四五一、〇一七	一三六、五八七	三七三、五三四	一二三、九五六	四〇〇、一二四	七六、五九四

由陸路	三六〇、三〇〇	六四、三六〇	一八、二三六	三、二八二	一三、八四八	三、一八五	二、九〇八	八六一
俄國 黑龍江各口	七九、三五〇	二七、五九一	四、一四九	九四三	一〇、四三三	二、六四九	一五八	四〇
俄國 太平洋各口	二五、四九三	八、七六八	一六、四七五	四、一四二	三三、二八四	一〇、二八六	一七、二〇三	六、八三七
日本	二九	六	六九、六〇〇	一、九三九	九二、三六五	二、六五六	八七、三六七	四、三六〇

往日本者。大都由大連運往。往俄國者。概銷售東海濱省及阿穆爾省。俄亂以來。已形減少。

第十五章　煤炭

一　煤(Coal)

產地品質

我國各省皆產煤。而奉天、山西、直隸、山東、河南、湖南、江西等省。產額尤多。通常分爲煙煤、白煤兩種。煙煤、係揮發物較多之有煙煤。白煤、卽無煙煤。由其用途分之。則爲(一)輪船火車用、(二)製焦煤用、(三)製瓦斯用、(四)工廠用及(五)炊飯用數種。現在火車輪船所用。多屬奉天、開平、山東及日本煤、萍鄉煤、灰分較多。用者尙少。故內地火車輪船。仍多購用日煤。製焦煤用者。以四川及萍鄉煤爲最佳。我國之煤。以製燃燈瓦斯。多不適當。惟製發生瓦斯及吸入瓦斯。皆甚適宜。而煤價低廉。工廠用之。尤爲合算。故近數年來。漢口各工廠。已舍棄日煤而購用萍鄉煤。至炊飯所用。自以我國特產之無煙煤爲佳。惟無煙煤產不多。現在上海市場之湖北無煙煤。漸爲安南東京煤所驅逐。今後苟非山西再有絕大出產。恐不能制勝於上海漢口之市場也。

輸出狀況

出口煤炭。在宣統元年。尙僅十九萬五千餘噸。其後逐漸增加。民國三年。逹二百萬五千噸。遂成一大宗出口貨。後雖略見減退。而民國九年。仍逹一百九十七萬噸。故大體上煤炭輸出。有逐年增加之趨勢。蓋觀左表。可知也。

年份	數量	價值	年份	數量	價值
宣統元年	一九五、九五〇噸	一、〇九一、一四四両	民國四年	一、三一五、五四二噸	六、〇七四、六六六両
宣統二年	三一八、一二四	一、七〇五、三六二	民國五年	一、三一四、八三三	五、七三七、六九一
宣統三年	三三六、六一〇	一、九〇六、一八二	民國六年	一、五七五、六三七	六、二七六、五五九

民國元年	六六〇、五一三	三、三六二、六〇九
民國二年	一、四八九、一八二	六、五九二、〇七八
民國三年	二、〇〇五、六二七	八、九七三、五九三
民國七年	一、七〇八、一四九	八、一四六、八九六
民國八年	一、四七七、四三三	七、二五七、八七六
民國九年	一、九七〇、一八七	三、二二四、六二九

海外銷路。以日本爲第一。朝鮮、香港、菲律濱次之。歐洲各國。近以英國礦工時起罷工風潮。頗感供給不足。轉而求煤於我國。民國八年以來。運往歐洲者漸多。其輸出額如左。

地區	民國二年 數量	民國二年 價值	民國七年 數量	民國七年 價值	民國八年 數量	民國八年 價值	民國九年 數量	民國九年 價值
出口總數	一、四八九、一八二擔	六、五九二、〇七八兩	一、七〇八、一四九擔	八、一四六、八九六兩	一、四七七、四三三擔	七、二五七、八七六兩	一、九七〇、一八七擔	三、二二四、六二九兩
香港	二〇〇、二四二	八六八、三八七	一七二、五六三	八三四、〇二八	一六三、七三三	八一四、八四八	二四八、四五七	一、二八〇、七四一
安南	一五、七四七	六四、二四九	九、五五〇	四〇、六九三	五、六〇五	二九、六八二	六、三三三	四三、六八八
新嘉坡等處	一二二、〇三三	四六四、七九七	三三、三七三	一八一、九九六	四〇〇	三、四七二	一九五	二、〇八三
爪哇等處	六〇〇	二、四六九	七、六二〇	三八、三六九	七、〇五一	三六、〇九五	三二、五一五	二八六、九七五
印度	六、四七二	二六、四〇六	八〇〇	三、二〇〇	一、二三三	六、七三五	七〇〇	三、八三九
英國	八〇八	三、三九八	—	—	一、五五五	一四、九一三	九、八〇四	八七、七二〇
丹國	—	—	—	—	一〇	五五	一八、二〇八	二一三、四一七
德國	一七、八五三	九一、〇五一	—	—	—	—	四三三	三、九六五
俄國 由陸路	七、四三九	四四、六三四	—	—	—	—	五、五六八	六六、八一六
俄國 黑龍江各口	三、八五九	二七、五五八	一五五	八九九	—	—	八〇六	二、〇〇〇
俄國 太平洋各口	四四、六二七	二二五、〇九三	—	—	七、三八〇	四八、三四六	五五、一八七	二五、一四二
朝鮮	二四〇、四一三	一、一六三、四一七	四七七、八五九	二、四五八、九〇〇	五六四、四二三	二、八八〇、三八〇	七三三、一八六	四、六七四、八八六

日本	七一〇、〇五六	三、〇七一、一五三	八一八、一三四	三、六四四、九一七	六五四、六三三	三、〇五四、八四四	八一四、〇一二	四、九四〇、一八二
菲律濱	一三三、四四三	五一六、六二五	一七八、三三〇	八八八、二二三	六八、二四一	三五一、五三三	八四、〇五三	四六三、九七五
美國	三、三一〇	一八、八七六	九、二四八	五〇、八六四	三、一一八	一六、七〇二	六、四五二	七五、三〇八
輸出港別								
出口總數	二、八四七、八五六	一三、三九七、四〇二	二、八三三、九二四	一四、三三七、三〇六	三、三八五、三六七	一八、〇二四、四九六	四、〇七八、〇一〇	二五、三〇四、〇七三
安東	一四〇、四〇三	七一六、〇五六	三一三、二九六	一、七一三、一一九	二九二、四二八	一、六三七、五九七	四八七、七九四	三、五四六、六二八
大連	一、〇〇三、〇五四	四、〇九二、四六〇	六〇二、九六四	三、三一六、三〇三	三〇五、一五七	一、六六九、二〇九	三四三、七〇五	三、一八七、九六三
牛莊	三〇七、七二一	一、七三三、〇七四	五八、一〇四	三三二、六八七	五五、八三〇	三六〇、五六八	一〇、八一五	一九七、五三七
秦皇島	八一七、五四一	三、五九七、三〇〇	一、四一九、九三一	五、四五四、六九一	二、〇七四、九八二	八、九九六、二五三	二、二九四、〇七八	一〇、四一三、二三九
天津	一二三、八三八	四六九、五九〇	八九、〇一五	三八六、五八三	一四二、九六四	七四一、〇六一	二三五、三六六	一、三九八、四二六
膠州	一六二、一五〇	八二八、九〇九	一七二、三一一	一、五三七、〇一四	一三五、四一〇	一、二二八、六九〇	二五八、九七三	二、三三八、五三六
長沙	二五七、九二四	一、六三二、〇二五	六九、〇九〇	六〇三、八四七	一九四、五七三	一、七〇〇、五五九	一六三、六三三	一、四三〇、一三九
漢口	四〇、八五三	二六九、六五五	八五、六六七	七九四、一三三	一一〇、〇四〇	九九六、六二五	一五二、三二八	一、二七六、三四七
南京	—	—	四、三七二	五一、一三五	五五、九一三	五六一、三五六	一〇〇、七七五	一、一八九、七一八

輸出外洋之煤。以開灤、撫順煤爲最多。山東煤次之。山西煤又次之。故輸出港。以秦皇島、安東、大連、膠州、天津爲最著。山東煤出洋。係最近數年事。萍鄉煤。現尙專銷內地。其勢力猶未及海外也。山東出洋之煤。向係坊子淄川等處所產。而民國九年。徐州賈汪煤礦及山東嶧縣中興煤礦。有一萬二千五百噸運往丹國。四千五百噸運往美國。兩礦皆華商自辦。每日出煤額。賈汪礦六百噸。中興礦九百噸。亦前途最有希望之事業也。

二　焦煤(Coke)

產地

我國煤炭。大都適於製煉焦煤。四川煤之全部、江西煤之大部分、山東煤及奉天本溪湖煤。皆宜煉焦。而萍鄉焦煤。尤馳聲譽。故輸出港。以長沙爲

輸出狀況

第一。膠州、秦皇島、天津、安東等口次之。然此等焦煤。大半銷行內地。出洋者究居少數。民國二年。僅有四千餘噸。價值四萬三千餘兩。後雖逐漸增加。然除民國七年出洋較多外。其餘、每年皆不及百萬兩。最近數年。且有逐年遞減之勢。試觀左表可知也。

年份	數量	價值	年份	數量	價值
民國二年	四、一五五噸	四三、五六七兩	民國六年	六八、〇五七噸	五七五、八一〇兩
民國三年	九、三五六	八六、七五五	民國七年	九三、四八三	一、一四五、八三七
民國四年	八、四五六	六九、七八四	民國八年	三八、五一〇	四四二、八〇五
民國五年	一〇、九〇〇	九七、四六八	民國九年	一九、一〇三	二〇二、五四三

海外銷路。以日本爲最多。香港、朝鮮、爪哇等處次之。菲律濱又次之。其輸出額如左。

地區	民國二年 數量	民國二年 價值	民國七年 數量	民國七年 價值	民國八年 數量	民國八年 價值	民國九年 數量	民國九年 價值
出口總數	四、一五五噸	四三、五六七兩	九三、四八三噸	一、一四五、八三七兩	三八、五一〇噸	四四二、八〇五兩	一九、一〇三噸	二〇二、五四三兩
香港	二、一八〇	二三、八九〇	七、四六四	八三、一七三	五、〇八九	五三、三三九	五、五三〇	五七、二六四
爪哇等處	三三三	五、三三一	二、二七三	一五、八五七	二、二八〇	二四、〇一八	九二五	九、五〇〇
朝鮮	一四六	一、五一四	四、一五七	三四、一三三	三、三三三	三七、一三五	二、二五四	二〇、二一一
日本	六	六六	七九、一三九	一、〇一六、八二一	二七、三〇七	三三五、一八五	九、四六一	一〇五、八三五
菲律濱	一、〇三	一〇、六二	四三〇	五、八五六	三八〇	三、八〇〇	六〇〇	六、一六八
輸出港別								
出口總數	一六八、三三四	一、三〇九、八八九	二六四、四四九	三、六四〇、八四六	三四〇、九八〇	四、三六三、五四〇	一六九、五三〇	四、七八八、三三四
安東	一三六	一、五三四	三、八八七	三一、一〇四	二、七〇三	三〇、三三五	一、九四九	一六、九六三

大連	三二	一、三三六	二、一七四	一六、三〇五	一、八三八	一三、五五四	四七	四七七
秦皇島	九、九六六	一〇四、六四三	三一、七八〇	二〇四、八八〇	一九、二二〇	一八九、五〇〇	二〇、一〇〇	二〇六、六二八
天津	七六三	六、七一四	二六、五九五	二五五、八四三	一五、〇五五	一九〇、一四四	六、四八一	八四、二五三
膠州	—	—	五七、八三六	七九九、六一二	一七、五七五	二三一、四四五	九、八六八	一一〇、三二四
長沙	一五七、三〇六	一、一九五、五二五	一五〇、〇五〇	二、二九一、二六四	二八三、六八二	三、七一九、〇七一	二五〇、二八四	四、三六三、四五二
南京	—	—	二、〇〇〇	五〇、四二〇	二	二三	五一四	五、二六九

第十六章 金屬及礦石

出口金屬及礦石。有純銻 (Antimony Regulus) 生銻 (Antimony Crude) 銻礦砂 (Antimony Ore) 紫銅錠塊 (Copper Ingots and Slabs) 鐵條鋼胚釘條鐵 (Iron Bars, Billets and Nail-rod) 鐵鍋 (Iron Pans) 鐵板片 (Iron Plates and Sheets) 鐵軌 (Iron Rails) 他類鐵製料 (Iron Manufactures, Unclassed) 生鐵 (Iron Pig and Unmanufactured) 鐵礦砂 (Iron Ore) 鉛 (Lead) 鉛礦砂 (Lead Ore) 水銀 (Quicksilver) 錫塊 (Tin, in Slabs) 攙錫 (Tin Compound) 鋅 (Zinc) 鋅礦砂 (Zinc Ore) 他類五金及礦石 (Metals and Minerals, Unclassed) 他類礦砂 (Ores, Unclassed) 等。其中純銻、生銻、銻礦砂、生鐵、鐵礦砂、錫塊、及他類礦砂出口最多。歐戰時。紫銅出口頗盛。今已衰微無足道。以下卽銻、鐵、錫及他類礦砂分述之。

一 銻 (Antimony)

純銻生銻

銻、爲製造印刷銅模之必需原料。近年以來。其用愈廣。凡諸合金品中。大都含有銻質。取其性可堅韌也。故製造機械。其特別部分。必用銻之合金品。而造榴彈及鉄甲船艦。尤須用之。於是銻爲軍事必需之品。其用旣廣。其價遂昂。當日俄戰爭時。銻價暴漲至三四倍。日俄戰後。銻價稍平。民國三年。歐戰勃興。銻價又增漲二三倍。操銻業者無不獲利鉅萬。世界產銻之區。歐洲爲法、西、奧、匈、義等國。北美爲坎拿大、美國、墨西哥。南美爲玻利維亞。澳洲則有維多利亞。亞洲則有中國及日本。中國銻礦之富。在世界中當首屈一指。次則法國、匈牙利、色利維亞。產額亦多。中國銻礦。於前清光緒中葉。始而發現於湖南之益陽。繼而發現於雲南之文山。長沙華昌公司及雲南寶華公司。同於光緒三十四年成立。採煉銻礦。寶華公司。以

用途

地方交通不便。迨至最近數年始漸興盛。而華昌公司。則歷經改良之後。收效較早民國四年。該公司贏餘至三百萬之多。最初與英商苛克生公司訂專賣契約。於價格銷數等。頗受挾制。歐戰時。該公司廢約。特設分售處於上海及紐約。營業遂以發達。全國銻礦。以湖南爲最富。廣西、雲南次之。廣東、浙江、四川亦間發現。當歐戰時。業銻者接踵而起。舉國若狂。獲利者實繁有徒。然因銻商不能統一。互相傾軋。以致外商得以操縱市價。加以西班牙、玻利維亞兩處產額驟增。我國銻業。遂大蒙打擊。一般銻商。非縮小範圍。卽宣告歇業。迄今不能復振。

產地

我國爲世界產銻最富之國。而湖南一省。又爲我國產銻最富之地。所轄六十五縣中。除長沙、湘潭、瀏陽及其他數縣外。盡屬產銻之區。益陽、新化、寶慶、安化、漢壽等縣。年產二萬噸以上。益陽一縣產額。幾占全省十分之二。雲南、廣東、廣西諸省。產銻雖不及湖南之多。亦各設有一二新式煉廠。惟出口之數。合諸省計之。不過湖南十分之一耳。各省銻礦。大抵硫化銻礦居多。酸化銻礦。現在僅於廣西之奉議發現之。

銻礦所在地

湖南省　益陽　安化　漢壽　新化　新寧　祁陽　寶慶　桃源　郴縣　武岡　常寧　漵浦　東安　沅陵　醴陵　桂陽　攸縣
臨武　平江

廣東省　曲江　防城　瓊州

浙江省　開化　淳安　昌化

四川省　天全

雲南省　文山　阿迷　廣南　馬關

貴州省　銅仁

廣西省　奉議　天保　賓陽　邕寧　武緣　蒼梧

新式煉銻廠

華昌公司　在長沙南門外。光緒三十四年創辦。有反射爐（燒礦爐）十四座。每二十四小時。可產純銻二十噸。該公司營業範圍。有長沙華昌純銻煉廠、鉛提煉廠、益陽文通銻礦、新化華昌公司純銻煉廠、安化萬通銻礦、鎮裕銻礦、銓裕銻礦。除煉各附屬礦所產銻砂外。亦代主顧提煉。製煉方法。係用赫能須密式爐。將硫化銻礦。煉成銻二酸三。然後再於反射爐內提煉純銻。

寶華公司　在蒙自芷村。光緒三十四年創辦。在文山阿迷採礦。間亦收買廣南生銻。有新式煉爐四座。

北江公司　在廣州河南白蜆殼。民國三年創辦。在曲江梯子嶺採礦。並由廣西收買酸化銻礦。有反射爐十一座。

我國工業幼稚。產銻雖富。本國自銷者少。所產之銻。十九輸出於外洋。而輸出之多寡。又視外洋之需要如何爲轉移。需要增加。則輸出較多。需要減少。則輸出亦少。歐戰期內。爲需要最多之時。故銻之輸出最多。迨歐洲休戰。銻價暴跌。輸出遂形銳減。如左表。（數量單位擔、價值單位兩）

			民國二年	民國三年	民國四年	民國五年	民國六年	民國七年	民國八年	民國九年
純銻	數量				一〇〇、〇八〇	一七三、一三七	二四五、〇六八	二三七、七九六	一〇三、六五一	一六〇、八一五
	價值		二〇七、三四四	三一四、六四七	二、七五八、七九五	六、九二三、一四四	三、七一四、三三一	二、一一七、九一六	五四一、四六五	七九三、七三三
生銻	數量		九三九、五七七	一、三七九、五三六	二五八、八八六	一九七、九六五	三三三、〇二六	二八、一九三	三五、三〇六	七五、三四一
	價值				一、九〇八、〇三七	四、九一一、三五九	二、三四六、八四一	一一九、八二〇	七三、九三三	二六六、八二四
銻砂	數量		七四、一九六	一六九、四三五	二七、六三八	一九四、五二五	六三、八一三	七、九三九	九、五八四	二三、三四八
	價值		一五〇、九一九	二五五、三三三	一三三、九一三	一、三八三、二四三	二三七、七〇三	二一、八二〇	二〇、六〇〇	六八、四八八

生銻、即琉化銻礦經過融解後所提出之淨琉化銻。純銻爲提淨之精銻。

湖南爲產銻最多之區。故輸出港以長沙爲一。海外銷路則美國爲最多。最近輸出狀況如左。（以下各表概以出口價值最多之民國五年與最近三年相比照）

純銻（Antimony, Regulus）

地區	民國二年 數量	民國二年 價值	民國七年 數量	民國七年 價值	民國八年 數量	民國八年 價值	民國九年 數量	民國九年 價值
出口總數	一七三、一三七擔	六、九二三、一四四兩	二三七、七九六擔	二、一一七、九一六兩	一〇三、六五一擔	五四一、四六五兩	一六〇、八一五擔	七九三、七三三兩
香港	一五、八九三	六一八、二一三	八、五六一	八六、五三六	一、三四二	一一、五六五	一、三三二	八、五四九
英國	三三、五二八	一四一、六七四	一、七六四	一五、六五七	六、八八八	三五、九九七	二六、八〇九	一三四、三二一

德國	—	—	—	—	—	—	二、一七〇	五四、六九九
法國	一、一七六	四七、二三五	—	—	—	—	一、五四五	一七、三六〇
義國	三、六九八	一四八、五〇〇	九、〇四五	八〇、二八四	—	—	—	—
日本	四四、四三三	一、七六三、六八二	一一一、〇一九	九八二、〇六一	二九、一四八	一五二、七八七	七、二四一	三五、六六四
坎拿大	一、六八〇	六七、四六四	五、一二四	四五、四八一	一、六八〇	八、七七九	二、一〇〇	一〇、二八四
美國	一〇一、一二七	四、〇六〇、九五七	一〇〇、三七八	八九〇、九五五	六一、一四九	三一九、五六五	一〇七、七二二	五二七、九三一

生銻(Antimony Crude)

地區	民國二年		民國七年		民國八年		民國九年	
	數量	價值	數量	價值	數量	價值	數量	價值
出口總數	一九七、九六五擔	四、九一一、三五九兩	二六、一九三擔	一一九、八二〇兩	三五、三〇六擔	七三、九三三兩	七五、三四一擔	二六六、八三四兩
香港	一、九六九	二七、四九七	八四	三五七	八四	一七五	二、四二九	六、一八九
英國	一四、三七一	三五七、八八五	六、八三八	二九、〇六一	二、八八三	六、二三四	三二、六八〇	八一、一三九
德國	—	—	—	—	—	—	五八八	二、一〇四
法國	五、三七六	一三三、八七八	三三六	一、四二八	八四〇	一、七五四	四、八七二	一七、五一一
日本	一四六、五一一	三、六五二、五〇七	三、六三九	一五、四六六	四二	八八	三、七八〇	一三、一〇三
美國	二三、五三〇	五八五、七一九	一七、二九六	七三、五〇八	三一、三七三	六五、五〇七	四〇、〇六八	一四三、三七一

銻礦砂(Antimony Ore)

地區	民國五年		民國七年		民國八年		民國九年	
	數量	價值	數量	價值	數量	價值	數量	價值

出口總數	一九四、五三五擔	一、三八三、二四三擔	七、九三九擔	二二、八二〇擔	九、五八四擔	二〇、六〇〇擔	二二、三四八擔	六八、四八八擔
香港	一九三、四〇二	一、三六四、〇五一	三、三四三	八、六五四	五五	一三三	一、二〇三	五、五九六
英國	—	八	—	—	四二〇	九八五	二、六一一	八、三九七
日本	一、一三三	一九、一八四	六〇	二七一	二八九	九八〇	四二〇	一、一八一
美國	—	—	三、三六〇	一〇、四五八	八、八二〇	一八、五二三	一七、八四一	五二、四四三

二 生鐵(Iron Pig and Unmanufactured)

我國鐵礦甚多。惟現在製鋼業僅有漢陽鋼鐵廠一所。致出口鐵類。仍以生鐵、鐵礦砂兩項爲最多。出口生鐵。多係漢冶萍公司及本溪湖煤鐵公司、鞍山站振興公司、所產。其中漢冶萍公司出品最多。鐵質、較英國之『列德加』鐵爲硬。價亦較高。本溪湖所出生鐵。上等者足與英國『布列拉奔』鉄相頡頏。亦良品也。

漢冶萍公司 前清光緒十七年鄂督張之洞倡辦。開採大冶鉄礦及萍鄉煤礦。設鐵廠於漢陽。化鐵部、有舊式化鐵爐二座。每座每日能產生鐵一百噸。新式化鐵爐二座。每座每日可產生鐵二百五十噸。民國九年。又於大冶新建化鐵爐四座。每座每日能出生鐵四百五十噸。合計每年可產生鐵三十八萬餘噸。照民國二年借款合同。四十年內。應售與日本生鐵八百萬噸。製鋼部、有馬丁氏（Martin）爐六座。每座每日能鍊鋼七十五噸。民國七年與日本訂約。中日合辦鍊鋼廠。廠設日本九州之黒崎。漢冶萍公司擔任每年供給生鐵六萬噸。

本溪湖公司 中日合辦。日本方面係大倉組承辦。現採奉天廟溝鐵礦。第一化鐵爐建於民國四年。第二爐建於民國五年。每爐每日能出生鐵一百五十噸。民國八年。又建小爐數座。所產生鐵。大都運往日本。近又爲利用含鐵量較少之貧礦石起見。在南坟站附近。設有磁力選礦機。選出之礦。運往廣島。另行設廠製鍊。

振與公司 依民國四年條約。中日合辦。開採遼陽鞍山站一帶鐵礦。日本方面係南滿道會社承辦。於立山站附近。設立鐵廠。第一爐建於民國七年。第二爐建於民國八年。每爐每日能出生鐵二百五十噸。擬逐漸擴充。至能年產八十萬噸。並擬添設鋼廠。尚未着手。

輸出額

近年鐵價增漲。國人計畫設廠鍊鐵者漸多。業已興辦者。有直隸之龍烟鐵礦。此外晉、豫、蘇、皖、贛各鐵礦。亦多有設爐化鐵之計畫。又有開設小爐。買砂鍊鐵者。如上海和興公司。收買安徽當塗寶興公司礦砂。從事鍊鐵。南方商人。多收買浙江砂鐵。改良製鍊。最近山東山西河南直隸諸省商人。亦多收買碎鐵片、舊鐵器。加以改鑄。由天津青島運出外洋。以左表觀之。我國生鐵之輸出。固已有增無減矣。（民國元年輸出額之所以減少者。係因漢陽鐵廠受辛亥革命影響。暫時停工所致）

年份	數量	價值	年份	數量	價值
宣統三年	一、一五三、一三〇擔	一、〇九八、五五七兩	民國五年	二、三九二、一三三擔	五、一七四、九七五兩
民國元年	一三四、〇三三	二〇九、二五九	民國六年	二、四三二、九〇四	五、二八八、七八六
民國二年	一、〇七一、三二一	一、三三〇、一〇四	民國七年	二、八〇四、〇三四	一六、七三一、〇九七
民國三年	九一一、二六六	一、二六七、一四一	民國八年	二、七一〇、一三一	八、一七五、〇三四
民國四年	一、五九六、一八〇	二、四八二、四六九	民國九年	三、〇六五、三六五	七、二八四、三四八

輸出生鐵。往日本者最多。約占十分之九。次則美國、香港、朝鮮、爪哇等處。各約若干。最近輸出額如左表。

地區	民國二年 數量	民國二年 價值	民國七年 數量	民國七年 價值	民國八年 數量	民國八年 價值	民國九年 數量	民國九年 價值
出口總數	一、〇七一、三六八擔	一、三三〇、二一七兩	二、八〇四、〇三四擔	一六、七三一、〇九七兩	二、七一〇、一三一擔	八、一七五、〇三四兩	三、〇六五、三六五擔	七、二八四、三四八兩
香港	二四八	六八六	八、五一九	四〇、八七一	二、七三五	一〇、七七七	六、四四九	二五、二六五
安南	二〇	二〇五	五〇七	二、三八三	六四一	二、八二一	一、六八三	六、六二六
爪哇等處	三三六	四五〇	五、一六三	二九、八〇一	八四〇	四、二二七	一、〇〇八	四、九七二
朝鮮	九、〇〇五	二二、〇六〇	一一、七一〇	九四、〇六〇	六、〇五三	一四、八三七	一六、七二七	三六、九六二
日本	一、〇二一、三三〇	一、二四一、六三九	二、七七五、三〇二	一六、五四八、一三七	二、六九九、七七〇	八、一四一、六六三	二、九二五、六三一	六、七三九、三八七

美國	三〇、四〇〇	六四、八九〇	二、五三〇	一四、五一五	八四	四三三	一〇九、八七二	四三三、〇九八

輸出港別								
出口總數	一、三三三、一四五	一、四九八、二六二	三、〇〇六、五一六	八、〇六二、七九七	三、三三六、五四三	八、〇八六、一三四	三、二四六、一五六	六、〇〇七、一三四
安東	—	—	一二、一三三	九五、五〇三	六、〇五七	一四、八五四	一六、七三八	三六、九七二
大連	—	—	四七〇、三六九	二、八三三、二二四	一、三三二、七六三	四、六二六、一七一	五八八、七四三	一、六九五、五八〇
牛莊	—	—	一五四、九三四	九二九、六〇四	三八、五五六	一六三、四七七	三〇、六五六	七六、六七二
天津	—	—	二七八、八三七	一、九五一、八五九	二、四一〇	一四、六〇五	一〇、二〇七	二五、五一八
膠州	—	—	二七、四六八	一〇九、八七二	七、〇五九	二九、六四八	四、〇四九	一五、一〇三
漢口	一、二〇八、九一四	一、四八七、〇九五	二、〇〇六、七九四	二、九三〇、三五六	一、七〇九、三九八	三、八〇〇、五五二	二、六〇四、一九〇	四、一五二、八〇八
蕪湖	—	—	三一、二八六	八二、一六四	四、四四三	一四、七三三	—	—
上海	三、七三二	三、七三二	八、四〇八	五〇、四四八	五、八四五	一八、一二三	九七九	二、一五四

三　鐵礦砂(Iron Ore)

產地　**售砂合同**

出口鐵礦砂。多係湖北大冶、安徽桃冲、及山東金嶺鎮所產。全部運往日本。漢冶萍公司所採大冶鐵礦。照民國二年借款合同。四十年內。除前已允訂者外。應以上等礦砂一千五百萬噸。售與日本製鐵所。民國六年大冶共產礦砂六十三萬餘噸。其中供給漢陽鐵廠者。僅二十八萬噸。運往日本者竟爲三十二萬噸。又照約從民國八年起。應將供給日本之礦砂每年增加五萬噸。加至每年五十萬噸爲止。安徽各礦商。大都與日人豫訂合同。包銷礦砂。開採桃冲鐵礦。繁昌裕繁公司。於民國四年與中日實業公司。訂有售砂合同。期限四十年。每日交砂。以一千噸爲限。自礦地至荻港。(距蕪湖上游約九十里)築一長約十五里之輕便鐵路。從事運砂。(民國七年開始通車)在日本設有東洋製鐵廠。有二百五十噸之爐二座。每年需礦砂約三十萬噸。當塗寶興公司。開採東山凹等處鐵礦。除供給華商和興公司上海化鐵爐外。又與日商高昌公司、鈴木洋行。訂立售砂合同。當塗福民及利民公司。開採小姑山、扇面山等處鐵礦。與日商小柴商會訂售礦砂五年。每日以五百噸爲限。浙江長興寶興公司。開採景牛山鐵礦。亦與日商高昌公司訂約。售礦三十萬噸。三年交清。山東金嶺鎮鐵礦。初係德人照條約開辦。青島戰後。爲日人佔據。繼續開採。所有礦砂。概由青島運往輸出日本。今青島交還。此項礦權。當與膠濟鐵路。一例交還中國。

日本鋼鐵業與我國鐵礦之關係。據歐美人調查。現時我國所有鐵礦權利。直接間接入於日人之手者。約已有三分之一。日人亦謂日本每年產鋼二百萬噸。其中出於中國生鐵者居一百萬噸。產鐵一百萬噸。其中出於中國礦砂者居五十萬噸。證之左表礦砂輸出之狀況。則此言當不虛也。

輸出額

地區	民國二年 數量	民國二年 價值	民國七年 數量	民國七年 價值	民國八年 數量	民國八年 價值	民國九年 數量	民國九年 價值
出口總數	一、〇七一、三六八擔	一、三三〇、二一七兩	六、三六一、〇六三擔	一、三五九、六九六兩	一〇、五八九、三七五擔	二、四〇二、五三四兩	一一、二九二、四〇七擔	二、六一一、七六〇兩
朝鮮	九、〇〇五	一一、〇六〇	五九、七三九	一三、二七九	二四八、四七四	八六、六三八	六九六、三六〇	一四四、〇一三
日本	一、〇一一、三三〇	一、三一四、六三九	六、三〇一、三四八	一、三三六、三五〇	一〇、三四〇、八一九	二、三一五、七七七	一〇、五九五、九九七	二、四六七、七三〇
輸出港別								
出口總數	一、三三三、一四五	一、四九八、三八二	六、九〇七、九三八	一、六〇三、三三六	九、七七七、七八五	二、四七九、三二五	一一、九七二、五三四	二、九二〇、六九二
大連	—	—	—	—	四八、三九八	五、八〇一	二一三、五九四	三七、五九九
膠州	—	—	一、八五五	二七九	一、〇八八、六四八	二一九、七〇一	二、五七九、八三五	五〇七、九八二
漢口	一、三〇八、九一四	一、四八七、〇九五	五、三九〇、二八〇	一、一三一、九五九	六、三三七、三八八	一、六六三、三九四	六、九一四、〇七四	一、九〇四、九八一
蕪湖	—	—	一、五一四、六〇八	四六九、九三三	二、三五三、二七九	五九一、〇四九	二、二六四、九一四	四六〇、〇五三

附民國九年全國鐵礦產額一覽表

礦山名	所在地	產額	礦山名	所在地	產額	礦山名	所在地	產額
大冶	湖北	四三、〇〇〇、〇〇〇噸	桃冲	安徽	二〇、〇〇〇、〇〇〇噸	金嶺鎮	山東	二〇、〇〇〇、〇〇〇噸

鄂城	同	三、九四八、〇〇〇	文孤山 小孤山	同	一三、六〇〇、〇〇〇	鳳凰山	江蘇	三〇、〇〇〇、〇〇〇
雉子山	同	一七、一〇五、〇〇〇	銅良山	同	三、〇〇〇、〇〇〇	安濼	福建	一、〇〇〇、〇〇〇
外九礦	同	九、七四〇、〇〇〇	安慶	同	六〇、〇〇〇、〇〇〇	潘田	同	二九、〇〇〇、〇〇〇
鞍山站	奉天	一五八、〇〇〇、〇〇〇	大手山	同	二五〇、〇〇〇			
廟兒溝	同	八〇、〇〇〇、〇〇〇	城門山	江西	六、〇〇〇、〇〇〇	合計		四九四、七五三、〇〇〇

鐵產額向無確實統計。此表係美國人所計算者。只能大致不差。不敢必其盡能與事實相符也。

四　錫塊(Tin in Slabs)

產地

我國著名產錫之地。爲雲南個舊縣。其產品、經蒙自輸出香港。更由香港分運各地。民國九年通過蒙自關者十八萬二千五百八十一擔。價值一千六十二萬九千六百三十四兩。次則廣西富賀官礦局所採之富川賀縣錫礦。經梧州輸出香港。民國九年通過梧州關者七千一百二十八擔。價值四十二萬六千一百九十二兩。此外湖南及其他各省。亦有產之者。惟數量不多。無足道也。

輸出額

地區	民國二年 數量	民國二年 價值	民國七年 數量	民國七年 價值	民國八年 數量	民國八年 價值	民國九年 數量	民國九年 價值
出口總數	一三八、六八八擔	一〇、九一六、九〇六兩	一四五、八一七擔	一一、〇〇九、〇六七兩	一四六、〇二五擔	八、四二六、一二三兩	一八九、九四〇擔	一一、〇九八、一六七兩
香港	一三六、一九五	一〇、八四一、九四〇	一四五、〇三三	一〇、九六二、三九一	一四四、五八九	八、三三八、九四六	一八九、〇四三	一一、〇四五、四一四
安南	七三	五、九九七	一一九	八、九二〇	一、三四〇	八三、七二六	八九七	五二、七五三
輸出港別								
出口總數	一四一、二六三	一一、〇一一、〇八三	一四六、六七六	一一、〇五九、六四四	一四六、八七〇	八、四五六、一一三	一九二、二五六	一二、一八六、〇九七
長沙	二、九七〇	九九、九三四	六八七	四五、三八〇	四〇六	二三、七六九	一、四七三	五七、五三三
漢口	一、五七九	四三、六六一	三三四	一〇、五九八	四〇二	一三、四六三	八〇九	二八、六三一

廣州	一、三〇九	三一、四一七	五、〇〇〇	二九八、九五〇	一〇二	五、七九八	一六五	九、二九四
梧州	六、六三三	三三〇、六二四	九、六三七	六四〇、八六〇	五、八七八	三八二、〇七〇	七、一二八	四五六、一九二
蒙自	一二八、二八九	一〇、四八四、九〇三	一三〇、六七〇	一〇、〇三九、三九一	一三九、九七七	八、〇三八、九三三	一八二、五八一	一〇、六二九、六三四

輸出香港之錫塊。在香港加以精煉之後。仍多運往內地銷售。故我國之錫。輸出雖多。往外洋者實少。（戰前、德商運雲南之錫在香港精煉後。運往倫敦行銷。現在此項貿易已少。）

五　他類礦砂

出口『他類礦砂』中。有錳、鎢、鉬、鉍、紫銅、石棉等礦。皆最有用之礦也。

錳、用以製造合金。如錳鐵、錳銅之類。錳酸化物用作熔劑。以去銅鉛錫中之鐵酸化。用作酸化劑。以製綠溴氣及消毒葯料。能去玻璃中之綠色。故亦可謂漂白劑。用於布疋之染色及印花。是又一染色劑也。最大之用。則以製輕電池。及其他錳化合物。近時南方各省。發現錳鑛極多。湖北、湖南、廣東三省。已各採二千乃至三千餘噸。北海錳礦。雖雜有燐質。而產額豐富。價值亦廉。出口最多。據海關報告。民國四年。北海錳砂。運往日本者。達三千九百噸。六七兩年出口尤多。迄今未衰。

鎢、用以製鐵鉛鎳銅鐺錫等合金。亦可製電燈線。鎢酸石灰。能發燐光。用於愛克司光儀器。鎢質亦能去玻璃之綠色。故玻璃業中亦用之。鎢礦先發現於直隸鸜鵒山及湖南瑤岡山。嗣後廣東之惠陽、連平、湖南之資興、郴縣、汝城、臨武、江西之大庾、崇義及福建廣西等處。相繼發現。產額極富。出口亦多。然鎢之主要用途為煉鋼。故需要之大小。全視鋼產之多寡而定。歐戰時。需鋼至多。鎢礦有供不應求之勢。價值異常昂貴。迨歐戰告終。價值跌落。民國八年出口。由十五萬五千四百八十五擔。減至三萬九千二十擔。以致江西、湖南、廣東、廣西多數礦山。均行停工。迄今未復原狀。

鉬之用途。與鎢相彷彿。現時製造高速力鋼。需之甚多。我國現在開採不多。廣西柳州及廣東、福建、浙江等省。皆有發現。現已採出者。惟福建永泰一縣。礦砂由福州出洋。

據海關報告。民國七年。出口『他類礦砂』共六十八萬七千一百四十六擔。其中、有錳礦砂四十九萬一千一百九十五擔。鎢礦砂十五萬五千四百八十五擔。民國九年。出口共五十萬七千八百五十擔。其中有鉍礦一千四百九十六擔。紫銅礦、三千四百十擔。錳礦、四十一萬八千七百二十五擔。鋇礦、二百七十一擔。鎢鑛、六萬九千二百七十三擔。石棉、八十六擔。其輸出額如左。

地區	民國二年 數量	民國二年 價值	民國七年 數量	民國七年 價值	民國八年 數量	民國八年 價值	民國九年 數量	民國九年 價值
出口總數	三、三三七擔	六、三三三兩	六八七、一四六擔	七、八二六、七三四兩	二三五、四一三擔	一、六六五、八九二兩	五〇七、八五六擔	一、五六四、六五三兩
香港	一九六	五、三三四	三三〇、四八四	五、六一八、八四〇	一七四、七八六	七三三、八六三	二五三、六四四	一、二〇三、九二三
英國	一八九	三三六	—	—	—	—	七、八六四	一四九、一三五
德國	二、三八六	四六五	—	—	—	—	一、〇九〇	一六、七八七
法國	—	—	三、三三四	一四九、五九八	一、七八八	七八、六六一	二、二四五	二四、五二三
朝鮮	—	—	四、七〇四	八、八六三	三、六四二	三、八七二	八、四九四	五、六六五
日本	四六四	三一一	三三一、五六四	七六八、一八四	三一、二八四	一四六、五二四	三三、四六二	一三一、三五〇
美國	—	—	二六、四四五	一、二五三、一一八	八、九三九	三〇九、七七九	一三、〇五七	四三、二七一
坎拿大	—	—	六二五	二八、一三二	一四、九九四	三九三、一九三	—	—

第十七章 麵粉

新式機器麵粉業。起於光緒十二年、上海創辦增裕麵粉公司。迄至今日全國工廠。計有百二十餘所。資本約一千五百萬元。每日可製粉十萬二千一百五十五袋。約合三萬九千四百五十三擔。

全國麵粉工廠一覽表

地方名	稱	國籍	設立年月	每日製粉數	商標	摘要
哈爾賓	俄國製粉公司	俄商	宣統三年	四、二〇〇普得	麥穗、日月	
同	同	同	同	五、六〇〇普得		

同	雙合盛火磨	華商	光緒三十四年	二、四五〇普得	麥穗、人、雞	舊係俄商 Drizin 廠民國五年收買
同	Irkantsk Mill	俄商	宣統元年	三、一五〇普得	麥穗、人、星	
同	廣源盛	華商	民國元年	八四〇普得	鹿	
同	東亞麵粉火磨公司	同	民國二年	八五〇袋	不詳	
同	Kacatkin Mill	俄商	民國二年	一、五四〇普得	Kacatkin	此外哈爾賓俄商尚有九廠現多停工
同	Mochitsuky Mill	同	民國元年	八四〇普得	不詳	
雙城堡	雙合盛火磨	華商	宣統三年	三、五〇〇普得		舊係俄國製粉公司民國四年收買
傅家甸	成泰義火磨	同	民國二年	一、五四〇普得	地球、花貓	
同	成發祥火磨	同	光緒三十四年	一、二六〇普得	牛	
四家子	東亞火磨	同	宣統三年	九一〇普得	國旗	
舊哈爾賓	北滿製粉會社	日商	民國二年	二、八〇〇普得	象、獅、虎	有支店在日本東京
一面坡	Inenpo Mill	俄商	光緒三十四年	二、一〇〇普得	不詳	
阿什河	永遠機磨公司	華商	宣統三年	五六〇普得	同	舊係恆發裕火磨民國五年收買
呼蘭	永榮火磨	同	民國二年	七七〇普得	國旗	
愛琿	永濟火磨	同	民國三年	一、〇〇〇普得	不詳	
龍井村	公益機器麵粉廠	同	民國十年	五〇袋	不詳	
寧古塔	長寧機器麵粉廠	同	光緒三十四年	一、四〇〇普得	不詳	
同	裕順火磨	同	光緒三十年	一、二六〇普得	鹿	
同	新華機器麵粉廠	同	民國二年	九〇〇普得	不詳	
同	阜寧機麵廠	同	民國二年	一、七〇〇普得	不詳	

海林	裕順和麵廠	同	宣統二年	四二〇普得	不詳	
吉林	裕順和火磨	同	同	二、二四〇普得	鹿	係寧古塔裕順火磨分廠
同	恆茂火磨	同	民國五年	二、八〇〇普得		
依蘭	天興機磨麵粉廠	同	民國六年	五〇〇袋		
海甸雙橋	中興源記水力磨麵	同	民國四年	八〇普得		
富拉爾吉	廣元吉火磨	同	民國元年	三五〇普得		
鐵嶺	滿洲製粉會社	日商	光緒三十二年	一、八〇〇袋		以下每日製粉數均以袋計
長春	同	同	民國三年	二、四〇〇		係鐵嶺分廠
同	裕昌源	華商	同	六〇〇		
撫順	福田製粉所	日商	同	五〇		
四平街	德懋昌	華商	同	三〇		
遼陽	泉泰機器麵廠	同	同	一七〇		
北京	貽來牟	同	宣統二年	一、〇〇〇		
同	揚輝機器製粉公司	同	民國三年	五〇		
同	德隆麵粉公司	同	民國二年	五〇〇		
同	興泰麵粉公司	同	民國八年	不詳	金鐘	
同	廣源麵粉公司	同	宣統二年	四〇〇		
天津	湧源機器磨麵公司	同		三〇〇		
同	大豐機器麵粉公司	同	民國九年	不詳		
同	壽星麵粉公司	中日合辦	民國五年	三、〇〇〇	三桃	日本方面由三井洋行出資北京張家口豐鎮有分店

大同	大通機器麵粉公司	華商	民國三年	四五〇		
濟南	八和麵粉公司	同		一六八		
同	興順福	同	民國二年	一六八		
同	豐年麵粉公司	同	民國四年	八〇〇		
同	滿洲製粉濟南分工廠	日商	民國七年	二、八〇〇		由鐵嶺分設
濟寧	山東濟豐麵粉公司	華商	民國五年	一、〇〇〇	寳塔	
福山	茂蘭福麵粉公司		民國五年	三、〇〇〇		
芝罘	Hai Foong Roller Mill			八〇〇		
青島	青島製粉會社	日商	民國七年	一、二〇〇		
開封	永豐麵粉公司	華商	民國三年	五〇〇		
新鄉	通豐機器麵粉公司	同			大喜	總公司在北京
成都	裕德麵粉公司	同	民國元年	九〇		
長壽	禁煙改種紀念公司	同	宣統元年	七〇〇		
重慶	重慶麵粉廠	同		八〇〇		
長沙	湖南第一機器麵粉公司	同	民國四年	一、〇〇〇		
漢口	金龍麵粉公司	同	光緒三十二年	一、二〇〇	三星、麒麟	
同	裕隆麵粉公司	同	宣統二年	一、六〇〇	雙鳳	
同	和豐麵粉公司	中英	光緒三十一年	四〇〇	火車	
同	漢豐麵粉公司	華商	光緒三十三年	一、六〇〇		
同	亞豐麵粉公司	同	民國七年	一、五〇〇		

同	公泰麵粉公司		民國六年	一、〇〇〇		
蘄水	信泰麵粉公司	華商	民國三年	二〇〇		
沙市	信義麵粉公司	同	民國元年	五〇〇	仙鶴	
蕪湖	益新有限公司	同	光緒三十四年	一、〇〇〇		兼營礱米榨油
上海	長豐機器麵粉公司	同	民國四年	二、五〇〇	炮車、喜雀、人馬	營業部在江西路四十三號
同	鄭茂和麵粉公司	同	同	一、〇〇〇	飛艇	
同	福新第一工廠	同	民國二年	一、六〇〇	寶星	總經理榮宗敬氏
同	同　第二工廠	同	民國三年	四、〇〇〇	寶星、福壽、財神	
同	同　第三工廠	同	民國五年	三、五〇〇	同	
同	同　第四工廠	同	民國六年	一、六〇〇	日、月、寶星、	舊中興
同	同　第七工廠	同	民國九年	三、〇〇〇	兵船、寶星	
同	中華第一麵粉廠	同	民國七年	一、四〇〇	飛艇、總統	
同	阜豐麵粉公司	同	光緒二十六年	三、六〇〇	自行車、雙魚、雙虎	總批發所在上海北京路五十七號
同	華豐麵粉公司	同	民國三年	六〇〇	麥根、雙桃、雙喜	
同	翊新麵粉公司	同	同	四〇〇		
同	華興麵粉公司	同	光緒二十八年	四、八〇〇	天官、火車、鷹	
同	三井製粉工廠	日商		一、八〇〇	三馬、金魚、壽星	舊爲英商增裕廠
同	立成麵粉公司	華商	民國二年	一、〇〇〇		
同	立大麵粉公司	同	光緒三十二年	二、〇〇〇	天字	
同	申大麵粉公司	同	同	一、六〇〇	雙馬	

上海	大有麵粉公司	華商	民國二年	八〇〇	犀牛	
同	裕豐麵粉公司	同	光緒三十年	一、六〇〇	雙龍	營業部在上海江西路
同	元豐麵粉公司	同	民國七年	八〇〇	汽車	
同	中國麵粉公司	同	民國四年	六〇〇		
同	振興麵粉公司	同	同	六〇〇		
同	信餘麵粉公司	同	同	六〇〇		
同	惠元麵粉公司	同	同	六〇〇		
同	祥新麵粉公司	同	民國十年	三、〇〇〇	丹鳳、五福	
同	中國興華製麵	同	民國四年	六、〇〇〇	雄雞、雞球、三麟	北京天津福建厦門汕頭廣州香港南洋均有分銷處
同	南方麵粉公司	同	民國五年	八〇〇		
同	裕順麵粉公司	日商	光緒三十二年	六〇〇	水月	舊爲華商民國七年售於日商內外棉會社
同	福興第一麵粉公司	華商	民國五年	五〇〇		
同	信昌麵粉公司	同	民國三年	六〇〇	老虎	
同	湧協泰麵粉公司	同		四〇〇		
同	永興麵粉公司	同		四〇〇		
同	九豐麵粉公司	同		八〇〇	鹿山	
同	上海機器麵粉廠	同	民國五年	八〇〇		
無錫	茂新麵粉公司	同		四、八〇〇	兵船	
同	九豐麵粉公司	同	未詳	三、二〇〇	山鹿	
同	長豐第一機器麵粉廠	同	民國九年	未詳		

同	惠元麵粉公司	同	民國二年	一、〇〇〇		
同	恆豐麵粉公司	同		八〇〇		
同	保新機器麵廠	同	民國二年	六〇〇	松鶴	南京上海鎮江均有分店
同	泰隆機器麵廠	同	民國三年	三、〇〇〇		蘇州南京浦口天津常州鎮江蕪湖煙臺營口上海均有分店
南滙	振新麵粉公司	同	同	六〇〇		
通州	復新麵粉公司	同	光緒二十六年	一、二〇〇	雙鶴、旭日	
同	大興機器磨麵廠	同	光緒二十八年	三〇〇		
淮陰	大豐盈麵粉公司	同	民國四年	一、二〇〇		上海有分店
清江浦	大豐麵粉公司	同	光緒三十二年	一、七〇〇		
高郵	裕亨麵粉公司	同		二、〇〇〇	雙子	
泰州	泰來麵粉公司	同		一、二〇〇	山羊	
海州	海豐麵粉公司	同	光緒三十一年	一、五〇〇		
鎮江	貽成麵粉公司	同	民國四年	一、〇〇〇	金山寺	舊合興麵粉公司
雲南	雲豐磨粉公司	同	民國二年	五〇〇		

以上調查。容有遺漏。現在全國工廠。大約不下百三十所。

輸出方法 麵粉與各種糧食。同爲輸出禁止品。販運出口。須經特別允准。此項辦法。行之已久。及民國六年四月。政府依機製麵粉公會之請。特准上海麵粉出洋。納護照費每袋(重五十磅)銀四角。不另徵出口稅。是年九月。又減護照費爲二角。名義上只限於上海麵粉。實則各處麵粉皆運由上海出洋也。東三省方面向來適用陸路通商章程。准由陸路出口。中日、中俄國境。均係依此辦理。惟至今尚未准由海路出洋。最近輸出額如左。

輸出額

地區	民國二年		民國七年		民國八年		民國九年	
	數量	價值	數量	價值	數量	價值	數量	價值

	擔	兩	擔	兩	擔	兩	擔	兩
出口總數	二九、四五二	五一六、九九七	二、〇一一、八九九	八、四一〇、五五七	二、六九四、二七二	一〇、八七二、三一八	三、九六〇、七七九	一八、二五一、七三二
香港	三、七三三	一四、八九三	一六七、七六五	七三三、八〇一	三九〇、七四四	一、七六五、二二一	六二九、八一七	二、八三七、九七九
新嘉坡等處	—	—	四、九五〇	三三、二七五	九、一七七	四一、二九三	一〇七、四三九	四八四、九七〇
爪哇等處	—	—	三九、一三三	一七五、六四五	七、七二二	三四、七四六	五四、五六九	二四五、五三三
土、波、埃等處	—	—	—	—	六一、一四二	二七五、一三三	二九八、七四三	一、三四四、六八五
英國	—	—	一、〇一五、〇七四	三、八二三、四八一	三三三、八四五	一、四五七、一九一	一、九八四、四一七	九、一六二、七三三
荷國	—	—	—	—	八三	三七一	五九、一六九	二六六、三〇〇
法國	—	—	三六、九〇二	一六六、九八四	四、六八〇	二一、〇六〇	三、七八二	一七、六九三
俄國 由陸路	一八、一四九	九〇、七四五	五三、九七七	一六九、五二六	三九六、一七四	五九四、二六一	一八九、八九七	一、一三八、一三五
俄國 黑龍江各口	二、〇六三	六五、二三三	六三、五三四	三〇三、四二七	一一一、四二〇	五七八、〇一二	七〇、六六四	二四〇、六四八
俄國 太平洋各口	八六、四五四	三四五、八一六	三〇〇、八三六	一、四九六、六八七	一八四、六六八	六〇三、七九三	二六八、八一七	一、一五七、七八二
朝鮮	—	—	一一三、七八〇	五七六、三四二	一八二、〇七三	九一九、〇七四	七九、一七五	三八五、二五四
日本	四	二六	一六〇、七七八	七二一、五〇二	八九八、七〇四	四、〇一九、九六〇	三二、九二七	一四八、七一五
非律濱	—	—	二三、三八八	一〇一、一八九	一三三、七一五	五五七、一五一	一三三、六〇三	六〇二、五七三

上海、哈爾濱、綏芬河、安東、滿洲里等口爲主要輸出港。

各國需要概況

我國麵粉價値低廉。外人夙樂購之。歐戰各國食量缺乏。加以俄國內亂。高加索小麥斷絕輸出。不能不轉而求之於我國。故自民國六年起。出口麵粉陡增。其中運往英國最多。約占全數二分之一。日本近年時患饑饉。亦常仰給於我國。此外運往安南、印度、丹、德、比、義、奥及南非洲者。亦各有若干。

第十八章　蘇

種類

蔴之種類甚多。大別之。則有青蔴(Abutilon)、火蔴(Hemp)、䔋蔴(Jute)、苧蔴(Ramie)、胡蔴五種。

青蔴、又名芙蓉蔴。高六七尺。葉爲心臟形。稍圓。周緣爲鋸齒狀。纖維最粗。畧帶青色。或黃色。與胡蔴、火蔴混合。可織帆布、天幕等物。產於奉天、湖北、四川及長江沿岸。漢口爲最大聚散場。民國四年以前。每年出洋者、約千餘擔。多往日本、法、比等國。現已無出洋者。大都消費於內地。爲製繩索之用。

火蔴、葉爲掌狀。高五六尺乃至丈餘。栽培得法。可高至二丈。纖維粗硬。帶黃褐色。不易漂白。僅可織下等衣料及帳、幕、蔴袋等。然以其富於強力。經水不腐。各國以爲繩索之原料。使用極廣。產於湖南、湖北、四川、廣東、廣西、直隸、山東、江蘇、安徽、奉天等省。最大集散市場。爲重慶、長沙、杭州、宜昌、天津、九龍、梧州、鎮江、廈門、瓊州等口。出洋火蔴。由此等市場輸出者。約占百分之八十五。其中以重慶、長沙、杭州三口爲最多。合計運往外洋及內地各埠者。平均每年爲十五萬擔內外。其中運往外洋者。約占百分之五十五。其餘百分之四十五。概消費於內地。廣東所產。多用以製造蔴袋。現時火蔴在海外之銷場。以歐洲爲最多。日本次之。

䔋蔴、一名黃蔴。葉尖形。近葉柄處、寬二三寸。黃花。一年生植物也。纖維粗。富於強力。上等者爲黃白色或銀灰色。普通者爲黃褐色。不易漂白。入水易腐敗。不適於製繩索。主要用途。爲製造蔴袋。間亦有用以織地氈、帆布及天幕者。產於廣東、直隸、奉天及四川等省。天津、汕頭、牛莊、爲主要輸出港。多往日本、英國。

苧蔴、有青葉與白葉兩種。高四尺乃至六尺。一度栽培。可收穫二十餘年。每年收穫三次。多產於湖北、湖南、四川、江西、陝西、河南、福建、廣東、廣西等省。貴州、雲南、浙江、山西、間亦產之。其中、產額最多者。爲湖北、湖南、江西、四川四省。而四省中、又以湖北爲第一。其主要產地如左。

湖北省　陽新　大冶　咸寧　通山　蒲圻　嘉魚　武昌　廣濟　金牛　新店　涂家老　神山　施南　葛城　緯源口　太子廟　龍
口　三溪口　黃州　黃石港　蘄春　孝感

江西省　南昌　上饒　饒州　撫州　建昌　臨江　吉安　贛州　寧都　德安　德化　瑞昌　宜春　瑞州　萬載　上高　宜黃　崇
仁　樂安　武寧　鄱陽

湖南省　平江　瀏陽　沅江　辰州　常德　大庸　新化　慈利　靖縣　安化　寧遠

四川省　綏定　重慶　涪州　百子頭　達縣　大竹　温江

陝西省　興安　西安　平利　鎮安

河南省　開封　潢川　汝寧

福建省　泉州　福清　邵武　興化　延平

廣東省　廣州　潮州　瓊州

廣西省　南寧　梧州

湖北產地。以陽新、大冶、咸寧、通山、蒲圻、嘉魚、武昌、廣濟八縣爲最著。湖南以平江、瀏陽、沅江爲最著。江西以瑞昌、寧都、宜春爲最著。

苧蔴產地既廣。產額因之亦多。在出口蔴類中。佔最重要之位置。蓋其纖維細緻。長二吋五乃至十八吋。富於強力。適於漂白。光澤尤極美麗。其用途至廣。雖在我國僅以之爲織造夏布之用。而外國則以製造種種織物。久已視爲珍品。

苧蔴纖維。在水中能經久不腐。適於製造帆布、Tent 布、網、繩等物。雖遭氣候變化。曾無變質等事。其耐久性。爲他種纖維所不及。較胡蔴纖維尤輕。故不但適於織造帆布。以織 Tent 布。尤爲相宜。各國軍隊所用天幕。需用甚多。又其纖維至細。紡成細紗。百八十支者。每磅、長至五萬四百碼。此種細紗。與蠶絲混合用之。(或作經紗、或作緯紗、)可織上等交織物。最上等之纖維。可織錦、緞、其他仿織貨、帽子裏、男子洋服裏、天鵝絨、鏤空花邊。女服、及上等手絹。中等之纖維。可織頭巾、絹巾、Handkerchief、下等天鵝絨、普通蔴織物、汗衫、蔴毛交織物、縫線、釣線、消防用布、帶類。下等之纖維。用途尤廣。例如天幕用布、帆布、紐帶、網繩。皆可製造。又取出蔴線後之屑物。亦可紡紗。用以製造毛氈。最爲有利。此等毛氈。在歐洲之價值。每磅約四辨士乃至五辨士。此外、又用以造紙。品質最優。各國視爲上等品。又外科之醫術用布。亦多爲苧蔴所織者。苧蔴線、較人造絲價值低廉。製襯衣用之。尤爲人所歡迎。因其能放散濕氣及汗氣。異常爽快。故熱帶地方。售銷最多。美國用以製造軍服。曾得非常之好結果。

法國用苧蔴纖維製作紙幣。俄國亦仿效之。以其堅靭耐久。且易防贗品故也。

苧蔴、爲東洋各國之特產。距今數十年前。歐美人曾移植於其本土。而結果不良。(現惟美國發育甚旺、漸足供其本國之用、)故至今仍仰給於我國。China grass 之名。著於全球。戰前、宣統二年。出口達二十萬擔。民國三年。受歐戰影響。減爲十三萬擔。然其後因各國需要原料甚急。雖以戰時之船隻不足、海上危險、運費高漲、銀價騰貴等障礙滋多。卒能冒險輸出。漸次恢復戰前之地位。民國五年、出口達二十一萬擔。六、七、兩年。增至二十七萬擔。八年以後。雖稍形減退。仍在二十萬擔左右。

胡蔴、為一年生植物。春蒔秋收。高三尺內外。莖幹細直如箸。種子可以榨油。其耕作。有以種子為目的者。有以纖維為目的者。二者不可得兼。蓋種子十分成熟。則難得優良之纖維。若欲得優良之纖維。則刈取過早。種子未十分成熟。不能多得油量。歐洲日本。均以纖維為目的。視其莖幹半呈黃色。不問其種子成熟與否。卽刈取之。我國及印度。以種子為目的。故纖維極粗。山西（歸化城附近）直隸北部所產。均消費於內地。尚無出洋者。實則胡蔴纖維細長。可供製造各種織物及縫線、編線、漁網、繩索之用。各國珍貴之。與苧蔴無異也。

輸出狀況

我國為世界產蔴最富之國。每年蔴類出口。平均四十萬擔。價值四百五十萬兩。其中、苧蔴最多。約占十分之五。火蔴、綠蔴次之。青蔴最少。（民國三年以後已無出口）茲表示輸出之趨勢於左。（數量單位擔價值單位兩）

年份		青蔴	火蔴	綠蔴	苧蔴	合計
民國元年	數量	九二七	七四、六四一	五二、三四一	一七八、四一五	三〇六、三二四
	價值	五、六三八	六四二、一八一	二七七、七九一	二、二六四、四五六	三、一九〇、〇六六
民國二年	數量	一、〇四三	八〇、九一三	一〇五、四〇四	一七一、一二六	三五八、四八六
	價值	五、〇四八	六二六、〇三三	七一五、三〇六	二、四八八、八七四	三、八三五、二六一
民國三年	數量	一九	七三、八二四	六〇、四八七	一三九、七九五	二六四、三〇五
	價值	八九九	六七八、七六四	三四三、〇七一	一、六六四、四六三	二、六八七、一九七
民國四年	數量	—	七四、九九〇	一〇三、八三八	一六一、七〇〇	三四〇、五二八
	價值	—	八五〇、八三三	四二八、三二六	二、二九七、一一八	三、五七六、二六六
民國五年	數量	—	一四三、七九九	一〇一、三九〇	二一〇、九三一	四五六、一二〇
	價值	—	一、六九九、三七一	四九三、九七〇	二、八二一、二〇八	五、〇一四、五四九
民國六年	數量	—	一四八、六九一	八五、〇四五	二七六、九三一	五一〇、六六七
	價值	—	一、六四五、二八六	四五一、九三五	三、五八二、四〇九	五、六七九、六三〇

民國七年　數量	—	一四八、六三四	八四、七〇三	二七四、六二九	五〇七、九六五
民國七年　價值	—	一、八一七、七七一	四五九、八三九	三、五四二、六二〇	五、八二〇、二三〇
民國八年　數量	—	一〇一、一九六	七九、五一二	二一〇、九四一	三九一、六四九
民國八年　價值	—	一、〇四一、〇三五	四五一、二一〇	二、七三二、八四七	四、二二五、〇八二
民國九年　數量	—	一一三、七五八	三〇、〇五三	一八七、〇二〇	三三九、八三一
民國九年　價值	—	一、三五六、五〇三	一五九、九四〇	二、八八四、二〇一	四、四〇〇、六四四

蔴類在海外之銷路。向以日本爲第一。約占全數百分之五十。次則比國。約占百分之十五。歐戰期內。往比國者漸減。次則香港、法國、德國、英國。亦好銷場也。民國八年以來。比國銷路。次第恢復。惟德國至今猶未恢復原狀。

火蔴(Hemp)

輸出港別	民國二年 數量	民國二年 價值	民國七年 數量	民國七年 價值	民國八年 數量	民國八年 價值	民國九年 數量	民國九年 價值
出口總數	八〇、九一三擔	六三六、〇三三兩	一四八、六三四擔	一、八一七、七七一兩	一〇一、一九六擔	一、〇四一、〇三五兩	一一三、七五八擔	一、三五六、五〇三兩
香港	二六、九三一	二〇五、六三三	五五、八四九	八三八、七七九	三一、二六三	四二四、〇六五	二七、二一六	三七二、二七六
澳門	二、一〇三	一六、〇五九	一、二六七	七、一九一	四五九	四、五三五	八四三	九、四六九
英國	三六三	三、九四〇	一六、七五四	二一四、二八七	一九、八四六	二三四、三八一	二一、七三三	二七〇、七九三
德國	六、五一六	五〇、六三〇	—	—	—	—	一、四六〇	一八、一九一
和國	二五	二一〇	—	—	二五〇	二、九五三	二、四七八	三〇、八七六
比國	一三、九八四	一三七、六八四	—	—	二、九七一	三五、〇八八	一七、八二〇	二三三、〇三四
法國	二、七三一	二八、四八一	二六、六四〇	三四一、〇四〇	四、九三五	五八、二八二	七、五五一	九四、〇八五
日本	二六、二三三	一五四、八四七	四〇、三七六	四一七、四一七	三八、六九四	二六一、九一四	二五、六八一	二四五、四三一

輸出地區	民國二年數量	民國二年價值	民國七年數量	民國七年價值	民國八年數量	民國八年價值	民國九年數量	民國九年價值
美國	四	四二	七、二六七	九二、九〇二	二七六	三、二六〇	五、八三五	七二、五〇四

主要輸出港為天津、重慶、漢口、杭州、梧州、九龍。

檾蔴(Jute)

輸出地區	民國二年 數量	民國二年 價值	民國七年 數量	民國七年 價值	民國八年 數量	民國八年 價值	民國九年 數量	民國九年 價值
出口總數	一〇五、四〇四擔	七一五、三〇六兩	八四、七〇二擔	四五九、八三九兩	七九、五一二擔	四五一、二二〇兩	三〇、〇五三擔	一五九、九五〇兩
香港	二、七六八	一三、一九三	二、三五四	一一、六四三	一、五四五	八、四三二	一、一七九	六、四〇〇
安南	七、五九七	三九、〇八三	四、〇四九	二三、一七三	二、六四九	一七、五八八	二、四七二	一四、六八九
暹羅	三、一〇三	一八、一三二	三、四三二	二〇、五二五	三、七三三	二一、七五二	四、七四二	二六、九二七
新嘉坡等處	五八七	二、七八〇	九七六	五、六〇〇	一、六四四	七、八九七	二、八一四	一三、二二一
爪哇等處	三、〇四八	一三、四〇九	二、五〇〇	一一、〇〇〇	九一〇	四、〇〇四	—	—
英國	一六、一六七	一一五、七五七	二、五六七	一三、五〇一	三四、三八一	一八六、三四五	一、八〇五	八、八四五
比國	二、三六〇	一六、一五八	—	—	六八三	三、七〇二	六五	二六〇
法國	二七、四二八	一九三、八五七	一、〇六七	五、三一八	七二七	三、九四〇	七二三	三、四八九
日本	一六、二七四	一一九、〇三一	六五、四七一	三五八、九一三	三〇、一九二	一八一、三九〇	一五、三一一	八〇、七九三
美國	一三、三一九	九五、三六五	—	—	二、五二七	一三、六九七	九	四四

主要輸出港為天津、漢口、汕頭。民國二年往德國者七、一三二擔價值四八、三一一兩。民國四年至九年。無運往者。

苧蔴(Ramie or China Grass)

輸出地區	民國二年 數量	民國二年 價值	民國七年 數量	民國七年 價值	民國八年 數量	民國八年 價值	民國九年 數量	民國九年 價值

出口總數	一七一、三二六擔	二、四八八、八七四兩	二七四、六二九擔	三、五四二、六二〇兩	二一〇、九四一擔	二、七三三、八四七兩	一八七、〇三〇擔	二、八八四、二〇一兩
香港	三、〇六三	一八三、四〇一	九、六三〇	一三三、六七〇	四、七五八	六六、二六二	四、七八二	七二、七六七
安南	九三五	一七、六四八	五〇〇	六、二一八	七七五	一四、七一六	一、三九一	一九、八九三
暹羅	一〇〇	二、〇一一	八三	一、一五六	一七一	三一、二六五	二一五	三一、〇八〇
英國	一、四一七	二〇、四七八	三、六八三	二七九、九二七	四、四二六	五七、三二八	一九、六三七	三〇二、八七八
德國	六、四六六	九三、四六三	—	—	—	—	一七三	二、六五七
和國	—	—	—	—	一、二六〇	一六、二九二	三、〇一八	三一、一七八
比國	三六、〇三二	三七七、五四一	—	—	五四六	七、〇六〇	一、〇三〇	一六、〇六八
法國	一三、五三七	一九六、二四八	一一、〇二四	一四三、一九二	二、〇三四	二六、一七〇	二、六八四	四一、四六八
日本	一〇九、六〇二	一、五八三、九四三	二〇四、八六四	二、六四三、九四三	一九六、四四七	二、五三三、九三七	一五四、五三九	二、三六五、八一八
美國	九七八	一四、二三九	二六、七六七	三四五、五六二	三六七	四、七四六	三五	五四二

輸出港爲漢口、九江、岳州。

第十九章　生皮

出口生皮中以牛皮、馬驢騾皮、山羊皮、綿羊皮爲最多。

一　生牛皮(Buffalo and Cow)

種類品質

牛皮、有水牛皮、黃牛皮兩種。水牛皮質粗硬。不如黃牛皮用途之廣。現僅銷行歐美。無往日本者。黃牛皮質較緻密。其製品亦極強靭。故各國皆樂購之。牛皮之品質。因地而異。大抵河南、山東、四川等省所產爲最優。蒙古所產者最劣。蓋蒙古地勢偏北。氣候寒冱。飼養法全屬放牧。體毛長達寸餘。其中多含泥砂及寄生蟲。深入毛根。製革後不免留有疵痕。湖南湖北等省。地多沼澤。其牛常起臥水邊。纖維不免於弱。皮質亦稱不良。惟河南、山東、四川等省。土地高燥。牛皮十分乾燥。皮質厚而疵痕少。纖維亦最爲緻密。全國最大集散市場。當推漢口、上海、膠州、天津等埠。漢口市場之牛皮。悉由信陽、鄭州、漢陽、沔陽、棗陽、樊城、孝感、黃陂、宜昌、德安、常德、長沙、寶慶、成都、重慶及陝西南部運來。其中、由信陽運來者最多。故漢口牛皮。十之七八爲河南貨。歐戰以前。牛皮出口大半由德商經營。英法次之。美商最少。其中規模最大。設備最完全者。當推美最時洋行。瑞記、寶順次之。歐戰以來。德商漸少。日商起而代之。收買之多。雖英法莫之及也。

漢口牛皮輸出商

日商—大倉洋行、黃泰洋行、內藤商會、高田商會、新利洋行、湯淺洋行、茂木公司、

英商—安利洋行 (Arnhold, H. E.) 寶順洋行 (Evans, Ough & Co.) 華昌洋行 (Coddes & Co.) 怡和洋行 (Jardine Matheson & Co.) 太平洋行 (Westphol, King & Ramsay)

德商—瑞記洋行 (Arnhold Karbery & Co.) 禮和洋行 (Carlowitz & Co.) 美最時洋行 (Melchers & Co.) 咪地洋行 (Garrels, Borver & Co.) 禪臣洋行 (Siemsen & Co.)

美商—德泰洋行 (China & Java Export Co.)

義商—義華洋行 (Halian-Elimke Import & Export Co.)

法商—福泰洋行 (Nuffret, A.) 永興洋行 (Olivier & Co.) 立興洋行 (Racine, Ackermann & Co.) 公興洋行 (Gruzaen & Co.)

比商—萬興洋行 (Vander Stegen & Co.)

天津市場之牛皮。原由山東、山西、河南、陝西、張家口、錦州而來。自膠濟鐵路發達後。山東一帶所產。多由青島出口。天津集散額。遂以減少。大部分輸出日本。美國英國次之。

天津牛皮輸出商中。日商最多。有淸喜洋行、大文洋行、大倉洋行、赤木洋行、三井洋行、九鬼洋行。歐美商人。有仁記洋行、平和洋行、新泰興洋行、隆昌洋行。

上海市場之牛皮。由揚州、丹陽、蘇州、杭州、鎭江、淸江浦、徐州一帶而來。從前朝鮮牛皮。常輸入上海。近已絕迹。

青島市場之牛皮。概係山東一帶所產。大半輸出日本。日商淸喜洋行、湯淺洋行、茂木公司、三井洋行、收買最多。歐美商僅有蓋興洋行、滋美洋行、

和記洋行數家。

輸出額

牛皮爲出口大宗之一。宣統二年。已達三十七萬餘擔。價值一千六十一萬餘兩。其後時增時減。至民國二年。一躍而爲四十九萬八千擔。價值一千五百十八萬兩。出口之多。爲向來所未有。迄今未能逾此數。量然自歐戰以來。皮價騰貴。民國五年出口價值增至一千七百五十八萬兩。茲將宣統元年以來輸出額表示於左。

年份	數量（擔）	價值（兩）
宣統元年	三〇〇、〇八九	八、四四三、四四一
宣統二年	三七四、五〇八	一〇、六一八、六一六
宣統三年	三〇二、四八三	八、七三三、八三九
民國元年	三二九、三九七	八、七六八、六六九
民國二年	四九八、〇三八	一五、一八四、三四四
民國三年	四三六、九四六	一四、二五五、二八八
民國四年	四三七、三九五	一六、八一七、六九一
民國五年	四六五、四六一	一七、五八一、四六三
民國六年	四七七、〇九九	一七、三六七、五七三
民國七年	三九五、六三八	一三、四七〇、六七六
民國八年	三八三、三三三	一〇、三六一、三八一
民國九年	二六一、三四三	八、二二五、三七九

歐戰以前。運往法國最多。德國次之。香港、美、比、義、日、英等國又次之。歐戰以後。運往義、美、日本最多。香港、法、土、波、埃等處次之。如左表。

地區	民國二年		民國七年		民國八年		民國九年	
	數量（擔）	價值（兩）	數量（擔）	價值（兩）	數量（擔）	價值（兩）	數量（擔）	價值（兩）
出口總數	四九八、〇三八	一五、一八四、三四四	三九五、六三八	一三、四七〇、六七六	三八三、三三三	一〇、三六一、三八一	二六一、三四三	八、二二五、三七九
香港	七六、一〇八	一、八四五、八八六	六三、四一三	二、一三四、八五七	七三、一四九	二、四七九、八三八	六一、一四九	一、九八〇、九一一
澳門	二七九	六、〇九九	三四	一、七一四	三二八	一六、〇一七	一、〇七二	五二、三四六
安南	七、二〇九	一三八、二九六	八二八	二六、七九四	九〇三	二五、〇二四	二七三	七、五二八
新嘉坡等處	三、三四二	五七、五四四	三二	一、四八五	三六	一、二六一	八七	三、六三七

印度	四、〇三九	八二、三五六	七三五	一一、〇五五	五九八	八、五六三	七三八	一一、五三三
土、波、埃等處	二〇、五五七	四〇一、四一〇	一七、三九八	四六六、〇五八	三、〇八五	五一、六二九	五、一七三	九七、二四六
英國	一五、七九六	四九六、六五〇	三、九九〇	八三、九九六	五、九二六	一二七、一八三	二、八〇四	八六、九二三
德國	七六、九〇五	二、三三五、〇三三	—	—	五〇	一、一五〇	九七四	二五、八九〇
和國	三、三六一	九六、四二五	—	—	—	—	五二四	一七、〇六〇
比國	四二、五九五	一、四三六、六七八	—	—	三、一六〇	九二、六七四	三、九二〇	一二七、四二二
法國	八六、一七四	二、九四〇、八八〇	二〇、七一〇	六七七、六七四	二四、五〇八	五一七、四三八	六、四五七	一八二、九一八
義國	五九、七四一	二、〇八三、二五〇	一六七、九二七	五、九九八、七八〇	二八、一四二	六三二、二六一	二二、七八九	七七〇、三六三
日本	二二、五一五	七一八、四四六	八五、四三七	二、九〇〇、七七九	一〇一、七四九	三、二七一、九一四	一〇八、七七四	三、五五五、八四七
美國	六三、四五四	二、一三五、一一九	三〇、四一三	一、〇三三、〇〇三	一二七、六二二	二、八二九、〇八一	四三、九三六	一、二三〇、五七二

戰前往俄、奧、西班牙亦不少。近已衰微。坎拿大、瑞典、丹麥等處。時有時無。究非大銷場也。

二 生馬驢騾皮(Skins, Horse, Ass, and Mule)

產地

產馬之地。以四川、雲南、蒙古、山東、陝西、直隸、甘肅、山西、奉天等省爲最著。通常有川馬口馬之分。川馬乃四川打箭爐等處所產者。口馬卽由張家口、殺虎口等處運來者。內外蒙古及東三省養馬最多。故天津、大連兩埠爲馬皮之最大集散場。驢騾兩種。各省皆有。而直隸、陝西、甘肅、伊犂、山西、陝西、河南、山東、湖北、四川等省產額尤富。陝甘口外之寧夏、楡林及直隸之關外地方產大驢。毛美皮質尤佳。

輸出額

馬驢騾皮。多往日本。最近輸出額如左。

地區	民國二年		民國七年		民國八年		民國九年	
	數量	價值	數量	價值	數量	價值	數量	價值
出口總數	一一、三八四擔	二四五、八二二兩	二九、四〇七擔	六六五、五二七兩	二一、七一六擔	五一〇、三三五兩	一七、四〇七擔	三九七、七六七兩

	民國二年 數量	民國二年 價值	民國七年 數量	民國七年 價值	民國八年 數量	民國八年 價值	民國九年 數量	民國九年 價值
朝鮮	四一五	一四、三九五	八七六	二六、三三八	九六一	二九、一三七	四七〇	一五、三三八
日本	六、四五三	一三四、一五三	二七、四九一	六三五、三〇六	一八、一七〇	四三四、一九六	一六、四八八	三七一、一七二
美國	七九六	一七、八五八	三七六	九、八五〇	一、八八五	四三、七九七	二三五	五、三〇九

品質

三　未硝山羊皮(Goat Skin, Untanned)

山羊皮、以蒙古所產爲最佳。西藏所產者最劣。北方服以禦寒。需用最多。出洋者不過一小部分。宣統元年出口僅七百六十四萬二千七百九張。

用途

民國六年以來。外洋需要增加。出口倍形發達。(民國六年出口一千一百七十三萬五千五百七十九張)大部分運往美國。蓋不獨爲種種精巧品之重要原料。紡紗機器所用之車轉輪。亦須賴羊皮以爲之迴轉。此外如靴皮及其他用具需要極多。最大輸出港爲漢口、重慶、天津、上海。最近

輸出額

輸出額如左。

地區	民國二年 數量	民國二年 價值	民國七年 數量	民國七年 價值	民國八年 數量	民國八年 價值	民國九年 數量	民國九年 價值
出口總數	七、一五三、六九三張	四、〇六七、七〇八兩	八、九四〇、六七二張	五、七六九、九八八兩	一二、七三二、二九〇張	八、五八八、七四〇兩	九、九六六、六三三張	八、一二三、三六六兩
香港	四九七	三一三	四三五、六九〇	一七八、九一六	一、〇八二、五一四	五八八、五一四	三三三、二九三	一八七、七七二
英國	三一五、一五九	一八九、六四一	二九、三〇〇	一三、九五九	六九、八一四	四八、五六三	一三三、六九七	九五、四七〇
法國	一八一、〇六七	一〇五、三七六	七五、四七九	三六、八四五	一三七、一一七	四一、九七三	一〇六、二一〇	八六、五八六
日本	一五、〇五七	六、六〇五	七三六、七八三	二五四、八八五	五九八、〇三三	三四六、七七〇	四一〇、〇三七	三〇三、八〇八
美國	五、〇五五、九四四	二、七七三、〇五四	七、六一六、九五三	五、三三六、七二八	一〇、八五一、七六〇	七、五六一、七三三	八、九五六、八二六	七、三八〇、四六一

歐戰前往和、比、德、義、俄各國不少。戰時俱形衰減。

四　生綿羊皮(Sheep Skins)

綿羊皮、以西藏所產爲最佳。山西交城所產。亦頗著名。從前出口。每年平均約六十萬張。往美國者最多。俄國次之。俄亂以後。往俄國者漸少。往日

本者漸增。民國八年以來。日本銷數亦減。出口遂形銳減。民國九年僅二十一萬九千餘張。其中往美國者最多。日本次之。各地所購。專供被服之用。輸出港。以天津爲第一。漢口次之。其輸出額如左。

地區	民國二年 數量	民國二年 價值	民國七年 數量	民國七年 價值	民國八年 數量	民國八年 價值	民國九年 數量	民國九年 價值
出口總數	五五二、四二五擔	三三四、八二九兩	七一六、二六二擔	四四九、六六五兩	五八五、九二二擔	三七〇、四一六兩	二一九、一一八擔	一六七、七四七兩
英國	一、〇五〇	四七二	一九、一六〇	一四、四六七	九、六五三	九、二四六	一六	一八
法國	六、一六〇	二、七四七	三、三三一	二、〇六一	一、〇一九	六三一	—	—
俄國 由陸路	一五六、八七一	七九、五五六	三、〇〇六	七二六	一五、三六四	二、八四五	一、二〇三	三、六〇九
俄國 黑龍江各口	—	—	二七	六九	四四一	一、一三六	一四、五五〇	一三、七三〇
朝鮮	三、七一五	一、五一九	二、五五七	二、八八七	八、五五七	六、〇九八	二、九〇九	三、七二九
日本	一、六六〇	六六三	四六一、六五八	二八五、五六六	六一、七〇三	三八、〇〇六	三五、一四〇	三六、二八九
美國	三七一、八九三	一四六、二五〇	二〇二、六七六	一二八、六四〇	四八八、九三三	三〇三、二六八	一九四、九一三	一〇九、七八三

香港安南及義奧等國。亦銷行若干。歐戰前。銷行德和等國。今已絕迹。

第二十章　各種雜貨

一　磁器

出口磁器價值。年約三百餘萬兩。其中有由九江輸出之景德鎮貨。有由汕頭、廣州、九龍、廈門等口輸出之閩粵貨。多運往香港、暹羅、安南、新嘉坡等處。爲南洋華僑及土人之用。其輸出額如左。（據香港商會報告。民國八年。我國磁器。由香港運往英國二千五百十包。歐洲大陸二千七百六十六包。美國及坎拿大四千一百五十二包。其餘悉運往南洋一帶。）

運往地方	民國二年 數量	民國二年 價值	民國七年 數量	民國七年 價值	民國八年 數量	民國八年 價值	民國九年 數量	民國九年 價值
出口總數	一三五、八四二擔	一、一六〇、六九二兩	九五、五六八擔	一、四八二、六一九兩	一九八、七七三擔	三、七八〇、二九五兩	二四六、〇三二擔	四、九三三、一五七兩
香港	六一、五三五	六二四、三五三	五四、九四三	七五七、六〇五	九六、七〇九	一、八九七、四七六	八八、七八四	一、八二八、九七〇
澳門	一、〇八七	一五、九二三	七七四	一五、五七七	六六九	一三、六五三	六七七	一五、一五〇
安南	四、一九〇	二九、四五二	四、一三六	七四、七七八	六、八七九	一二九、六二〇	二九、四六八	五八六、一〇七
暹羅	二三、二二四	一六二、四九三	一四、五五六	二六九、二七一	三四、九四五	六五九、〇三六	三〇、八一〇	六一四、五九二
新嘉坡等處	三六、六〇一	二五七、三五五	一九、〇七〇	三三七、九八七	五四、九五六	一、〇一七、八〇三	九〇、七八四	一、七九五、九六九
爪哇等處	三八五	二、三三四	八一	一、五八四	二二五	二、八三三	三八九	四、六二九
印度	五、六五五	三四、四〇五	五一六	八、六七二	一、一三三	一七、〇七〇	一、五九九	二四、八一五
日本台灣	一三三	二、三二七	一九九	三、四八一	二三五	四、二三八	二四〇	五、二九二
菲律賓	二、〇〇〇	八、八八一	八二二	五、六二七	一、六〇九	一一、一五一	一、一〇三	七、九六四
美國	五四八	一三、三〇〇	二六六	五、二五七	一、一〇二	二一、五九〇	一、七八四	三三、六三五
輸出港別								
出口總數	二〇三、六五六	二、八一三、三四八	一三九、〇一六	二、三〇四、八七四	二三五、四八九	四、五三〇、八六九	二八二、〇七九	五、六六五、三五九
九江	六八、六三二	一、七一八、一三三	五六、五五〇	一、一〇六、五四七	四六、七五五	九三八、五四〇	四七、〇一四	九五九、三六〇
厦門	六、一三六	一二七、二四五	一、七九九	一二、二六一	三、四五五	二三、九四三	三、〇八七	二二、三〇五
汕頭	六八、一二四	四七七、〇〇四	三九、六五五	七一九、一一〇	一〇八、七三八	二、〇四六、二三九	一六五、八〇六	三、二九八、〇六八
廣州	一八、六五三	三三六、〇七七	一〇、四七九	二一五、四九三	一七、一三六	三七二、八六五	一七、九八三	四一四、六四八
九龍	三九、二一三	二一六、六八二	二八、二一七	二一五、八三九	五七、〇二四	一、〇九九、二〇四	四六、四二三	九三六、一四三

英、法、德、比、俄、和、義、丹麥、腦威、坎拿大、朝鮮、土、波、埃等處。銷數極少。殆無足輕重。往印度者。多供緬甸華僑應用。

現時我國磁器。歐洲人視爲一種陳設品。並不恃爲應用。故運往歐洲者。花瓶等裝飾品居多。如茶壺、茶杯、牛奶壺、糖缸、食盤、碗、碟等應用之品。殆不多見。美國所用磁器。向由歐洲輸入居多。歐戰以來。轉求之日本。日貨充斥市面。我國磁器。惟繪畫彩色者。尚能行銷。其淨白者。殆全無銷路。澳洲、南洋等處。亦歐洲日本磁器居多。我國由廈門、汕頭、廣州等處運往者。概屬粗糙花瓶盤碗等類。只供華僑應用。實不能與外國磁器抗衡。近時日本於西人食具茶盤茶盃及各種應用品。揣摩入微。樣式繪畫色從新。以廉價風行於各國市場。其仿製吾國之花瓶、古碗。尤爲外人所樂購。我國瓷業。倘非盡力改良。終將無如此勁敵何也。（現時國內磁業之狀況參看第三編第十章附錄）

二　夏布

夏布產於廣東、福建、江西、湖南、四川各省。江蘇、湖北、河南。亦略產之。品質以江西、廣東所產爲第一。湖南、福建次之。四川、江蘇所產爲最下。每年出口價值自二百萬乃至三百萬兩。運往朝鮮最多。約占全數十之七八。香港次之。台灣又次之。往香港者多轉運南洋行銷。（轉往南方各省者亦不少）往朝鮮之夏布。由仁川上岸者最多。其中概屬福建、廣東、江西所產品質較優之布。如江蘇所產品質較遜者。則多往釜山、元山一帶。本色夏布價值較廉。銷數最多。以在朝鮮漂白需費不多。而進口稅又較漂白者爲低故也。往臺灣者。概爲其本地人所消費。日人實與此項貿易無涉。其輸出額如左。

運往地方	民國二年		民國七年		民國八年		民國九年	
	數量	價值	數量	價值	數量	價值	數量	價值
出口總數	一五、五五〇擔	一、五六六、三〇五兩	一四、二九二擔	一、九一五、八二二兩	二六、二七七擔	三、二三八、〇八二兩	二五、九〇〇擔	三、五九三、六三四兩
香港	二、二二〇	三一九、五四八	一、二三三	三三九、二三九	一、二三六	三六六、一一八	一、七〇七	三三六、二五二
澳門	一三	一、二〇五	二三	四九八	一四	一、五八四	五九	一六、五二八
暹羅	三	五三	三	一三七	二二	七〇八	四七	六、三九六
新嘉坡等處	八八五	一六、九七二	九一三	一五、八〇三	八四八	一六、六二七	一、二四一	二八、九〇六
朝鮮	一〇、七四三	一、〇四〇、九四〇	一〇、六〇八	一、三〇一、四〇八	二三、〇七八	二、三四九、八五八	二〇、八二九	二、七七四、一一七

日本、台灣	一、七〇〇	一六九、九五〇	一、五〇五	三五二、六一五	一、〇三二	四九五、〇三七	一、九七六	四三四、二八五
菲律濱	八三	一七、五七九	三三	五、九〇二	四三	七、八〇〇	三八	六、七八一
輸出港別								
出口總數	三一、五二二	三、三七六、〇九一	三八、二二四	五、四二五、三六二	四九、五五五	八、二八二、五七四	五三、三八〇	九、三五二、一九三
重慶	四、二七七	六〇三、八四二	四、三八八	七七三、三六五	六、五四八	一、五三三、五四八	八、〇〇九	一、九五六、六三八
長沙	一、四〇八	二四三、三七七	四、八五三	九七〇、一二四	二、七四一	五三七、八七三	二、〇七八	四五四、六九三
九江	一四、五三三	一、〇二二、九七二	一四、九七四	一、四四九、四〇一	二〇、〇八七	一、八八三、三〇七	二〇、四四五	一、九九五、〇三八
上海	二、八五二	二五〇、〇二七	二、六四二	三四六、六五九	四、二七二	五三六、六〇九	三、三七〇	六七二、三三〇
汕頭	六、三九七	九一五、四三七	八、八〇〇	一、五九九、二七六	一三、三七三	三、四一七、九二〇	一五、〇五三	三、七八八、四三三

安南爪哇等處。亦略有銷數。戰前間有運往歐洲、英、德、法等國者。其數甚微。今亦絕跡。

四川新都彭縣、廣漢、什邡、鄰水、岳池、遂寧、中江、隆昌、巴縣、榮昌、江津、大竹、內江等縣皆產夏布。其中鄰水、隆昌、榮昌、江津、大竹、內江、中江七縣最盛。以重慶萬縣為集散場。布質粗而耐久。惟外觀欠精美。以其所用之紗太粗故也。

湖南產地。以沅江一帶為第一。湘江、資江流域次之。長沙、瀏陽、衡山、常德、河保、白保等處為主要集散場。品質堅靭耐久。與四川布相等。惟不及福建廣東之精緻美麗耳。

江西主要產地為萬載、宜春、崇仁、樂安、宜黃、廣昌、南豐、黎川、玉山、廣豐、上饒、瑞金、寧都、上高等縣。各縣所產。多經瀏陽轉運漢口。或由南昌九江。轉往上海、煙台等處出洋。

江蘇蘇州、上海、揚州等所產。極形麤疎。上海吸收四川湖南江西之夏布。營出口業者。以山東幫為最多。廣東次之。

福建主要產地。為南安、安溪、永春等縣。集於泉州。分運汕頭、廈門、上海等處。上等者輸出外洋。較次者銷行內地。本省織業極盛。常感原料不足。輒至陝西、河南、湖南、湖北、江西、廣東、四川等省。選購上等麻。而由香港台灣輸入之麻亦不在少數。

廣東主要產地。為廣州、雷州、瓊州、潮陽、揭陽、興寧等處。其中潮陽、揭陽、興寧三縣產額最多。經汕頭出洋。

廣西南寧一帶及湖北之漢陽、武昌、河南之汝寧。亦產夏布出口不多。

三　熟皮(Leather)

我國製革業尙未進步常以生皮出洋。而由香港日本等處。輸入熟皮。由來已久。然熟皮出口。亦年値百萬兩左右。（民國六年出口最多。達三百六萬五十兩）其產地南方爲廣東廣西等省。北方則爲奉天一帶。（陝甘一帶所產。皆銷行內地。出洋尙少）運往香港最多。日本、俄國次之。輸出港以廣州爲第一。南寧、梧州、北海等口次之。（民國六年運往俄國最多。故滿洲里綏芬河兩口出口不少。今已衰減）其輸出額如左。

運往地方	民國二年 數量（擔）	民國二年 價值（兩）	民國七年 數量（擔）	民國七年 價值（兩）	民國八年 數量（擔）	民國八年 價值（兩）	民國九年 數量（擔）	民國九年 價值（兩）
出口總數	一八、五二四	五九三、二八〇	二六、九二五	一、一三六、六二四	二一、〇三〇	八四六、九七〇	二八、一四二	一、一四四、〇五〇
香港	一六、八〇九	五一九、一八九	二四、六〇二	九二一、一五七	一九、四三五	六九六、八七三	二六、九五六	一、〇四七、四九二
澳門	一、一八〇	五一、三四五	一四	八四八	二九	一、六四四	六	三九〇
安南	一一七	六、七五二	一三	八九三	五八	四、一九三	二九四	三三、〇二〇
新嘉坡等處	一一	三六四	二三	一、三三四	四〇	二、〇二八	八八	四、六八五
俄國 由陸路	五	二〇〇	二六〇	五七、七五五	七三八	九五、四三〇	—	—
俄國 黑龍江各口	二	八〇	一七四	二一、七四四	三一	一、六三〇	五三	四、六六一
俄國 太平洋各口	八	五五七	一四二	一九、四二一	三五九	二、八四六	九一	四、八八五
朝鮮	三三三	一〇、〇五九	三五三	一九、二四五	三七三	一九、四九〇	三一七	一九、二五一
日本、台灣	八五	三、二〇五	一、一七二	九七、六三三	二六五	三三、四三九	三〇四	三三、八一三

四　揀皮類(Skin, Dressed)

暹羅、爪哇、印度、英、丹、美、土、波、埃等處。略有銷數。

出口揀皮中以羊皮爲最多。合計已硝山羊皮、已楝猾（小山羊）皮、已揀羔（小緜羊）皮三項。年在百萬兩內外。運往英國最多。法國、美國、次之。輸出港以天津爲最著。今將各種揀皮之輸出額。表示如左。

已硝山羊皮(Skins, Dressed: Goat, Tanned)

運往地方	民國二年 數量	民國二年 價值	民國七年 數量	民國七年 價值	民國八年 數量	民國八年 價值	民國九年 數量	民國九年 價值
出口總數	六三九、九九二擔	四三一、三三〇兩	一、〇七六、九一六擔	八五五、四〇六兩	一、〇九九、五七九擔	九五七、三二三兩	八六九、七九七擔	七一九、六九五兩
香港	二	一	二九八、三三九	七三、五七七	一九六、六一三	六六、六七六	二四九、四七〇	九九、六九三
安南	—	—	三、二三八	一、一〇六	一八、二四八	六、〇七九	三三、九四八	二、七〇〇
英國	三三五、六九七	二二八、八〇二	五五六、一九三	五六〇、七三九	四九七、八三三	四九二、九四七	四三六、七九二	四三五、三八六
法國	八九、九八八	六一、二四八	三九、四七四	三九、九八四	九二、八七〇	九四、〇六〇	一一三、六二六	一一五、〇四六
義國	五、〇九八	三、四四一	—	—	一一、六六〇	一三、九五三	一六、四〇六	一六、六一〇
日本、臺灣	一三、〇〇〇	八、一三六	四七、〇六〇	四七、〇四五	四四、五〇六	四五、二七四	三一、一九一	三一、八六八
坎拿大	—	—	五五、三一八	五六、〇一〇	七三、〇三五	七三、八四七	四、五〇〇	四、五五六
美國	一五三、一八五	一〇三、二四九	六二、六三三	六二、〇〇九	一六三、九九七	一六四、六一九	一〇、〇九〇	九、六五四
輸出港別								
出口總數	七七九、〇〇二	五二六、三五七	一、一二九、九四一	九〇三、一三五	九七六、九四三	八二六、三〇五	八六一、八一六	七七〇、一八一
天津	七六九、三四五	五二〇、四五四	八二三、一七八	八三一、九七八	七六三、一四三	七五五、五七三	六〇七、六三六	六六七、三四六
蒙自	—	—	二九六、七一四	六九、七三七	二一三、一三三	六九、九九六	二五三、一一八	一〇三、〇八八

此外瑞典、丹麥、比、德、奧、朝鮮、澳洲、土、波、埃等處各銷若干。

已揀猾皮(Skins, Dressed: Kid)

運往地方	民國二年 數量	民國二年 價值	民國七年 數量	民國七年 價值	民國八年 數量	民國八年 價值	民國九年 數量	民國九年 價值
出口總數	一二一、三四七擔	一五五、五一七兩	一三一、一○六擔	三○、八四二兩	三三○、八二八擔	七○、六八五兩	一一七、○○二擔	二○、五○○兩
英國	七七、○七七	一七、四八六	八六、六四七	一九、七四八	二八八、三四九	六二、○三三	七四、九三七	一三、四四七
法國	一四、二七五	三、四四二	三六、九六八	九、七○四	一三、六七○	三、○七六	二二、四九二	二、七八一
美國	—	—	一、九九九	五六二	二八、八一九	五、五八七	一九、三三四	二、九二二
輸出港別								
出口總數	一○○、一四六	二三、九三五	一○七、五六九	三○、六六四	一九八、六七三	五○、八二九	九四、四二五	二○、四二四
牛莊	—	—	四四、三○○	一四、五六○	七五、七四四	一八、九○六	—	—
天津	九八、六三七	二三、七六五	六二、五四七	一五、九五二	一二二、三四○	二六、六四○	九二、一五七	一九、六九三

此外日本、德、義、坎拿大等處各銷若干。

已揀羔皮(Skins, Dressed: Lamb)

運往地方	民國二年 數量	民國二年 價值	民國七年 數量	民國七年 價值	民國八年 數量	民國八年 價值	民國九年 數量	民國九年 價值
出口總數	五八七、一五一擔	六七○、三三六兩	二一八、三四一擔	二二三、一八九兩	四七二、一五五擔	五一九、三五八兩	一一四、五一一擔	一一一、五一二兩
英國	三六二、三五七	四一八、○四六	一一四、六二五	一一四、二五九	三七一、五九一	四一六、一三二	六二、二八一	五六、七四二
法國	六二、○八四	七一、○四八	三九、一一五	四三、四三一	二六、三一七	二九、○八二	七、八○○	一二、二八五
朝鮮	—	—	二二、二七三	九、二九一	一○、二七一	六、一七三	一一、一四六	七、九七四

日本、臺灣	—	—	二三、四六三	三四、九七〇	五、三四五	四、三三一	三、四八五	五、一八五
美國	四三、七四九	四九、六八三	二、四七三	二、七八二	五一、九一〇	六一、六二六	二七、四四〇	一三五、四七一
輸出港別								
出口總數	七九八、〇六七	八九三、四九九	二三四、二三三	一九七、九六三	三三四、四六九	三七〇、五五三	一六六、四〇一	三六二、九三一
安東	三三	四一	三、三一三	九、三一八	一〇、四一六	六、三三三	一一、一三三	七、九一一
天津	四〇〇、三七三	四〇一、二四一	一八四、二一四	一五七、二三二	一五四、九七一	一八三、四七一	六一、四三四	八一、〇八六
漢口	三九四、五九九	四九〇、三二一	五、四四〇	六、一四七	一〇八、七三九	一三三、八七五	四四、〇三〇	四九、七四三
南京	—	—	二一、八六四	二四、七〇六	四三、二八四	四九、七五七	四八、七六三	一三一、九〇八

香港、印度、瑞典、丹麥、德義、奧、坎拿大、南非洲、澳洲、土、波、埃等處各銷若干。

我國獸皮豐富。現在上海、天津、北京、重慶、成都、寧遠、雲南、廣州、奉天等處。製革工廠漸多發生。製革前途似頗有發展之望。惟生皮雖屬易得。而鞣皮藥料缺乏。各廠所用鉻羅姆酸及單寧材料。概須購諸外國。加以鹽價過昂。成本太貴。今後不於此等材料多方設法。以求足用。製革事業。殊難望其發達也。

五　紙

出口紙類。關冊分為上等紙 (Paper, 1st Quality) 次等紙 (Paper, 2nd Quality) 紙箔 (Paper, Joss) 廠製紙 (Paper, Mill) 及他類紙 (Paper, other kinds) 五項。廠製紙及他類紙出口無多。今僅就上等紙、次等紙、及紙箔三項述之。

我國主要產紙地方為江西、福建、四川、安徽等省。此外浙江、湖南、廣東等省亦產之。上等紙供書畫簿冊名刺等類之用。次等紙供包裝牆壁糊紙燒紙及其他日常之用。紙箔(一名錫箔)多產於福建浙江(紹興地方最多)等省。為祭祀之用。此三項出口每年平均在三百萬兩以上。多運往香港、安南、新嘉坡、南洋一帶。供華僑應用。從前往臺灣者。年值數十萬兩。近因該處製紙業發達。銷數已減。其主要輸出港。上等紙則為汕頭、福州、九江、廈門、蕪湖等口。次等紙則為九江、長沙、福州等口。紙箔則為汕頭、寧波、九龍、萬縣、廈門等口。最近輸出額如左。

上等紙(Paper, 1st Quality)

運往地方	民國二年 數量	民國二年 價值	民國七年 數量	民國七年 價值	民國八年 數量	民國八年 價值	民國九年 數量	民國九年 價值
出口總數	八四、四九八擔	一、五四九、三四七兩	五九、四四四擔	一、一六一、八四八兩	六二、一五六擔	一、一七一、七八三兩	六六、八八二擔	一、一九二、五四三兩
香港	一八、一九九	三一二、六五〇	二四、四八〇	四六六、八一三	三〇、五七〇	五六九、八一二	三一、六七六	五四九、七〇二
澳門	三、三〇九	八九、六五三	二、六二〇	四六、〇三八	三、一五七	五七、〇二九	四、〇二四	七三、六二七
安南	二四、四七六	三四三、一七五	一一、四四三	二二八、〇九四	一〇、八五六	二〇三、〇一四	一三、九四三	二五〇、六九三
暹羅	一、四七八	二〇、九一七	一、六九四	三二、二八六	二、七八八	五二、一三九	一、五八一	二八、四二八
新嘉坡等處	二四、〇七九	五〇九、二八〇	一三、一一四	二六一、九三九	八、三三八	一五七、四七三	八、四三四	一五一、六八〇
爪哇等處	三、六五五	七九、八〇六	一、四五九	三三、四七八	一、九〇三	三六、二四九	二、一一九	三八、一七〇
印度	二、二〇五	四八、五一三	一〇一	二、二三五	二四三	四、六一三	三三二	五、九六四
朝鮮	二七八	六、三七五	二四三	七、四九二	一九五	六、一三五	二二五	七、〇三〇
日本、臺灣	五、六八九	一二四、三一四	四、七三七	一〇一、五三二	三、〇六八	六一、〇〇二	三、五五三	六五、七三六
菲律濱	七四八	一六、四五七	三一五	七、〇二三	六九三	一三、一〇九	六九〇	一二、四〇六
輸出港別								
出口總數	一四〇、九七四	二、六八〇、一一〇	一二六、一六八	二、五九一、九二三	一五〇、二〇六	二、九六二、一五四	一五五、八九七	三、〇三一、七八三
漢口	一、四七三	六一、一一七	五六七	二三、四一七	一、〇三八	四三、六五九	八二三	三七、三七二
九江	一三、七九一	二六五、二三九	一六、三三三	四五二、一二〇	一七、六九七	四九〇、二〇八	二〇、一三八	五五七、八二三
蕪湖	三、六九九	一五〇、八四五	四、七六六	一八三、四九一	四、九八〇	一九一、七三〇	五、五三三	二二一、九八三
上海	一、六二〇	三二、八一三	一、六六八	三六、七四五	一、六三〇	三四、八〇〇	一、七九〇	五一、九一〇

運往地方	民國二年數量	民國二年價值	民國七年數量	民國七年價值	民國八年數量	民國八年價值	民國九年數量	民國九年價值
福州	二六、八七六	四八八、〇一五	三四、二一四	五四七、四二四	五二、四三〇	八四〇、八一七	四九、五九四	七八四、五七七
廈門	三〇、三七四	六六八、二三七	一四、〇五四	三一三、三九二	九、〇八九	一七三、二三六	九、六四一	一七三、三四五
汕頭	四〇、九二四	五七二、九三二	四〇、一五六	七六五、三七三	四八、二六八	九〇二、九八四	五一、三〇三	九二二、四二六
廣州	四、六六[illegible]	九四、八七三	三、四二九	六五、三五六	三、一一四	五八、一三一	四、五四九	八一、七九一
九龍	四、六四九	九四、六〇一	三、〇八五	五八、七九四	四、四一〇	八二、四六七	二、七五一	四九、四六三
拱北	三、二四八	八八、四四三	二、五三九	四四、四五八	三、三一〇	五九、七四五	三、九三四	七一、〇〇九
三水	七、二五八	一一四、八七三	二、七八〇	五二、九八六	一、九二五	三五、九九六	一、九七九	三五、五八三

次等紙(Paper, 2nd Quality)

運往地方	民國二年數量	民國二年價值	民國七年數量	民國七年價值	民國八年數量	民國八年價值	民國九年數量	民國九年價值
出口總數	一〇六、六〇三擔	九一二、七九二兩	五九、五〇四擔	五二五、九三六兩	八六、四六三擔	七二八、四二一兩	九二、三一六擔	七三一、七四二兩
香港	五九、五六八	五一二、七七九	三二、二七九	二八九、一九八	五三、九九一	四五七、四七八	六二、二三九	四八一、六七四
澳門	一〇、五三三	一一四、九三三	七、八〇七	六六、〇一三	八、六一六	六一、八三〇	八、二三一	六三、三七七
安南	一一、六七二	九三、三一二	二、四七七	二一、八三四	二、二九七	一九、二六八	四、〇二七	三三、〇五二
暹羅	五、九六四	四七、七一九	五、八四七	五一、五七二	八、四〇〇	七〇、四七八	四、七五九	三七、八八一
新嘉坡等處	一一、五四七	八八、四九〇	八、四九一	七二、九九二	八、五六〇	七三、〇九〇	七、七七七	六二、一七一
爪哇等處	四二一	二、九三〇	九三	七〇〇	一七三	一、九三七	三四六	三、七五二
印度	三五〇	二、七三三	二四八	三、八〇六	三三三	五、二三六	一七七	一、五一九
朝鮮	一、五七四	一三、二三七	七六四	八、三七五	二、〇三二	二一、五三四	一、五〇六	一六、〇四二

輸出港別	民國二年 數量	民國二年 價值	民國七年 數量	民國七年 價值	民國八年 數量	民國八年 價值	民國九年 數量	民國九年 價值
日本、臺灣	三、一〇三	三三、八七九	八三五	五、七七九	一、〇九三	七、四三四	一、六八九	一四、五四二
菲律濱	九一四	六、三〇三	三四五	二、三七一	七五七	八、四七八	九四三	一〇、一八四
出口總數	四一一、二六四	三、一八七、九六九	二八二、九八六	二、七一九、九三四	三五七、二三三	三、二三五、三四六	三八一、八〇四	三、五六二、〇九二
長沙	四〇、一一七	三一九、三三三	三八、四〇八	三八八、六九二	三〇、〇五四	三〇四、一四九	三一、四五六	三三七、二五三
漢口	三七、九七五	三三〇、七六三	一四、一四〇	一四三、三八〇	二〇、六八七	二二〇、七三〇	二九、五三三	三五六、六三八
九江	一二九、〇九九	八八八、二〇一	一〇五、二八九	一、一七九、二三七	一〇七、七八八	一、二〇七、二三五	一二六、五三六	一、三〇五、二〇三
福州	六〇、七五一	四五〇、七六七	三五、三五五	三二八、三九三	九六、二四七	六二〇、七九三	八八、二四七	七五〇、一〇〇
汕頭	六六、八二六	五三四、六〇五	二一、四六七	一八〇、五三三	二八、七三七	二四一、一〇〇	二三、八〇六	一八九、四九六
九龍	一七、四一〇	一六五、三九一	一五、二七九	一三四、七六一	三六、一〇七	三〇二、九三八	四一、五八八	三五一、〇三〇
南寧	一三、七二〇	一三七、二〇〇	一二、四八六	一二四、八六〇	一〇、七七三	一〇五、八九九	一一、二〇八	一一二、〇八〇

紙箔（錫箔）(Paper, Joss)

運往地方	民國二年 數量	民國二年 價值	民國七年 數量	民國七年 價值	民國八年 數量	民國八年 價值	民國九年 數量	民國九年 價值
出口總數	五〇、九四九擔	六八六、〇七九兩	五三、八八九擔	一、〇二三、七八五兩	七一、八三七擔	一、六七八、一八〇兩	七二、六一六擔	一、七一八、九四四兩
香港	一六、三四〇	一五五、九八七	二三、三六七	四五一、四二六	二六、五八五	六三四、三一三	二二、三二七	五〇六、六三六
澳門	二、三三六	一一、六七八	二、九七〇	三三、二〇七	二、七〇六	二九、七二六	二、三一二	二五、四二六
安南	一〇、三四九	一六五、五七二	四、〇一三	八〇、〇九〇	六、四三八	一九四、九六九	八、七二五	二六三、八七八
暹羅	八、四七一	一三五、五三二	五、五二七	一一〇、二〇五	六、九七六	二一一、三〇六	七、九一八	二三九、八三〇

新嘉坡等處	一三、五〇五	二〇〇、〇七三	一七、五〇五	三三三、七一六	二六、〇三〇	五五四、八二一	二九、二二九	六四六、六九七
爪哇等處	七一三	一一、三九九	四八九	八、三七三	九三三	一六、〇三九	六三三	一〇、五九八
印度	一	四	三〇三	四、二九七	一、三六四	二三、三七七	六九〇	一一、四三八
日本、臺灣	五九	九三五	六七四	一一、三六三	七三九	一三、七九九	七六三	一三、三三六

六 包蓆及地蓆

包蓆及地蓆。產於廣東浙江等省。浙江所產。由寧波出口。廣東雷州半島所產。由拱北出口。肇慶附近所產。由廣州、三水、江門出口。香港爲最大集散場。廣東所產包蓆最佳。專爲絲、茶、花蓆、草帽、糖、米、鹽等包裝之用。運到香港後。加以揀選。分運英、德、法、義、俄、美、日本等國行銷。其輸出額如左。

包蓆(Mats)

運往地方	民國二年		民國七年		民國八年		民國九年	
	數量	價值	數量	價值	數量	價值	數量	價值
出口總數	三一、八三九、〇八八條	一、七八六、八七一兩	三〇、〇九六、七三三條	一、一四五、九〇八兩	二七、三三七、三三八條	一、八六八、九五五兩	二九、三五三、六三六條	二、三五三、一八三兩
香港	九、八三八、七八五	一、二九〇、八六八	一五、一一七、八〇九	八四八、三三〇	一三、六二〇、八三八	一、一六六、六〇九	二二、二六六、六三八	一、四八三、四〇〇
澳門	二一、二八五、六三四	三八六、一五一	四、七一六、四九二	三三一、六四二	二四、三五一、六一九	六三九、九六二	一六、七八七、八二九	七九一、三四八
暹羅	六〇、三三〇	七、四六六	四八、〇二〇	二〇、〇四九	六、七二七	三、〇二八	四二、五六〇	一七、二七三
新嘉坡等處	三一四、〇五〇	三六、三〇[illegible]	四四、一七〇	一一、二四七	四七、八三〇	一三、九五六	六七、〇八〇	一九、七六六
朝鮮	六五、四九六	六、六三九	一三七、八九六	一八、四七三	一三六、二九一	二三、三三四	五九、五五七	八、九八四
日本、臺灣	五一、九七〇	一〇、〇〇四	一三、五八三	三、九二三	二二、九五九	六、六三八	三三、二一五	九、〇九六

此外運往印度、英、丹、法、俄、美、澳、菲律濱、爪哇等處各若干。主要輸出港。爲九龍、拱北、廣州、寧波等口。

包蓆之原料。爲一種蒲草。生於水田。廣東地方。栽培甚多。其織造。由家人婦女爲之。運到香港時。大小麤細。互相攙雜。由商人分類挑選。分運各國行銷。

日本所用包蓆。十九由我國輸入。據其農商務省調查。最近日本輸入額如左。

地區	大正七年 數量	大正七年 價值	大正六年 數量	大正六年 價值
總輸入額	七、二九四、九二五斤	一、〇七九、一九五圓	七、〇一〇、六六三斤	七七四、六九九圓
中國	七、一四三、四八九	一、〇六四、六〇八	六、八一六、〇二三	七五一、五九九
香港	二三、五〇〇	二、七〇〇	一七六、四〇〇	二二、六〇二

地蓆(Matting)

運往地方	民國二年 數量	民國二年 價值	民國七年 數量	民國七年 價值	民國八年 數量	民國八年 價值	民國九年 數量	民國九年 價值
出口總數	二六六、二三一捲	二、〇五一、七九九兩	五二、二一六捲	四三七、三八八兩	一三五、三三二捲	一、〇三九、八三八兩	一八四、〇六六捲	一、六一四、五二一兩
香港	二六二、二三一	二、〇三八、三一四	五一、九五一	四三六、三八九	一三五、〇三八	一、〇三八、四二六	一六二、二二六	一、四八六、三三九

此外運往英、丹、法、義、俄、美、朝鮮、日本、新嘉坡、南非洲、印度、土、波、埃等處若干。主要輸出港。爲廣州、九龍、寧波等口。包蓆及地蓆運抵香港後。轉往何處。頗難調查。據香港商會報告民國二年至民國八年間。香港蓆、除往南洋及日本者外。其運往英國、歐洲大陸及北美者。均有數可稽。錄之以供蓆業之參考。

香港包蓆及地蓆輸出表

	民國二年	民國三年	民國四年	民國五年	民國六年	民國七年	民國八年
由香港運往英國	三〇、五四二包	三三、五八二包	六三、四六三包	六八、一八〇包	二三、八六〇包	六三〇包	四〇、一八三包
由香港遞運歐洲大陸	二九、八〇八	八八、一〇二	一七、〇四四	二、二三二	三、九七七	—	四三、〇六四

經蘇彝士巴拿馬往美國坎拿大	一八、七四四	七四、一一三	一七、九一二	一一、五五三	二、七五七	六、一二七	一、三一〇
經太平洋運美國坎拿大	一五〇、一三八	一一九、三三六	六三、七一五	九五、七三二	五〇、三三六	九、六七八	四二、一二七

過去十年間。日本地蓆。在美國市場與廣東蓆常立於競爭之地位。然日本製品。能投合美人之嗜好。而廣東蓆。故步自封。不圖改良。加以日本運船便利。得其政府之援助。卒壓倒廣東蓆而獨占市場矣。

七　地毯(Carpets)

地毯產於甘肅、東三省、直隸、雲南等省。湖北漢口及山東地方。亦有製造者。從前出口每年不過十萬兩。自美國銷路發達以後。增至數十萬兩乃至百萬兩以上。輸出港。以上海天津爲最著。漢口、蒙自、騰越、煙臺、安東次之。運往美國最多。其輸出如左。

運往地方	民國二年		民國七年		民國八年		民國九年	
	數量	價值	數量	價值	數量	價值	數量	價值
出口總數	二二、三九六條	九九、八六三兩	一七、七六九條	三六七、九四五兩	五一、二〇五條	四六〇、五五〇兩	七四、七二五條	一、四二四、二三七兩
香港	亖、七三一	七、〇八六	二、九一三	三三、一六一	一、四四五	一〇、〇四二	二、二〇九	二八、八〇八
安南	二七五	三〇六	一、〇八六	一、〇七九	一、一五二	一、二七二	九三二	一、三九一
新嘉坡等處	二、三五〇	二、四七〇	五四〇	六〇五	四四二	七一三	三七五	五〇六
英國	八一八	一八、二〇八	—	—	六三一	二七、七五八	一、七〇四	一一四、九九九
朝鮮	五四一	九四三	八五〇	二、九二五	九九七	二、九五九	五三三	二、六七六
日本、臺灣	一、九五四	六、二六八	七、五九二	一八一、〇九二	七、〇六七	六九、六二五	一、四〇一	一七二、六七五
坎拿大	一	二八一	二六二	一五、〇四九	五四三	一五、七八一	五九七	二五、五九五
美國	一、三八九	五五、四六三	三、五二〇	一三四、〇五七	九、三七七	二九四、八二三	二一、四七八	一、〇三三、〇六七
澳洲紐絲綸等處	—	—	四三五	二、二三〇	一、一一七	一、九六九	九七五	三、七五四

此外運往印度、瑙威、瑞典、丹麥、荷、比、法、德、義、奧、俄、菲律濱、南美洲、南非洲及爪哇、土、波、埃等處各若干。

地毯以甘肅寧夏所製爲最優。北京次之。天津、哈密、庫車、和闐、喀什噶爾亦頗馳名。東三省所製出口不多。上海除義昌恆、德盛永兩廠所製者外。均係數方尺之小毯。然品質之美。亦不讓天津。歐戰以前。歐美各國。多購用土耳其波斯等國之地毯。戰時土耳其出口阻絕。波斯、中央亞細亞地方所產出口亦少。故轉而求之於我國。民國六年以來。外商麕集天津北京。地毯業遂大形發達。現計北京一處。已有地毯廠三百五十四家。大者織機二十餘架。小者二三架。但各廠售貨多直接洋行。不能與外洋直接貿易。洋行從中操縱。廠家不免吃虧。我國地毯。與土耳其波斯毯不同之點。約有數端。（一）土耳其製毯羊毛。其纖維頗細。非我國羊毛所能及。（二）花樣全用西洋美術。而陰陽花紋亦甚清楚。（三）染色甚鮮豔。中國染色全用天然材料。（蘇木、槐子、橡椀、黃木、白礬、黑礬、及藍靛等類）配色不甚鮮麗。至中國地毯。優於土耳其者。則毯質堅實耐用。（四）剪法齊整。（五）染色能耐光耐洗。久而不變。茲錄美國毯商對於改良中國地毯意見書於後。以備毯業之參考。

美國芝加高毯商對於改良中國地毯意見書

吾美商人前此購運中國上等地毯。尚稱滿意。蓋因定購地毯之時。一切毛紗製造、染料選擇、圖案規定、與夫織毯剪花等事。均經詳細定明。故有如是之效果。但於直接向中國毯商購運地毯之時。往往見有毛質可用。而於洗毛彈毛及染毛等事。全不講求者。殊不知以上數事。與製毯之得失。實有莫大之關係。此盡人而知者也。乃中國製毯各家。多用苛烈灰水洗濯毛紗。其用意所在。不過取其易脫毛油及一切附屬黏物等。而又需費無多耳。但此種手續。最易令毛粗硬發脆。折斷脫落不堪。此宜於未織以前。留意改良者也。又紡紗之法。尤有須加講求者。其於鬆毛之法。先將羊毛舖開。用弓彈之。次用舊式紡紗圓軸。旋轉旋牽。紡成不勻不滑之毛線。不特紗身粗笨。且纖維排亂。長短不均。紗身遂致不能結織出地毯。粗硬異常。而毯面尤欠勻滑。此宜於紡紗之時。特別留意也。至織法及剪花兩法。尚無不妥。然在吾儕之意。以爲中國地毯意匠。尚待改良。須極力排除一切奇花異獸。如佛教寺內古毯花紋者是也。……

八　縷空花邊(Lace)

縷空花邊。多產於山東登萊青三屬。編製精巧。歐美婦人。咸樂購之。從前出口。年值十餘萬兩。近乃增至二百餘萬兩。運往美國、澳洲最多。英國次之。主要輸出港。爲煙臺、上海。最近輸出額如左。

運往地方	民國二年	民國七年	民國八年	民國九年
出口總數	一三、四三八兩	九五四、七一三兩	二、〇八〇、五九一兩	二、六七八、五三〇兩
香港	五一、八四七	三〇、〇七三	二四、九九八	一〇、〇三〇
安南	六九	一、二四八	二、〇〇一	一八二
暹羅	—	一六七	一三一	八九
新嘉坡等處	五七七	三、五五六	八、二六二	一三、五五八
爪哇等處	—	—	九一六	三、七〇五
印度	三七〇	二、五一四	五、〇九六	七、七四六
土、波、埃等處	七三六	一〇、五九六	二七、八五三	二八、二五三
英國	二、八八二	八八、二〇三	一三一、七七六	二二、六三四
瑙威	—	—	一、三二四	三、〇五〇
瑞典	—	—	二、一六六	八、七六九
丹國	—	—	二六四	一三、九二八
荷國	—	—	二三三	四、一〇〇
比國	—	—	三六七	二、二三三
法國	一六八	—	一三、〇一七	一三、二六九
西班牙	—	—	二八〇	一〇〇
瑞士	—	—	一一三	四九二
義國	—	—	三九、六四二	七、八一五

奧國	—	—	—	五、一一〇
朝鮮	—	一、四八八	二一四	四一三
日本、臺灣	一五、九九九	一七、七三六	五、七三四	三、五四六
菲律濱	—	五、九七六	一三、五〇五	九、五四一
坎拿大	一九一	一一、三六九	三七、三八七	七七、五三五
美國	一、八九五	一四、三六七	一、四九六、三三九	一、七四三、八〇三
南美洲	—	一、三〇五	—	一三、九七八
澳洲	四、四四九	七三九、一一三	二四八、七四五	四五六、九九九
南非洲	三六一	二七、〇六六	一九、三四二	三〇、六〇五

歐戰前。德俄兩國亦有銷路。

花邊、爲手工織品之一種。最初出於山東登萊青三府各縣。鄉間婦女。多以此爲業。始則本國婦女用作衣邊。未幾外國人亦加贊賞。稱其可與英比法等國花邊比肩。僑居山東之德人。購者甚衆。斯風傳至北京及南省。英法美各國婦女。爭先購用。至是以無足輕重之鄉間小手工品。竟成國際貿易上有價值之物矣。烟臺、北京等處。現均設有花邊傳習所。花邊所用之線。有絲、麻、棉三種。最初用本國絲線。以價格過高。故用英國之蔴棉線。歐戰時英貨來源斷絕。改用日本棉線。近來絲製花邊。銷行最廣。棉製花邊次之。用蔴線製者。不過二十分之一。棉製花邊中用二十支乃至六十支之六股粗線。長五百碼乃至二千碼者。需要最廣。用三股細線一圈重十磅者次之。現時多用日本三股線代英國六股線。外觀雖無軒輊。一經洗濯。立即分解。爲最大缺點。美國棉線。間有輸入。貨不敷用。此項棉線。國人不能自製。坐令大有希望之工商業。無由發展。誠憾事也。花邊營業。向由經紀人自備原料。分佈各地女工。然後依製品之優劣。給予工值。無特設工廠者。輸出美國者。多用可羅納式編製法。輸出澳洲用托琴式編製法。馬爾特司式。間亦用之。花邊價值。則因品質之高下、手工之精粗。而各異其等差。大約絲料而工細者價昂。棉料而工粗者價賤。其數量。如衣服花邊。則以身計。一身之貴者。多及十五六元。少亦五六元。此爲花邊中較貴之品。普通花邊以碼計。每碼值一角乃至一元。此外如檯布一類。亦有多種。以件計。絲料花邊之檯布。價貴者至三十元者。其普通者。則二三元不等。又有小件如盤墊等類。以打計。每打價值。少者八九角。多者約二元至婦女普通所用之服飾品。如圍脖、圍領、圍膝等。均以條計。每條價值。少則八九角。多亦有及十元者。

九　樟腦(Camphor)

樟腦、產於福建、廣西、江西、湖南、四川等省。可爲藥物、防腐劑、香水、假漆、人造象牙、無烟火藥之原料。歐美各國。需用甚多。從前出口年值數十萬兩。民國八年以來。增至二百萬兩左右。運往香港、美國最多。主要輸出港爲福州、九江、上海、廣州等口。最近輸出額如左。

運往地方	民國二年 數量	民國二年 價值	民國七年 數量	民國七年 價值	民國八年 數量	民國八年 價值	民國九年 數量	民國九年 價值
出口總數	一、八五七擔	一二九、三五二兩	五、七四二擔	四二八、〇七四兩	三三、〇九三擔	一、五九五、三一三兩	二九、九九七擔	二、八四〇、〇四三兩
香港	一、二六七	八五、一七〇	一、四六六	八九、五八七	三、九五三	八七五、二三一	一五、三四五	一、六三一、八四〇
英國	五〇	三、七六七	—	—	四一三	二九、八一六	一、九三二	一五八、七五二
法國	—	—	—	—	—	—	五七一	四六、六九五
日本、臺灣	—	—	一、四九二	一二八、二二一	一三、三八四	三三〇、七〇三	五、四八〇	四五三、三八四
美國	五二九	三九、八一八	二、三九七	一八九、九一五	六、二七六	四六四、六五五	六、二七二	五一三、九〇三

此外印度、安南、暹羅、新嘉坡、瑙威、德、義、比、西班牙、坎拿大等處。各銷若干。

運往香港之樟腦。係由香港轉往印度、馬來半島及英、法、德、美各國。據民國九年八月五日日本駐法國馬賽領事報告。中國樟腦在法國市場。已足與日本樟腦相競爭。

臺灣所產樟腦。幾占全世界產額百分之七十五。由日本政府專賣。從前世界市場。殆爲臺灣樟腦所獨占。現在產額漸減。（宣統二年臺灣產額爲五、三六〇、六四二斤。民國八年減爲二、一九九、七八〇斤）出口日少。我國欲振興此項貿易。此其時矣。

國內產樟腦之區。首推江西、福建、廣西、廣東四省。江西之臨江、泰和、吉安、新建、九江。福建之福州、龍溪、南靖、平和、漳浦、長泰、龍巖、長汀、詔安、上杭、安溪、晉江、惠安、同安。廣西之博白、容縣、全縣、平樂、桂林、梧州、南寧、橫縣、鬱林。廣東之翁源、始興、韶州、乳源、連山、清遠、花縣、三水等處。產額最多。此外湖南（茶陵、瀏陽、郴縣、沅陵）浙江（台州）湖北（陽新蘄春）四川、貴州等省。亦有相當之產額。惟舊法製造。不能與臺灣採用之新法相競。且各地樟樹。只知採伐。不事種植。遂致原料缺乏。誠可惜也。近年樟腦與樟腦油價格飛漲。此項貿易前途。頗有希望。亟應設法獎勵。廣事種植。改良製造。以促其發達。現在日本商人。在福州、九江設廠製腦。並在湖南、沅陵、郴縣等處。分設多廠。從事煎熬。華商以新法製腦者。湖南有益民樟腦廠。在岳州新牆。係由胡經禮等創辦。出品與舶來品無異。民國十年。已將廠中規模。大加擴充。廣西有西興公司。係粵商施某創辦。收買橫縣一帶樟樹。幹根枝葉。悉可利用。成績極佳。廣東有南洋華僑張某。收買東江一帶樟樹。投資十萬元。裝置新式機器。從事煉製。江西有南昌生利樟腦公司、及臨江志成樟腦公司。

十　骨（Bones）

出口之骨。以牛骨爲最多。間混有羊猪馬驢騾等骨。實居少數。大別之。有腿骨、雜骨兩種。腿骨爲牛之四肢骨。可製各種骨器及爲製糖之用。雜骨係四肢以外之牛骨及馬羊猪等骨。專爲製肥料之用。每年出口。約值百萬兩左右。全部殆盡往日本。主要輸出港。爲天津、膠州、漢口、上海、安東、大連等口。最近輸出額如左。

運往地方	民國二年 數量（擔）	民國二年 價值（兩）	民國七年 數量（擔）	民國七年 價值（兩）	民國八年 數量（擔）	民國八年 價值（兩）	民國九年 數量（擔）	民國九年 價值（兩）
出口總數	五五七、一六七	五九六、一三二	五七七、三八八	七三二、一五三	八〇八、三八六	一、〇六六、五一三	六九二、七三七	九六一、〇五一
香港	二〇	四八一	九九	七三三	五	二三九	四、四九七	七、六八一
俄國太平洋各口	八二六	四七七	四七一	八七五	一、九六二	二、〇〇一	—	—
朝鮮	六四三	四九〇	五、二八四	五、三八四	一、二五三	一、二六七	二、八五七	八、三四八
日本	五五五、六〇二	五九四、五二三	五七一、五三四	七一四、一七三	八〇五、〇六四	一、〇六二、八〇六	六八四、四〇六	九四三、一六二

此外運往美、英、安南。各若干。

運往日本者。多送往鹿兒島製造骨粉。鹿兒島肥料株式會社、稻松商店、久米田佐藤（加治木）野口吉田等工廠。規模宏偉。所用原料。全部殆盡仰給我國。據日本商務省調查。每年輸入額如左。

地區	大正七年		大正六年	
總輸入額	五〇七、八九六斤	三、五六九、〇〇七	五五五、六七七斤	二、八九三、七七四
中國	三六六、五二四	一、六一四、四四〇	四三〇、六六三	一、四八五、〇一九
關東州	一三、三七四	五七、七八六	一八、九二〇	六二、一三三

我國畜產豐富。遍地皆有畜骨。殆不能指出一定之產地。然以其產額最多者言之。則當推山東、安徽、江蘇、湖北、奉天等省。其中山東最多。湖北次之。而以天津、漢口、上海、大連、爲四大集散場。其中又以天津爲最多。漢口次之。長江一帶。常分骨爲長郎（腿骨）大小郎（腳骨）郎頭（關節骨）及雜骨（肘骨及其他）四種。上海則分爲斷郎。（爲榨取脂肪而切斷之小骨）長郎雜骨三種。長郎價值最高。斷郎次之。雜骨又次之。江蘇安徽所產。在江北者。悉集中於仙女廟。每年約四百萬擔。品質甚佳。經鎭江送至上海。然其中爲乍浦、台州、寧波及福建商人收買以去者。亦不少。大抵斷郎多往福州。長郎多往寧波。雜骨則往上海。蘇州集散額。年約一萬擔。其中豬骨最多。羊骨次之。牛骨、悉供本地製造骨牌及其他骨器之用。故出口較少。蘇州獸骨。琺瑯質少。肥料素多。日人最歡迎之。悉送至上海出口。故上海之骨。悉由鎭江、蘇州、常州等處運往。長江一帶。此項貿易。以舊歷九月至翌年三月爲最盛。至夏期則少。天津之骨。由（一）御河（二）西河（三）北京（四）張家以南（五）山海關附近及（六）天津附近運來。每年二月末解凍後。至三、四、五月間。上市最多。六、七、八月極少。冬季結冰時。轉運不便。上市亦少。各類骨。最宜製肥料者。爲豬羊骨。牛馬驢騾等骨次之。如以地方論之。則天津之骨。品質最優。漢口次之。上海之骨。多混有生骨、甲、及其他雜物在內。故品質較劣。

一一　豬鬃(Bristles)

豬鬃、強靭經久。富於彈力。受乾溼及冷熱之影響極少。於製造刷子。最爲相宜。有黑白兩種。白鬃、經漂白之後。爲純白色半透明體。價格最貴。如以之製造頭髮刷、衣服刷、牙刷、與夫化妝用彩色用上等毛刷。則不得以他種動植物纖維代用者也。黑鬃、雖不能漂白。而價格極廉。宜於掃刷機器等粗物。凡刷掃紡織機、紙捲煙機等。亦幾捨豬鬃刷而無可代用者也。現時用豬鬃製成之刷子。不可勝數。其重要者。

牙刷　頭髮刷　衣服刷　梳刷　鬚刷　帽刷　眉毛刷　理髮用刷　洗衣刷　浴堂用刷　洗滌家具用刷　洋爐子刷　掃煙突刷

揩礮銃刷　揩各種機器用刷　揩馬體家畜用刷　醫療用刷　繪圖用刷　塗漆用刷　油畫用筆刷　漿糊用刷　其他各種刷子

猪鬃用途既廣。需要斯多。光緒二十一年出口猪鬃。僅值六十五萬兩。宣統二年。乃增至四百四十一萬兩。民國二年以後。增加尤速。由四五百萬兩。遞增至六百萬兩以上。此固由於芬蘭及塞爾維亞猪鬃受歐戰影響。產額漸減之所致。然亦足見各國消費量之多。而需要之急切也。故今後苟非本國製刷業大興。猪鬃出口之增加。必至無所底止。觀左表。可以明其趨勢矣。

年份	出口數量	出口價值	年份	出口數量	出口價值
光緒二十一年	二七、一四二擔	六五〇、三六七兩	光緒三十四年	四〇、九三〇擔	二、七九五、三一八兩
光緒二十二年	二二、八八六	七一四、八三六	宣統元年	四六、六一三	三、四六七、五三八
光緒二十三年	二四、三五一	八一〇、〇三〇	宣統二年	五六、二六〇	四、四一七、四六〇
光緒二十四年	二三、四二五	八六八、九二三	宣統三年	五三、八一七	四、三三九、一一三
光緒二十五年	二八、一六二	一、一〇六、三〇八	民國元年	四七、一〇五	三、七四一、一三一
光緒二十六年	二二、八七一	九二九、三三九	民國二年	五三、七一五	四、四三五、三三六
光緒二十七年	二七、二八七	一、二三四、九八四	民國三年	五〇、六五二	四、四三九、九六三
光緒二十八年	三七、五四七	一、七〇一、七三六	民國四年	五八、六一一	四、八七五、一三五
光緒二十九年	三九、六一二	一、九八八、二六九	民國五年	六三、七八七	五、五三四、六八四
光緒三十年	三八、二九九	二、四九七、九九九	民國六年	六四、一八一	六、一七一、六三八
光緒三十一年	三九、三八八	二、五五五、六一〇	民國七年	七一、六一一	六、六八二、四六四
光緒三十二年	四一、七三三	二、七五六、二六三	民國八年	五一、六三一	四、七四八、八九〇
光緒三十三年	四二、一二四	二、九七六、七一二	民國九年	五八、八五三	六、二三四、二八九

最初猪鬃。僅運往英國。其後銷路推廣。德、法、美、日本等國。均爲最大銷場。歐戰以來。德法兩國。雖形減少。而英日美三國。則大爲增加。最近輸出額

如左。

運往地方	民國二年 數量	民國二年 價值	民國七年 數量	民國七年 價值	民國八年 數量	民國八年 價值	民國九年 數量	民國九年 價值
出口總數	五二、七一五擔	四、四三五、三三六兩	七一、六二一擔	六、六八二、四六四兩	五一、六三一擔	四、七四八、八九〇兩	五八、八五三擔	六、三三四、二八九兩
香港	七、〇五三	四五五、四三七	一〇、八二六	九三四、八三五	一、九七八	一二一、八八四	一、六九二	二二三、七九六
英國	一三、五三三	一、三三五、二五九	二四、四五三	一、九一七、六六七	二四、六八一	一、九四四、一四三	二六、〇七三	二、四二二、八八五
德國	三、四四八	二六四、二一九	—	—	一九五	一九、四八八	八三	八、九三三
比國	五五一	一五、七九九	—	—	一七六	一一、二〇一	一四七	一四、〇三八
法國	一四、一三八	一、〇三〇、四七九	三、〇四四	一四三、三三四	三、〇二一	二二二、四四七	二、〇六二	二一七、五三三
義國	三六	二、八一四	八三	一、六七三	—	三三	二一〇	一三、〇九八
日本	一、四八〇	二〇三、六二一	一八、二七五	二、〇四五、四〇二	六、〇七一	六九九、五〇六	七、二六四	八四〇、七八七
坎拿大	三〇四	二六、五七一	六一五	五九、九四六	五六二	六五、三三五	五六一	六八、五四七
美國	一二、四二六	一、一八四、二七九	一五、一八四	一、五七一、二九九	一四、六七一	一、六六七、二〇八	一九、六六七	二、四一五、八八九
澳洲	一七	一、九四二	一四	三四九	六三	五、四七二	七三	九、二三六
輸出港別								
出口總數	六四、〇三〇	四、八五七、八九六	七六、一九九	六、八〇六、五二四	五三、九二七	四、八八六、四八九	五八、九四一	六、一七八、一七三
大連	一、四四七	一三二、七六三	六八四	四六、〇五八	八九五	五三、〇七七	一、二九四	一一四、二〇〇
牛莊	一、八四九	一四〇、三一三	二、五〇〇	一八二、五九八	一、五八三	一二〇、五八九	一、九九六	一六五、二一七
天津	一八、三三六	一、七九五、〇〇九	二〇、三六五	二、一七五、七四三	一七、一五八	一、九〇五、三三〇	一八、八〇二	二、二九六、三〇四
膠州	三、六七五	三七〇、九六二	五、一八〇	三六三、三三三	三、八六二	二六六、五三一	五、二九九	四五九、六九八

重慶	一五、三五五	八七七、五五一	一五、一二五	一、一〇七、三四一	一一、二八五	八六九、〇八二	一〇、一六三	八五一、〇一六
長沙	八八〇	四二、八一三	二、一三六	二四三、九一六	五一九	七五、七三六	四二三	七〇、一九三
漢口	三、七一三	九〇一、六七七	一七、一七四	一、六〇四、一一八	一三、七七七	一、二八二、五八九	一五、六五一	一、八一八、二〇七
上海	一、六二四	一〇三、八〇六	三、二九九	二七七、二八七	一、八八四	一六三、二八三	一、五九五	一六二、一三九
廣州	九〇八	三五、五五〇	五、二三〇	四六七、四五一	九六七	四四、八六〇	六七一	六〇、三四一
九龍	六、〇六八	四一三、六二四	一、六四一	二〇五、一四一	二五四	二六、六七〇	四〇七	四二、七三五
蒙自	二二〇	八、九一三	一、三七五	六二、七三九	七一三	三三、〇七八	一、一九四	五八、八〇〇

此外運往安南、印度、丹、荷、奧、俄、朝鮮、及南非洲各若干。往香港者。復轉往日本、英、美及歐洲大陸。

我國猪鬃。全國到處皆有生產。然而輸出者。則以東三省、山東、直隸、四川、湖南、湖北、貴州、雲南、廣西、廣東等省所產爲最多。東三省輸出品。多係奉天、吉林、齊齊哈爾、阿什河、寬城子、賓縣等處。奉天爲其集散市塲。每年集散額。約百萬斤內外。全部槪屬黑鬃。性極強靭。由華茂猪鬃股份有限公司及萬裕店等收買。轉售與洋行。德商瑞記洋行、英商仁記洋行、華順公司、法商利源洋行、及日商數家。經營輸出業。其中瑞記洋行規模最大。該洋行於奉天北門外。設有大精選工廠。工人皆曾經訓練。大半來自唐山及山海關等處。而尤以山海關之工人爲最巧。營口有瑞記、華順兩精選工廠。均嚴守祕密。不准參觀。廠內設工長一人。使之鑑別長短。每工人五十名。設一小工長。以監視之。工人皆包工選拔。選好後過秤。每斤工價一角四分。每人平均一日可選拔七八斤。其選拔之器。係用一種梳櫛。操縱甚巧。必熟手練習。乃能快捷從事。一萬斤之混雜猪鬃中。約可選得八千五百斤。再從此八千五百斤中。分別精選之。則可得四吋五分乃至六吋之鬃。約五千五百斤。其餘三千斤。非全屬廢物。不過長度較短。亦堪使用也。

山東出口之鬃。以濰縣所產最著名。萊蕪、泰安、沙河、沂州及平度所產次之。聚於靑島。年約四五十萬斤。

四川重慶。爲猪鬃集散塲。由嘉陵揚子兩江沿岸及川滇黔交界地方來集者最多。其中最著名者。爲榮昌、嘉定所產。瀘州敍州所產次之。此外由成都、西昌、潼川、綏定、敍州、合州、江津、巴縣及貴州遵義、鎭遠一帶運來者。亦頗有名。每年舊曆二月至五月。爲上市最盛之期。此時重慶洋行。

或派人分赴產地收買。或就市場上收買。加以洗滌。反復梳晾。乾燥之後。各以長度相同者爲一小束。裹以油紙。雜以樟腦。每重百斤爲一箱。轉運出洋。普通長度爲二吋乃至五吋。白鬃六吋以上、黑鬃四吋以上爲特等貨。洋商所購者。僅限於黑鬃二吋以上、白鬃四吋以上。其以下者。概不收買。上等貨謂之飛毛。中等者曰提莊。下等者曰尖莊。或云原莊。白鬃五吋以上、黑鬃四吋以上。謂之飛毛。其以下者爲提莊。尖莊、係長短不齊者。又毛之直者曰順莊。拳曲者曰脚鬃絲。其梳毛時所遺之長短不齊者曰亂毛。專輸出日本。

直隸東運河終點之河頭。亦爲猪鬃大集散場。遵化、永平以及口外一帶所產。皆彙集於此。分別長短。加以整理。然後由河道或鐵路送至天津。保定所聚集者。由京漢京奉兩鐵路及西河。運至天津。然品質概較東河貨爲遜。未加整理之原貨。普通每箱值十四五兩。運到天津。由洋行買辦。分別長短。不合寸法者。送至上海。與他處所產之雜毛。同輸出日本。天津交易習慣。通常以長度相異之八十箱爲一組。故欲選購一定之長度者。其價須較尋常所費爲高。茲示其每組長度之配合比例如左。

六　吋	一箱	五吋½	一箱	五吋¼	一箱
五　吋	一箱	四吋¾	一箱	四吋½	一箱
四吋¼	二箱	四　吋	三箱	三吋¾	四箱
三吋½	五箱	三吋¼	八箱	三　吋	七箱
二吋¾	八箱	二吋½	二十三箱	二吋以下雜毛	十四箱
合　計	八十箱(約重一百斤)				

湖南地方。白鬃居多。黑鬃較少。主要產地。爲衡陽、綫陵、衡州、永州、郴縣、桂陽、湘潭等處。長沙爲其集散場。每擔(百斤)之配合比例。爲二吋者、二十五斤。二吋半者二十五斤。三吋者十五斤。三吋半、四吋、四吋半及五吋者共三十五斤。

上海交易習慣。亦以各種長度爲一定之配合。其每千斤中。配合如左。

二吋½	三〇〇斤	二吋¾	一五〇斤	二　吋	一五〇斤
三吋¼	一〇〇斤	三吋½	一〇〇斤	三吋¾	七〇斤
四　吋	三〇斤	四吋¼	三〇斤	四吋½	二〇斤

四吋⅝	二〇斤	五　吋	一〇斤	五吋⅞	五　斤
五吋½	五　斤	五吋⅜	五　斤	六　吋	五　斤

漢口習慣。以束計。有大束、中束、小束三種。束之大者。中間混有短毛。小束無此弊。最爲洋商所歡迎。香港習慣以ABC分等次。亦不以長度區別者。往往有短寸之弊。洋商苦之。

二二　小米及高粱(Millet and Kaoliang (Sorghum))

小米及高粱。多產於東三省、山東、河南、山西、直隸等省。(南方各省產額較少)而東三省尤爲豐富。輸出朝鮮、日本、俄國最多。美國次之。專爲食料之用。輸出日本者。僅小米一種。至朝鮮俄國則兩者皆有。從前出口年値二三百萬兩。近年日本及西伯利亞等處。頻患飢饉。銷數大增。多至八百餘萬兩。輸出港以大連、安東、牛莊、龍井村、哈爾濱爲最著。琿春、三姓、滿洲里、綏芬河、天津次之。其輸出額如左。

運往地方	民國二年 數量（擔）	民國二年 價値（兩）	民國七年 數量（擔）	民國七年 價値（兩）	民國八年 數量（擔）	民國八年 價値（兩）	民國九年 數量（擔）	民國九年 價値（兩）
出口總數	一、六六三、一六[illegible]	三、六一六、五六一	九二一、五三六	二、三六六、六七[illegible]	二、三二一、四五六	八、七四五、一五二	二、九五四、三二六	八、七一九、二五一
俄國 由陸路	二八、二五〇	五七、八四四	一八、六四七	三三、二六六	四九、七四四	六〇、四二八	一三、〇八二	三一、四三八
俄國 黑龍江各口	一八〇、八二六	三八〇、〇三六	三三、八九六	四五、九九〇	三三、三五四	六三、六九〇	三一、二四九	四〇、六六六
俄國 太平洋各口	一一三、三三〇	四〇八、一一〇	四四、六一八	四五、〇六九	四五、一〇六	三八、三五四	八、三九七	一五、八二八
朝鮮	八八六、六五〇	二、一三八、〇三〇	六四七、二八四	一、八五五、八一四	二、四一八、七二一	七、一〇五、一九四	二、五三七、〇五九	七、七〇三、三六九
日本	四六九、四〇五	一、三三六、六六八	一八七、〇八五	四一七、六〇五	六九五、八七五	一、三七四、六六一	三三四、一五三	七九五、〇七六
美國	一、九〇八	四、九四四			六八、五四八	一〇三、八二三	六〇、六七九	一三四、七〇七

往朝鮮者。多轉往日本。

二三　小麥(Wheat)

小麥、多產於長江以北各省。品質、以東三省所產爲第一。四川江蘇等省次之。咸豐八年天津條約、及光緒二十八年中英通商條約。本定爲輸出禁止品。然光緒七年中俄陸路通商改正條款第十五條。糧食中。祇規定禁米出口一項。小麥及其他各項。未經提明。遂由陸路輸出俄國。久成定例。日本乃以利益均沾爲理由。與我國交涉。其結果、遂允限於東三省所產。小麥自光緒三十四年九月起。玉蜀黍及高粱。自是年十月起。小米自宣統元年四月起。蕎麥自是年五月起。一律弛禁。自是以來。小麥出口。年達百數十萬擔。歐戰以後。各國咸患食糧缺乏。而著名產麥之俄、奧等國。產額又形銳減。各國皆轉而求之於我國。小麥出口。遂增至八百數十萬擔。最近輸出額如左。

運往地方	民國二年		民國七年		民國八年		民國九年	
	數量	價值	數量	價值	數量	價值	數量	價值
出口總數	一、八四八、〇七一擔	四、七六一、五〇五兩	一、八一五、四六一擔	四、〇三二、六五三兩	四、四五三、四七一擔	一〇、〇七五、二六一兩	八、四三一、五三〇擔	二五、三九四、八六四兩
香港	一六九	三三八	—	—	五〇七	一、三九五	三三〇	九三二
安南	八	一七	二、三〇八	六、二四七	八二〇	二、四六六	四	一五
新嘉坡等處	—	—	—	—	—	—	七一、四八七	二三八、七六七
土、波、埃等處	—	—	—	—	—	—	三、三五七、八三三	一〇、八八一、一六二
英國	—	—	—	—	—	—	一、〇七二、四五〇	三、五七一、六五七
丹國	—	—	—	—	—	—	一九二、五三五	六四三、〇六七
荷國	—	—	—	—	—	—	八四〇	二、八〇六
比國	—	—	—	—	—	—	八四、七八四	二六三、一七八
義國	—	—	—	—	—	—	三二四、八九〇	一、〇八五、一三三
俄國 由陸路	九七一	二、一四二	三八、七四〇	七四、一三〇	二九五、七四三	一九五、二三一	三六四、八九一	四五六、二一七
俄國 黑龍江各口	七三六、一二七	二、二〇二、三六一	一五八、九四一	一七八、七六六	五九六、八七五	九〇〇、一五四	二六三、九〇一	四八四、二七五
俄國 太平洋各口	一、一〇二、一五一	二、五三四、九四七	六八二、六八五	八九九、五七七	一、三五三、九九一	二、四三七、一八四	八九三、四三六	一、五三三、二四三

朝鮮	九五六	二、四五三	八一、八三九	一五一、二六五	二二〇、六四三	四七〇、八一七	一四〇、七一九	三三一、三八七
日本	七、二一六	一八、一八四	八五〇、九四九	二、七二一、六六七	一、九九四、八九二	六、〇六八、〇三四	一、七三五、四三六	五、七五七、〇九三
美國	四七三	一、〇六三	—	—	—	—	三八、〇〇四	一二六、九三三

一四　糠麩(Bran)

糠、爲礱米廠之副產物。麩爲製粉廠之副產物。內地以爲家畜飼料。外國則以之製造肥料。運往日本最多。俄國、香港次之。輸出以上海爲第一。漢口、大連、綏芬河等口次之。其輸出額如左。

運往地方	民國二年 數量	民國二年 價值	民國七年 數量	民國七年 價值	民國八年 數量	民國八年 價值	民國九年 數量	民國九年 價值
出口總數	一、〇三七、三九六擔	一、一六三、一八七兩	一、三三三、九九九擔	一、五九五、二〇三兩	一、六八七、二四〇擔	二、一八六、九九九兩	一、七九一、一三一擔	二、五七九、四三三兩
香港	三〇、三八九	二九、四〇八	一三、九一六	二一、〇六九	一五、一九一	二一、六六六	一六、八八六	二六、四四〇
俄國 由陸路	六四一	一、一四一	一、八九六	一、〇八八	三二、五三八	六、七七五	一四、九四八	一四、九四八
俄國 黑龍江各口	四九、七六五	四四、六七二	三、二〇七	九四七	八、八九三	二、三三八	三、四五八	二、〇九二
俄國 太平洋各口	二四、八八〇	三三、八八五	一〇五、三一八	五八、一七〇	四五、四四四	一八、〇二五	三〇、〇七七	二一、八九五
朝鮮	一、三六五	一、六四〇	三六、六八五	三四、五〇〇	二四、六〇三	二三、〇九〇	一八、一三九	一七、三七五
日本	九二三、〇一四	一、〇五六、五二七	一、〇六三、二九二	一、四七八、二一一	一、五五九、〇六〇	二、一二三、九五九	一、七〇六、八七二	二、四九五、三七三

製粉廠最多地方。如上海、海州、通州、淸江浦、高郵、泰州、漢口及東三省一帶。出口之麩特多。糠則上海所出最多。

一五　猪油(Lard)

從前猪油出口。每年平均約百餘萬兩。近漸增加。民國六年達二百四十八萬兩。八年。遂至四百八十三萬兩。運往英國最多。香港、俄國、新嘉坡等處次之。往香港者。更轉輸倫敦及歐洲大陸。輸出港以上海爲第一。溫州、九龍、南京、琿春、滿洲里等口次之。其輸出額如左。

運往地方	民國二年 數量	民國二年 價值	民國七年 數量	民國七年 價值	民國八年 數量	民國八年 價值	民國九年 數量	民國九年 價值
出口總數	[illegible]擔	一、〇二二、七八〇兩	二九、八二〇擔	一、八四四、〇四三兩	三一七、五三〇擔	四、八三三、三二七兩	一九五、八六〇擔	三、二二〇、六二三兩
香港	[illegible]	[illegible]	[illegible]	七二八、五五五	六九、三三三	九九二、九三四	三二、三一五	四六八、五〇三
新嘉坡等處	[illegible]	[illegible]	七、五三三	二二九、九六六	九、七七〇	一五八、二七五	一五、三九二	二五八、九九〇
英國	一、九四四	三〇、六七一	二七、四五三	四三九、〇〇〇	一八六、八九六	二、八五七、六七八	一〇五、六三九	一、七六九、四〇一
法國	—	—	五六六	八、五五四	一三、八〇一	二〇五、四九一	八八七	一四、九七八
義國	—	—	—	—	一三、二九三	二二四、七八九	五、〇六三	八五、四二六
奧國	—	—	—	—	三、五六三	五九、九〇六	三、七五〇	六三、三九〇
俄國 由陸路	六〇四	六、〇三五	一三三	二、八八一	一、五七三	一四、七六八	二、二九五	四一、三一〇
俄國 黑龍江各口	一、八七一	二九、五九七	三、五四四	五二、八九〇	二、八二九	三九、六四六	一、一四二	二三、九九〇
俄國 太平洋各口	一六、七七六	二二二、四一八	二六、三九六	四四五、一二一	五、七二三	八九、九一八	一九、二二九	三三九、八五九
日本、臺灣	二二六	三、〇二三	四二八	六、六一〇	一、九一三	三〇、六三三	八六九	一三、八六七
菲律濱	—	—	一、七八〇	三二、六八三	四、五一三	六六、三〇六	六、四〇〇	八六、五八五
美國	—	—	二六三	四、七三九	三、二七〇	五三、〇三九	一、六二〇	二五、六二八

一六　肉

我國畜產豐富。從前因輸送不便。肉類出口尚少。十餘年前。漢口洋商發明冰凍之法。不唯乾鹹肉可以販運出口。即鮮肉亦可裝輪運至歐美。於是我國家畜若牛羊豚肉、家禽若雞鴨等肉、野味若雉、水鴨、獐兔等肉。盛行出口。近年歐美各國。需求肉食。甚形急迫。此項貿易。遂愈趨發達。其中、鮮肉冰凍肉。出口最多。乾肉鹹肉次之。火腿又次之。

鮮肉、冰凍肉。運往英國最多。西伯利亞、菲律濱、日本次之。主要輸出港。爲膠州、南京、綏芬河、滿洲里、漢口。

乾肉鹹肉。運往英國最多。香港西伯利亞日本次之。輸出港。以南京爲第一。膠州、漢口、上海、廣州、九龍、拱北等口次之。

火腿。運往香港最多。菲律濱、英國次之。輸出港。以上海爲第一。九江、鎮江次之。杭州、漢口又次之。

鮮肉、冰凍肉（牛肉羊肉猪肉等）Meats, Fresh or Frozen (Beef, Mutton, Pork, Etc.)

運往地方	民國二年 數量	民國二年 價值	民國七年 數量	民國七年 價值	民國八年 數量	民國八年 價值	民國九年 數量	民國九年 價值
出口總數	一八一、五七三擔	一、七四三、三五一兩	二九三、〇一五擔	二、七〇六、八七〇兩	三六一、九二五擔	三、八四九、六六七兩	三三一、三五〇擔	三、三七四、三九一兩
英國	—	—	一〇四、一一八	九六〇、一一七	一六四、二四七	一、八〇七、八六四	一〇〇、四七〇	一、一四四、一五一
俄國 由陸路	一四、二四七	一二六、七六二	六、五五三	四四六、七三四	一四、七〇九	一四三、六七五	三四、九九四	三四五、九九七
俄國 黑龍江各口	四、七九九	六一、八三六	四、二七六	六四、一三三	三、五二三	四八、九八三	八九八	二〇、四九五
俄國 太平洋各口	一六〇、六〇六	一、五三一、七五〇	七七、六八〇	一、〇二四、三四八	一〇六、六〇四	一、一六〇、二八八	五九、七〇六	八五三、五〇八
日本、臺灣	七〇五	八、七四一	二八、一四〇	一七三、七七三	三九、六六九	二六八、七〇一	八六、八三六	六三〇、八三三
菲律濱	—	—	七三、二二五	四四〇、一二八	五三、〇八二	四〇〇、一六六	三八、四〇〇	二七八、五九〇

乾肉、鹹肉（鹹乾野味、家禽在內惟除火腿猪油）Meats, Prepared or Preserved (Including Preserved Game and Poultry but not Hams or Lard)

運往地方	民國二年 數量	民國二年 價值	民國七年 數量	民國七年 價值	民國八年 數量	民國八年 價值	民國九年 數量	民國九年 價值
出口總數	二四、六六八擔	七三七、八三六兩	八四、九五八擔	一、三三七、四八七兩	三六三、〇五七擔	三、八二一、三六七兩	二四、八八〇擔	八七八、〇一三兩
香港	一七、一九五	五七七、七四五	七、四九八	三一八、九一六	一〇、一六一	四六三、〇三五	九、六六四	四三〇、九七八
澳門	一、八八四	五七、〇一九	一、四九四	五七、八〇三	一、二九七	三二、三三一	二、三五六	一〇四、五八三

運往地方	民國二年 數量	民國二年 價值	民國七年 數量	民國七年 價值	民國八年 數量	民國八年 價值	民國九年 數量	民國九年 價值
英國	—	—	六一、三七一	八〇三、五七二	二二六、八五六	二、九三三、〇九九	三三、一三三	一六四、五五三
俄國太平洋各口	四、八三三	五八、八〇〇	一〇、〇三三	九一、二〇九	三三、五二七	二六七、〇七三	七、一八八	一二六、四一五
日本、臺灣	三	三八二	三、八三二	三一、八六三	五、三九九	五〇、三八三	二、九七二	二九、〇四三
非律濱	二	九〇	三五三	一一、三三七	四二三	八、六五〇	二三	九、九五八

鮮或冰凍野味、家禽肉(Meats, Poultry and Game, Fresh or Frozen)

運往地方	民國二年 數量	民國二年 價值	民國七年 數量	民國七年 價值	民國八年 數量	民國八年 價值	民國九年 數量	民國九年 價值
出口總數	二四、四八八擔	二四七、五二八兩	八、〇二八擔	一二七、〇一七兩	二九、七〇九擔	二九三、五二六兩	四六、一六〇擔	五三七、四七〇兩
英國	一八、一四四	一五三、二五四	二、二二〇	二三、九六七	二六、六四八	二五六、一九八	四一、六八九	四四四、三四四
俄國由陸路	一、〇〇七	七、八六四	七五五	七、七三三	四二六	四、一五四	二六八	二、七九九
俄國黑龍江各口	一、七八三	二一、三八八	四一七	六、六六〇	二三一	三、九一四	二〇	五〇五
俄國太平洋各口	三、〇六一	五四、〇〇三	四、六一九	八九、〇九七	二、三一三	二七、〇七六	三、三五四	七三、五九五

火腿(Hams)

運往地方	民國二年 數量	民國二年 價值	民國七年 數量	民國七年 價值	民國八年 數量	民國八年 價值	民國九年 數量	民國九年 價值
出口總數	八、九五八擔	一八八、〇〇八兩	三〇、四六三擔	六〇〇、七二四兩	二三、七九六擔	七三一、九二三兩	一三、六五三擔	四〇一、四五一兩
香港	四、六四三	一一六、九七五	五、〇〇三	一三七、三五九	五、二一六	一五三、五九四	六、五〇三	一九二、二〇六
英國	二、三九五	二六、九六二	三、四一〇	四六、二五七	一一、九五三	三八四、六四五	一、八三三	五二、八五五
俄國太平洋各口	—	—	一六、一九六	二五六、三五九	八六	一、四七七	—	—

菲律濱	—	—	四、六〇五	二二九、六二四	五、三九八	一六二、五一三	四、一六九	二三五、一四二

安南、新嘉坡、爪哇、暹羅、印度（緬甸）朝鮮、坎拿大美國等處。每年運銷肉類亦不少。悉供華僑食用。

一七　藥　材（Medicines）

藥材出口。年值三百數十萬兩。概屬草根木皮之類。內容種類。異常複雜。約舉其重要者如左。

根　類　大黃　姜黃　土伏苓

皮殼類　肉桂　苓皮　青皮　五茄皮

梗葉類　薄荷

花　類　芫花　荳蔻花　款冬花

子仁類　小茴　棗仁　萆蔴　芥子　天南星　沒石子

蟲　類　斑毛　蜈蚣

雜　類　通草　熊膽　鹿角　沒藥　鹿茸　羚羊角

主要輸出港爲重慶、漢口、寧波、天津、上海、廣州、九龍等。大半運往香港。更由香港轉往南洋及其他地方。

運往地方	民國二年 數量	民國二年 價值	民國七年 數量	民國七年 價值	民國八年 數量	民國八年 價值	民國九年 數量	民國九年 價值
出口總數	—	三、四一七、九七四兩	—	三、二五八、〇七一兩	—	三、四〇四、五六二兩	—	三、七三一、七六九兩
香港	—	三、三〇一、三八六	—	二、九四九、八八九	—	三、〇七七、五〇六	—	三、四七三、二七一
澳門	—	二五、九〇〇	—	四五、一八〇	—	二七、四六四	—	二六、〇五四
暹羅	—	一一、七五九	—	一四、四七三	—	二六、五二〇	—	一四、二九二
新嘉坡等處	—	二四、二一〇	—	四〇、四〇七	—	二八、三六一	—	四〇、五六九

運往地方	民國二年數量	民國二年價值	民國七年數量	民國七年價值	民國八年數量	民國八年價值	民國九年數量	民國九年價值
朝鮮	—	一三、五六五	—	五九、九三〇	—	四三、一九七	—	二六、三九五
日本、臺灣	—	七三、五四六	—	一二五、四五五	—	一五六、一三四	—	一一二、五八二

此外運往安南、爪哇、印度、英、俄、美、菲律濱等處。各值數千兩。德、和、法、坎拿大等處各數百兩。皆華僑所需。

一八　牛油(Animal Tallow)

出口牛油。多係揚子江一帶及河南山東直隸東三省所產。漢口、膠州、天津、上海、南京等口。爲最大輸出港。而漢口輸出額尤多。四川、河南、湖南、湖北各省所產皆聚於漢口。其中四川河南貨最佳。漢口附近地方所產次之。上等貨帶白色。謂之老牛油。下等貨帶黃色。謂之嫩牛油。每年舊歷十月上市。至翌年三四月而止。洋商收買之後。加以精製。使凝成方塊。每塊重約三百磅。盛入蔴袋。以繩束之。或覆以鐵片盛入木箱。裝運出洋。爲製造蠟燭肥皂等物之用。大抵長江一帶牛油價格較高。多往歐洲。青島天津牛油。多往日本。東三省所產。以中東鐵路之便。多往俄國。其輸出額如左。

運往地方	民國二年數量	民國二年價值	民國七年數量	民國七年價值	民國八年數量	民國八年價值	民國九年數量	民國九年價值
出口總數	三三、七六一擔	一、二七五、六八七兩	一四〇、七二〇	一、九五六、七九五	一三五、三七四擔	一、六〇二、七六二	一〇六、一五三擔	一、三六一、七〇六
香港	三、二一六	三一、八九〇	二、六〇五	二五、七一三	四、一一三	四二、五九七	三、五八一	三六、八四三
土、波、埃等處	二〇七	二一、二一八	一、三四七	一七、〇二六	一四、四九一	一八六、四七〇	一二	一四三
英國	一〇、九六二	二一四、一八六	二、四三九	三八、五五八	二四、七四五	三二六、八八〇	一三、三〇三	一一九、七六三
德國	八、四五七	九〇、〇二九	—	—	—	—	八五八	三、二二〇
荷國	一、七〇四	一五、七五二	—	—	六九八	八、八三〇	五一三	六、三〇一
法國	一九、五六九	一八二、七八九	四、二七四	五六、四八三	一一、一四三	一五〇、三七四	一三三	一、四五三
義國	四、一四〇	四一、二〇五	四四、一五九	五七六、三九七	九、二四六	一二九、四七三	六九三	一一、六二七

	民國二年		民國七年		民國八年		民國九年	
俄國（由陸路）	二、一一二	一六、八八八	九五一	一三、三一四	九、一一八	一〇四、八五七	六、六五九	八六、五六七
俄國（黑龍江各口）	六〇二	七、八一三	二一三	二、九九五	一五九	一、九〇七	八九二	一〇、二八八
俄國（太平洋各口）	一七、一九六	一八六、八五四	二、八一三	三五、四五〇	二、六八三	三三、二一三	二、一七九	三〇、一五七
日本	五三、〇九六	五五九、九九四	六九、一八三	一、〇一六、八四三	四五、七八八	六〇八、二九三	七五、八九二	一、〇三二、〇五五
美國	六八	七三〇	一一、五〇〇	一五八、五〇七	一、九五九	二四、八一一	二〇九	二、三二二

一九　木材

出口木材。有重木材、輕木材、木桿三種。重木材。卽樟木紫檀等堅硬之木類。由安東、福州、九龍、拱北等口輸出。其數不多。輕木材。爲松、杉、梧桐等木。鴨綠江及福建所產最多。廣東次之。由安東、膠州、溫州、福州、九龍、拱北等口輸出。木桿爲福州、漳州、四川、湖南、廣東所產之杉木。由漢口、福州、九龍等口輸出。各種木材大都運往香港、臺灣、朝鮮、澳門等處。最近輸出額如左。

重木材（Hardwood Timber）

運往地方	民國二年 數量	民國二年 價值	民國七年 數量	民國七年 價值	民國八年 數量	民國八年 價值	民國九年 數量	民國九年 價值
出口總數	立方尺 四九三、一八三	兩 一六八、三三〇	立方尺 三三五、〇八六	兩 一五三、九四四	立方尺 二六二、七九〇	兩 一八〇、二二六	立方尺 三三六、二二九	兩 一八九、七七二
香港	二三四、八五三	八五、五五〇	六四、七六四	三八、九一九	四〇、一三三	三八、四四二	九八、七〇八	六〇、六一六
澳門	二三三、〇五五	六七、八一九	一四五、三二五	七五、五七二	一三八、六〇〇	八三、一六〇	九〇、四一〇	五四、二四五
朝鮮	九、七三五	一、七一九	九三、五五六	三二、〇〇六	九四、八三四	五三、〇一三	一一五、四七九	六二、五〇三
日本、臺灣	一五、五四〇	六、一二三	二二、四四一	七、四四八	七、八四一	五、一一六	八、八八七	五、六一八

輕木材（Softwood Timber）

運往地方	民國二年 數量	民國二年 價值	民國七年 數量	民國七年 價值	民國八年 數量	民國八年 價值	民國九年 數量	民國九年 價值

出口總數	二三、六九八、六五五平方尺	八三九、六四五兩	三二、九〇九、三四三平方尺	一、三七三、八九七兩	二六、九四二、九四八平方尺	一、三五一、二九三兩	三〇、二二〇、二七六平方尺	一、五六八、四五六兩
香港	四、六八〇、四八五	二四〇、二二三	七、五七五、五四一	四三七、七四九	七、六七六、七八六	四五〇、〇一五	六、七六五、六一三	四一五、四三四
澳門	一、八五九、九〇四	一六七、七七二	一、一六七、五三八	六三、二七四	一、〇九八、四五五	六〇、六二二	一、七六八、六三三	九六、四九五
朝鮮	一三、四五二、七〇三	三〇六、三五六	二〇、八九一、二九三	七五〇、四九一	一五、七六六、六九〇	六六八、一六九	一七、五八七、二八三	七六八、三二八
日本、臺灣	六九九、五五三	二九、二八五	二、二一一、一九九	一一六、〇〇三	二、三九一、一四一	一七一、八九五	三、九八〇、八六四	二八七、二三八

木桿(Timber, Poles)

運往地方	民國二年		民國七年		民國八年		民國九年	
	數量	價值	數量	價值	數量	價值	數量	價值
出口總數	一、一三三、〇四〇根	一、四〇五、六七〇兩	九三三、九一九根	一、七六三、六九一兩	一、一七七、九六四根	一、七九一、九九一兩	一、四一四、八六三根	三、一〇七、三七一兩
香港	四六九、一八九	二八一、七三三	六四五、六五〇	六三三、四五六	六〇六、九七四	五八七、四九一	五六六、六五〇	一、〇八九、〇六六
澳門	一〇四、三三九	六九、七三八	一〇六、二九四	一二二、五二六	五九、〇八二	四六、二二八	五七、八六八	四八、二四六
朝鮮	一五、六三一	七、〇六六	四五、四八〇	五二、五四八	四三、九五九	七一、二二七	六三、二四三	七三、九五八
日本、臺灣	五三六、三三一	一、〇二四、四七四	一三五、二四〇	九五三、四四五	四六七、九〇九	一、〇八五、九一〇	七二七、一〇二	一、八九六、一〇一

二〇　菸葉菸梗及菸絲

我國產菸之地極多。其主要者約略如左。

直隸省　宣化　易州　涿州　寧津　邢台　雄縣

山東省　濰縣　寧陽　滋陽　棲霞　泰安　沂水　莒縣　招遠　昌樂　安邱　臨朐　益都　臨淄　即墨　鄒平　桓臺　淄川　堂邑

安徽省　宿松　安慶　臨淮關　鳳陽　桐城

河南省　郟州　內鄉　杞縣
湖南省　湘潭　瀏陽　衡州　寧鄉　長沙　善化　武岡　永興　辰溪　桂陽
湖北省　均縣　黃岡　廣濟　黃梅
江西省　瑞昌　饒州　瑞金　都昌　廣豐　新城　玉山　會昌　安遠　宜春　分宜　餘干　廣昌
福建省　永定　沙縣（夏茂）　順昌　福鼎（桐山）　龍巖　平和　霞浦　大田
浙江省　松陽　新昌　平陽　桐鄉　嚴州　台州　浦江　杭縣　鄞縣　定海　富陽　常山
廣東省　鶴山　四會　南雄
廣西省　梧州　柳州　南寧　全縣
四川省　萬縣　什邡　金堂　嘉定
奉天省　海龍　東豐　西豐　瀋陽　柳河
吉林省　吉林　寧安　阿城　額穆　五常　樺甸　舒蘭　磐石　敦化　濛江　伊通
黑龍江省　青岡　巴彥　肇州　蘭西　慶城　綏化　大賚　龍江
陝西省　邠縣　鳳翔　乾縣　長安　褒城　洵陽
甘肅省　金家崖　狄道　鞏昌　武山　禮縣　成縣　天水
貴州省　貴陽　貴筑　定番　貴定　修文　思南　婺川　甕安
雲南省　建水　順寧　普洱
山西省　太原　平陽　絳州　曲沃　孝義
江蘇省　銅山　碭山　豐縣　沛縣　睢寧　宿遷　蕭縣　邳縣　六合
熱河特別區　赤峯　圍場　開魯

江西、湖北、山東三省。產額最多。品質亦最良。近年因美國煙草輸出減少。我國出口加多。農民漸注意植菸。產地因之逐年推廣。煙葉以白色柔軟、肥大細密、莨葉整正、無斑點瑕疵、富於彈力、不易破碎、僅帶黃色者爲上品。其帶老黃色或紅色者爲下品。價格亦因其品質而有高下。輸出港以漢口、九江、膠州爲最著。大抵河南、湖北所產由漢口出口。江西所產由九江出口。山東所產由膠州出口。運往香港最多。日本、土波埃等處次之。爲製造紙烟之用。

菸絲以福建所製最著名。出口之多則推天津、岳州、九江、南京、廣州、汕頭等口。多往香港、轉往南洋一帶。供華僑應用。

菸葉、菸梗(Tobacco, Leaf and Stalk)

運往地方	民國二年 數量（擔）	民國二年 價值（兩）	民國七年 數量（擔）	民國七年 價值（兩）	民國八年 數量（擔）	民國八年 價值（兩）	民國九年 數量（擔）	民國九年 價值（兩）
出口總數	八六、六六〇	七六九、四〇九	一八九、〇〇一	二、一九〇、四四六	三六七、八三一	四、七六四、二六八	二七七、三六八	四、四八七、五六四
香港	三五、七二三	三三三、七二六	六〇、八四九	六九九、八九二	九九、四六五	一、三六三、一四八	八六、四八〇	一、二四九、五四六
澳門	一四、〇八七	一二六、一三三	一八、九七四	二三八、三六二	一七、六三〇	一六八、八六〇	一七、六五三	二三七、六〇七
土、波、埃等處	一八三	一、一九七	三四、六三三	三八二、六九五	五一、二二六	六五〇、五四九	二九、二六三	四三七、二三八
英國	五七七	五、〇一一	八八一	九、七三五	二五、六九九	三三六、四二〇	三、八〇四	五六、八八六
德國	一三、〇七九	一〇四、七八六	—	—	—	—	三、二〇四	四八、〇一九
荷國	九四〇	八、一六一	—	—	九、五四六	一二一、三三四	八、五九〇	二三八、三六五
比國	一、三四五	二一、六七三	—	—	三、八九六	四九、五一六	四、七九一	七一、五七八
法國	二四四	二、一一八	九、九二四	一〇九、六六〇	一、一九六	一五、一九五	一八八	二、八五七
義國	二九	二五一	—	—	一六九	二、一四六	五四三	八、一一九
俄國由陸路	—	—	九七二	一三、二五四	九、〇一七	八七、二三三	六一一	九五一
俄國黑龍江各口	—	—	一八六	一、七九二	五八四	四、二四二	三〇九	二、一〇七
俄國太平洋各口	—	—	一、六四七	一八、〇九五	二、九四〇	四〇、六三七	八七	一、三〇五

運往地方	民國二年 數量	民國二年 價值	民國七年 數量	民國七年 價值	民國八年 數量	民國八年 價值	民國九年 數量	民國九年 價值
朝鮮	三、九九五	三八、三八八	二、六三八	三六、五三九	一〇、二六三	一五七、五九七	一六、三〇六	五六九、五三一
日本、臺灣	一九、三七三	一八六、八六一	二五、一五三	三三〇、一六五	七九、三一四	一、〇五六、五四一	九〇、四五三	一、四四九、三一九
美國	—	—	三〇、二一一	三三三、八三三	五二、九〇〇	六六一、〇八三	九、一〇二	一三〇、〇六四
南美洲	—	—	一、九五三	二一、五八〇	三、五六七	四五、三三八	四、九四〇	七八、三六七

菸絲（Tobacco, Prepared）

運往地方	民國二年 數量	民國二年 價值	民國七年 數量	民國七年 價值	民國八年 數量	民國八年 價值	民國九年 數量	民國九年 價值
出口總數	六四、七三八擔	一、七五九、五二三兩	六四、六五四擔	一、八七四、四三六兩	七五、二〇五擔	二、三六二、八七〇兩	六三、三五五擔	二、〇九一、六八〇兩
香港	五二、二四〇	一、四三〇、五八一	五四、六〇六	一、六一四、六〇〇	四九、二〇八	一、六六八、二三三	四二、三八八	一、三九八、七〇七
澳門	八五	二、〇九六	五〇四	一五、六五五	三七八	二二、四一六	六七一	二〇、八二八
安南	五四	一、二〇八	一〇四	三、〇〇四	一三	二八五	四六	一、〇九七
暹羅	五四八	一四、二四七	二一二	六、七八四	一〇八	三、九七二	六五	二、二九三
新嘉坡等處	二、八二六	七四、四六五	三、二二七	八二、一〇三	三、四一四	九〇、九七二	三、二四四	九二、七九五
爪哇等處	八、七三五	二三〇、五九五	二、九九七	六六、一六八	三、七二九	八二、五四三	四、〇五四	九二、一四七
俄國 由陸路	—	—	四三〇	一九、四一九	一〇、二二八	二六八、三三三	一〇、一八六	三八七、〇六八
俄國 黑龍江各口	—	—	五一	九九七	一、〇五八	一七、二一四	四六七	一五、五五一
俄國 太平洋各口	三〇	九五七	五七一	二二、六八二	六、五一〇	二〇五、七〇三	一、八三五	七一、六四七
朝鮮	一六七	四、二六六	七七	一、五四一	五七	一、七三七	八三	二、二五四
日本、臺灣	三	八四	一、八三九	四一、六一六	四〇四	八、九四〇	一八〇	四、二一四
非律濱	六	一七八	二四	五二九	六八	一、四九九	一三四	二、八一九

二一 紙捲煙(Cigarettes)

紙烟出口之發達。起於近年。民國二年出口價值三十六萬兩。六年增至八十五萬兩。七年一躍而爲二百十七萬兩。八年六百四十五萬兩。九年更增至八百六十六萬兩。運往新嘉坡等處最多。香港次之。輸出港以上海爲第一。大半爲外商所製造。華商紙烟業除南洋兄弟煙草公司而外。開業時日既淺。規模又多狹小。倘非急起直追擴充製造。殊難望制勝於今後之市場也。

運往地方	民國二年 數量	民國二年 價值	民國七年 數量	民國七年 價值	民國八年 數量	民國八年 價值	民國九年 數量	民國九年 價值
出口總數	七、四四七擔	三六四、六八一兩	三一、七五一擔	二、一七四、一七五兩	五一、四三三擔	六、四五八、二〇三兩	七六、二三一擔	八、六六七、五一五兩
香港	四、一六七	二〇九、七八〇	一八、五八七	一、二七一、七六八	五、六五三	八五四、七九六	七、九五七	一、〇〇二、三五〇
安南	四八九	二三、三三六	一〇一	六、八一七	二、四八二	三五七、一一六	一、二〇二	一二九、九五九
暹羅	一二八	五、七一八	二、〇七五	一四四、四八二	二、八二五	二六六、六五七	一、一六四	一二九、五三三
新嘉坡等處	一九五	八、三五三	七、九四五	五四二、五九七	二六、九〇九	三、七五七、六五二	四一、二六四	五、八六四、九〇七
爪哇等處	六	二八四	八六八	六〇、一九一	五、一九一	六一三、二二三	四、八七八	五五五、二五八
印度	四	一五三	二七一	一〇、七五四	一、〇八九	四四、八〇七	一、三一五	九二、二四九
俄國 由陸路	—	—	一六一	一四、一六八	二、五四〇	二〇五、九〇四	七、三七八	二三〇、五四七
俄國 黑龍江各口	—	—	三八	二、四七九	三六一	一七、〇四九	一、一二三	三八、九八〇
俄國 太平洋各口	一二六	一三、二四六	八四八	五三、〇六八	七四〇	六五、九八〇	一、七六九	一四二、二七四
朝鮮	—	—	三一三	二五、四四五	二、四二三	一二四、四三〇	四、六三五	一七七、七八五
日本、臺灣	三	三八四	四四三	三五、三四〇	一、一八五	一四五、一七一	二、〇八〇	二三一、一三〇

二二 漆(Varnish)

漆、漆爲我國重要物產之一。產於湖北、湖南、河南、陝西、四川、雲南、貴州等省。漢口爲最大集散市場。馳名世界。民國六七年間每年集散額百九十萬斤。其中貴州貨二十萬斤。湖北貨六十五萬斤。陝西貨五十五萬斤。四川貨三十萬斤。漆樹有天然及人工栽培兩種。由年齡最老之樹採取者。品質最佳。現時採取方法。甚形粗疏。損失過多。亟應改良方法。以期品質之向上。收穫之增加。而保護漆樹。尤屬刻不容緩也。

漆之種類。依其產地或集散地區分之。則有毛堤、龍潭、建始、大木、毛油子、渣子等類。毛堤。爲湖北利川縣一帶所產。年產五千擔內外。龍潭。爲湖北荆南道境內之一小集鎮。四川酉陽秀山一帶所產。聚散於此。因而得名。年約六千擔內外。建始。爲湖北建始縣一帶所產。年約四千擔。大木。爲陝西所產。集於湖北之老河口。年約三百擔。毛油子、亦集散於老河口者一部分之名稱。產額最少。渣子。產於河南光州及湖北鄖陽。品質概劣。專銷內地。

貴州大定及雲南鎮雄所產品質最優。（雲南麗江劍川兩縣所產品質概劣。產額亦少。）鎮雄年產一萬斤內外。大定年約五萬斤。多運往湖南四川。近因川湘迭次變亂。已改由雲南輸出日本。

出口之漆。年約十七萬擔內外。運往日本最多。約占十分之九有奇。主要輸出港。爲漢口、宜昌、岳州等口。

運往地方	民國二年 數量（擔）	民國二年 價值（兩）	民國七年 數量（擔）	民國七年 價值（兩）	民國八年 數量（擔）	民國八年 價值（兩）	民國九年 數量（擔）	民國九年 價值（兩）
出口總數	一三、四三三	八四一、三〇七	一七、三二一	一、〇〇四、七三九	二一、一九九	一、一七〇、八五九	一三、六九七	六八三、三九〇
香港	二六三	三、四四一	二六〇	一一、八四六	二五四	一〇、六五三	二六三	八、四五〇
新嘉坡等處	九五	三、四一九	九二	一、九五九	一四三	四、〇三二	二六一	六、〇七五
日本	一三、〇〇九	八三三、〇〇七	一六、五九四	九八八、四七五	二〇、六〇九	一、一五四、三二〇	一三、一三三	六六七、八〇三

二三　駱駝毛 (Camel's Wool)

駱駝、產於蒙古、西藏、青海、甘肅及山陝直隸北部地方。外蒙古及內蒙西二盟地方尤多。其毛微細柔軟。每頭約可得十斤內外。蒙古所產。經張家口。集於天津。故天津爲第一大輸出港。其主要產地。如阿拉善、內蒙西二盟及額濟納等處駝毛。均運赴天津。庫倫、烏里雅蘇臺、恰克圖一帶所產。

大都爲俄商收買以去。集於滿洲里者。亦概往俄國。歐戰以前。駝毛運往英國最多。俄、德、法次之。歐戰以還。俄、德、法。銷數大減。反是往美國日本者。大形增加。

運往地方	民國二年 數量	民國二年 價值	民國七年 數量	民國七年 價值	民國八年 數量	民國八年 價值	民國九年 數量	民國九年 價值
出口總數	三三、〇〇七擔	七九六、五七七兩	三八、三一八擔	一、五四二、八四九兩	三九、七七九擔	一、六八八、八〇三兩	三九、〇四一擔	一、七三九、一〇三兩
英國	二八、五三九	七三九、六〇七	三六、〇六七	一、〇六七、四五四	三一、一〇三	八九七、二六三	一九、九七六	八八三、六八一
德國	四八三	九、三九五	—	—	三一〇	一三、九四一	一八	八四〇
法國	二八五	三、八七三	二七三	一一、〇七〇	八一	三三、四八三	三三	六二八
俄國	三、一四七	三一、四七〇	二七	七二	—	—	—	—
日本	四三	八五一	六、八六七	二七一、六六八	八、三一三	三五一、六七九	三、五九八	一五六、六四〇
美國	三七〇	九、九九八	三、七四〇	一三八、六四九	九、七八八	四一四、五四四	一五、〇〇五	六六八、三五二

民國二年往俄國者。係由陸路。自滿洲里出口。民國七年。係由綏芬河運赴俄國太平洋各口。外蒙古及西北各埠中俄陸路通商向無統計。故駱駝毛對俄貿易狀況。不能僅憑此表斷定。意者由庫倫、烏里雅蘇臺、恰克圖等處運往俄國者。其數當十百倍於此表也。

二四　竹及竹器

我國產竹之地極廣。最著名者。爲湖南、福建、江西、浙江、廣西、廣東、江蘇、安徽、湖北、四川、雲南、貴州等省。竹之用。可以爲建築材料、筏、席、簾、篩、各種管、(Pipe)簍、箒、籃、箸、筆、扇股、扇柄、家具、容器、雕刻物、煙嘴、櫛、枕、帽等。又可造紙。其用途殆不可勝述。竹製之器。尤多至不可名狀。每年竹及竹器出口。約在百萬兩內外。運往香港最多。澳門、暹羅、新嘉坡等處次之。主要輸出港。爲九龍、拱北、廣州、汕頭、上海、福州等口。

運往地方	民國二年 數量	民國二年 價值	民國七年 數量	民國七年 價值	民國八年 數量	民國八年 價值	民國九年 數量	民國九年 價值

出口總數	—	九四二、三六一兩	—	七二四、八一四兩	—	九三五、四九〇兩	—	一、一〇五、〇三八兩
香港	—	五四五、三一三	—	四四三、一一二	—	五八六、四八一	—	七六八、二九一
澳門	—	一三五、一二五	—	一五四、四七四	—	一九三、七六[illegible]	—	一五六、四一六
暹羅	—	一四七、五八二	—	七六、四〇八	—	一〇三、四四七	—	一三〇、八六四
新嘉坡等處	—	七二、九八六	—	四四、五一三	—	三八、九四〇	—	四四、八三七
爪哇等處	—	一四、七〇三	—	一、九四八	—	二、六一二	—	一、四一七

此外安南、朝鮮、日本、臺灣、菲律濱、美國等處各銷若干。竹器大都供華僑需用。我國產竹豐富。工價低廉。如能改良製造。大可銷行歐美。徒以故步自封。不知調查外人之嗜好。致令此項貿易僅限於華僑之需要。良可惜也。

二一五　雞鴨等毛（Feathers, Duck, Fowl, etc.）

雞鴨等毛出口年值百餘萬兩。此項貿易盛於廣東及長江一帶。以上海、南京、廣州、九龍為主要輸出港。歐戰以前。運往香港最多。德、比、英、法次之。歐戰以後。往美國者大形增加。上海、香港洋商營此業者。皆有一定之設備。收買到行。先剔去汚物。依輸出之目的。為之分別品類。加以蒸汽。乾燥後。綑載出洋。（打綑係用水壓機每綑重一百磅）其輸出額如左。

運往地方	民國二年		民國七年		民國八年		民國九年	
	數量	價值	數量	價值	數量	價值	數量	價值
出口總數	九八、六一九擔	一、四八四、八五七兩	三五、七二一擔	四六三、七九八兩	七五、一三七擔	一、〇二七、六七八兩	七六、四四九擔	一、〇三四、二三八兩
香港	五一、三七三	七四一、七三二	一五、一八九	一八一、九二八	二九、六九四	三六七、五六五	三一、六〇六	四〇九、六一三
英國	六、二二六	一〇六、五五六	三、五六一	四五、一七三	一七、七八三	二三五、六八五	一一、五八四	一五一、二一〇
德國	二〇、六一八	三一八、〇九三	—	—	八、二七七	一一〇、四一三	二、三三〇	三〇、一二六
荷國	一、五九九	二六、三五三	—	—	三、〇四三	四三、七三七	八、七六三	一一二、四一七

比國	二、三三五	一七五、二七八	—	—	一、六三四	二〇、二三二	三三八	四、二九七
法國	三、三三五	五一、一五五	二〇〇	三、一五三	一、〇〇五	一一、二三五	五三三	一〇、八九七
美國	一、八五八	二六、三七七	一四、六三三	二〇一、一八八	一三、三七九	二四一、五九九	二〇、四八六	三〇三、一〇四
日本	—	—	一、二四六	二〇、三六九	五六	三、七二六	八三	四、二六六

二六　甘草

甘草、多產於北部地方。東起奉天、內蒙古。西至青海、所在俱產之。從前各國所用甘草。概仰給俄國、及土耳其米索波達米亞等處。歐戰以後。乃轉而求之於我國。甘草出口。爲之大增。戰前每年平均不過二萬擔有奇。至民國八年。遂一躍而爲十五萬七千擔。運往美國最多。日本次之。甘草爲調味所必需。歐美各國製造烟草、麥酒、及口嚼香膠。多需此物。日本則釀造醬油、味之素及製仁丹、煙草。使用尤多。僅其大阪仁丹本舖。每月消費。已達二萬斤以上。現時日美商人在奉天赤峯一帶。競相收買。此項貿易。將見日益發展矣。

運往地方	民國二年 數量	民國二年 價值	民國七年 數量	民國七年 價值	民國八年 數量	民國八年 價值	民國九年 數量	民國九年 價值
出口總數	二七、一六四擔	三三六、四四四兩	五九、三三五擔	六九四、〇三六兩	一五七、三八三擔	二、二六五、一二四兩	一〇五、九五八擔	一、六三五、三三七兩
香港	一六、八七一	二四四、三六七	二二、三四〇	一五〇、六八一	一一、七五七	一七三、二四〇	二三、四八八	一九三、八四一
朝鮮	九七三	八、〇五六	二、〇六八	一三、三六六	二、三五五	一五、五四六	二、二九三	一七、一四一
日本	六、三四三	五九、三一六	一四、七三二	一三四、五〇〇	二五、三二八	二二二、五八六	二四、七三五	二三五、〇四一
美國	—	—	二一、一五三	三〇二、八四一	一一七、九〇六	一、八八四、〇〇五	七六、三九二	一、二九八、六六四
輸出港別								
出口總數	三六、五六二	四四九、二九五	七三、四六二	八三九、二〇四	一五五、二〇五	二、二五五、二一四	一二六、四八六	一、七八一、二九〇
安東	—	—	一、二八六	六、九四三	一、七四三	一〇、九一〇	三、一七三	一五、二二八

大連	八五三	五、五二七	八、二一九	五八、六八四	一三、九四七	八五、七〇九	九、九四八	六五、八六六
牛莊	七〇五	六、二五六	九三四	七、八四六	五、二一八	四一、九〇〇	二、一四六	一九、三五七
天津	一七、一二五	二八二、三九一	四五、四七八	五七四、三八七	一三三、八二七	二、〇三一、一八八	九三、三九〇	一、五八七、六三〇
烟臺	一五、四八九	一三八、二四五	九、九四四	六七、四三〇	八、八五四	六五、〇七七	六、四四七	五四、八〇一
漢口	一、八九二	一八、〇五〇	七、二一〇	一一五、四一七	二、三〇〇	三三、〇九六	二、一六七	三四、〇〇三

天津輸出甘草大部分係山西及歸化方面所產。此外由錦州赤峯運來者亦不少。赤峯地方年產四百萬斤。其中建平縣小哈拉道口所產最多。約二百萬斤。次則小河沿(亦建平縣屬)約百萬斤。烏丹城約二三十萬斤。甘草原爲野生草根。農民於農暇時採掘之。故農家豐年採掘必少。適値凶年採掘必多。產額並無一定。該處甘草皆運往天津、西海口、營口、大連等處。其中往天津者。占最多數。日商滿蒙興業公司、盛進商行及美商德記公司。在此爭相收買。價格漸趨昂貴。交易習慣有春草契約及秋草契約兩種。春草係前年秋冬間採掘而乾燥者。秋草乃其年春夏間採掘乾燥者。欲收買春草須於先年冬與販賣人約定市價。預付三成或五成現款。尤必須爲大宗交易。否則如數萬斤之零星賣買。須格外付出高價。收買秋草亦然。故營此項貿易者。須有相當之資本而後可。

奉天甘草集散額年約八百萬斤。大都由鄭家屯(百萬斤)小庫倫(約五十萬斤)西海口(六百萬斤)等處運來。日商松榮洋行收買最多。鄭家屯集散額。年約百八十萬斤。槪係內蒙之奈曼、札魯特、達爾漢各旗所產。經白音太來及瞻楡縣運來。美商美和洋行及日商日光洋行。在此收買。民國八年六月日商與安產業合資會社。建設工廠。利用甘草鬚根製成 Extractum。日人近在鄭家屯白音太來一帶試種甘草。頗獲厚利。

二七　五棓子(Nutgalls)

五棓子。產於四川、湖南、湖北、貴州、廣西等省之山地。(廣西桂林、馬平、宜山、百色、凌雲等縣年產一萬四五千斤。)生於鹽膚木上。正二月間。此木發生新芽後。小蟲食汁。寄生粒狀毬於枝葉間。其殼堅硬而中空。以掩護其蛹。摘取之。曬於日光。經三四日後收藏之。可爲藥用、染料、及鞣皮之用。歐戰以前。德國製造黑色染料。需要甚多。每年出口在百萬兩以上。戰時德國銷路斷絕。輸出稍減。今仍在百萬兩內外。運往美國最多。專供染料及鞣皮之用。主要輸出港。爲重慶、萬縣、宜昌、漢口、岳州、梧州、南寧等口。

運往地方	民國二年		民國七年		民國八年		民國九年	
	數量	價值	數量	價值	數量	價值	數量	價值
出口總數	五五、六四五擔	一、〇七〇、四〇九兩	四五、三四九擔	一、〇三〇、一四六兩	三四、五五五擔	七五三、八三八兩	四七、二三四擔	九四一、〇七四兩
香港	五、三六四	八九、六七四	四、五五一	九六、八一三	二、一一〇	四三、八七一	一、七六一	三三、〇三八
英國	二、四六八	四八、一五四	七、二三二	一六五、六八五	四、五八二	九九、九二八	六、五四五	一三〇、二五一
德國	二四、六九九	四八一、七五一	—	—	—	—	二、二六七	四三、五一五
荷國	二、三三三	四五、四七六	—	—	一六八	三、六六九	三、四三八	六七、三七三
比國	七、九三〇	一五四、六九三	—	—	四、四七七	九七、七七八	五、三三〇	一一〇、〇一三
法國	五、九六三	一一六、三〇八	四、二〇〇	九六、一九一	一、〇六六	二三、二六二	二、一一五	四一、三五九
日本	四	六二	四、九九二	一一三、一二三	一一、〇四五	二四三、〇七七	三、七三六	八〇五、五一五
美國	六、五三四	一三七、五三九	一三、八六〇	五四六、五四八	一〇、五八一	二三一、〇五四	二一、〇一四	四一五、二三四

二八　粉絲、通心粉(Vermicelli and Macaroni)

粉絲及通心粉。係用麥、豆、米等粉所製。煙臺粉絲業。爲全國第一。此外奉天、吉林一帶及漢口、汕頭、廈門。皆爲斯業最發達之地。每年出口。多至二百萬兩。少亦百數十萬兩。多運往香港。轉輸南洋一帶。供華僑需用。輸出港。以煙臺爲第一。龍口、漢口、廈門、汕頭等口次之。

運往地方	民國二年		民國七年		民國八年		民國九年	
	數量	價值	數量	價值	數量	價值	數量	價值
出口總數	一六四、〇七三擔	二、七七三、九七六兩	一八一、三三八擔	一、五三三、五六四兩	一八四、七三八擔	一、四〇七、二一〇兩	一三三、六六八擔	二、〇六六、二三九兩
香港	一四一、〇四三	二、五四三、二一四	一五三、七六六	一、三三二、五五三	一四七、八四六	一、一六一、四一七	一一六、三〇七	一、六四八、一三九

澳門	八四六	八、〇六四	八五一	六、七二九	一、三二一	一一、五六三	一、三六〇	一二、五三四
安南	一、五八五	八、〇四七	九二〇	四、七七〇	五八〇	三、二一三	一、〇九八	六、五八九
暹羅	二、四四八	一〇、〇七八	一、四五三	六、〇五六	二、三二八	一〇、五〇九	一、九〇三	八、六四三
新嘉坡等處	三三、五一九	一〇八、五二九	一四、〇六三	七九、〇二九	一三、六四五	七六、七六三	三四、三〇六	二一〇、六八八
爪哇等處	三、七二〇	二三、三九七	一、七〇六	一二、〇九八	二、七三六	一八、三八五	三、五八八	三五、八五七
印度	五、九九七	二九、八七二	五五二	三、五一七	九九八	七、一〇三	一、五三五	一四、六三二
俄國 由陸路	三三	三、六九〇	五四七	三、二九一	七八七	四、五八二	一九六	一、六六六
俄國 黑龍江各口	四六四	三、六一七	七八九	一〇、二五九	一、二三三	一五、七七二	七一三	一〇、一八四
俄國 太平洋各口	五七七	五、九七九	一、九三七	一五、七九八	二、九六一	二〇、八五〇	八四三	七、一九九
朝鮮	一、六三八	一七、二〇六	一、七九九	一六、六二二	三、九七一	三四、四九六	三、一八二	三一、〇四九
日本、臺灣	五四二	五、三七七	二、〇七五	一七、三三五	二、〇九四	一四、〇七四	一、八四五	一五、七九五
菲律濱	一、三六九	六、八四五	一、九〇五	一四、三七六	四、〇六二	二七、一九二	五、七〇九	六二、六五三